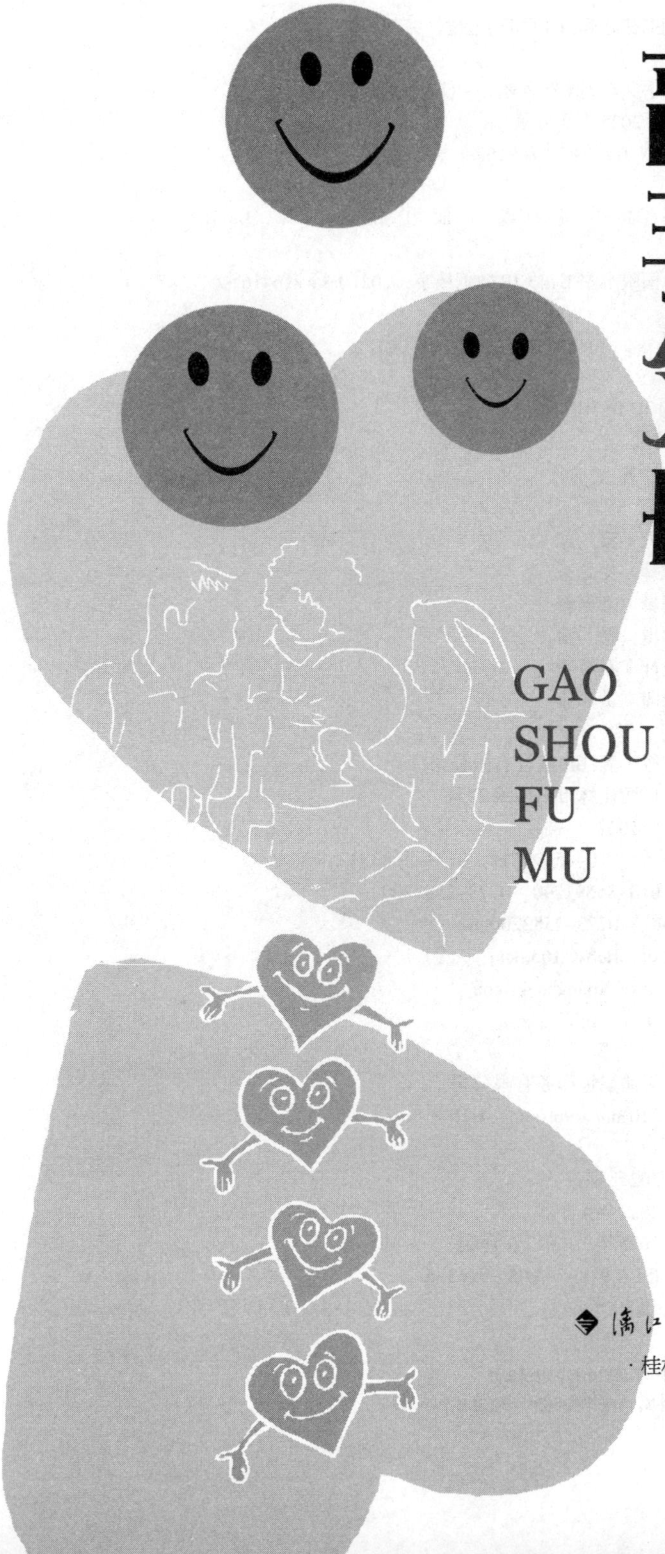

高手父母

GAO SHOU FU MU

魏智渊◎著

漓江出版社
·桂林·

图书在版编目（CIP）数据

高手父母 / 魏智渊著 . -- 桂林：漓江出版社，
2022. 4（2025. 3 重印）
ISBN 978-7-5407-9163-6

Ⅰ . ①高…　Ⅱ . ①魏…　Ⅲ . ①家庭教育　Ⅳ . ① G78

中国版本图书馆 CIP 数据核字（2021）第 216416 号

GAOSHOU FUMU
高手父母
魏智渊　著

出 版 人　梁　志
策划统筹　文龙玉
责任编辑　宗珊珊
营销编辑　杜　渝
封面设计　石绍康
责任监印　黄菲菲

出版发行　漓江出版社有限公司
社址　广西桂林市南环路22号
邮编　541002
发行电话　010-65699511　0773-2583322
传真　010-85891290　0773-2582200
邮购热线　0773-2582200
电子信箱　ljcbs@163.com
网址　www.lijiangbooks.com
微信公众号　lijiangpress

印制　天津嘉恒印务有限公司
开本　710 mm × 960 mm　1/16
印张　18.5
字数　302千字
版次　2022年4月第1版
印次　2025年3月第7次印刷
书号　ISBN 978-7-5407-9163-6
定价　59.80元

目录

观念篇：好父母或许是麦田守望者

学习篇：优秀父母是如何炼成的

生活篇：父母怎样帮孩子正确生活

序章

破译优秀密码：如何培养学习努力的孩子

一、孩子成长最重要的因素：天赋、环境、选择、努力

一个人的成长，总是在与环境的互动中进行的。就像一粒种子的萌芽和生长，既决定于自身的基因，又离不开土壤、阳光和水分。所以，我们有时候会讲内因或外因、天赋或环境。假如我们一定要从中选出一些重要的因素，那么，最重要的因素，分别是天赋、环境、选择、努力。

一粒种子能否萌芽生长，是由天赋（即基因）和环境决定的，所以，如果我们是农民，做好两件事就行：选好种子，创造合适的环境。这两件事做好了，结果一般就是可预期的。如果你是在大棚里种菜，那么，基本就没有任何悬念了。

那么，一个孩子和一粒种子有什么异同？相同之处是都会受到天赋和环境的影响，不同之处就是孩子拥有主观能动性。种子芽苗总是朝着有阳光的地方伸展，孩子却完全可能选择朝阴暗的地方发展。因此，从主动性的角度讲，孩子的发展还取决于选择与努力。

天赋、环境、选择、努力，这四个因素往往处于变化中，并且是不断地相互作用，最终形成了不同的组合。或者说，这四者都是变量，在不同的人那里，在同一个人的不同时期，在同一个人同一时期不同的领域都可能处于变化之中，又或者说，处于不断的相互作用中。

例如，天赋是可变的。为什么？因为人的大脑是可以不断被重塑的。人可以通过持续的科学训练，提升自己的智力水平。在青春期以前，这种可变性非常强。环境更不用说，也处于变化之中。而选择和努力都是主观的，当然是可变的。四个因素也会相互影响，努力会影响天赋，环境会影

响选择。在顺境中，希望会激励我们努力；在逆境中，失望会促使我们放弃，这是一般的情况。

那么，哪个因素是决定性的？

有时候天赋是决定性的，尤其是身体技能领域和艺术领域。你要打篮球，就必须有天赋，至少有身高。个了不高的人往往无法单纯靠努力在篮球领域获得卓越的成就。

有时候环境是决定性的，一个新冠病毒，让医疗领域和卖口罩的厂家获得了极大的收益，你无须努力改进产品就能赢得市场；卖新冠啤酒的损失了20个亿，仅仅因为谐音；你餐厅的饭菜做得再好也没人去吃，这不是厨师不努力，也不是服务员不努力。

有时候选择是决定性的，同样是名校毕业，你同学选择进了阿里巴巴，你选择进了诺基亚，几年后天差地别，不是你不努力，而是上错船了。

有时候努力是决定性的，你要考上好大学，努力肯定是第一位的，你再有天赋，上的学校再好，老师再优秀，知识也不会主动跳进你大脑里完成自我建构的。

你说，到底什么是重要的？

有人说，龙生龙，凤生凤，老鼠的儿子打地洞。你努力到最好，也不如别人随便动动脑，这是强调天赋。有人说，近朱者赤，近墨者黑，这是强调环境。有人说，人生即选择，选择即命运，这是强调选择。有人说，只要功夫深，铁杵磨成针，这是强调努力。

大家会发现，在不同的情境中居主导作用的因素不同，任何因素都可能起到主导作用。

成长型思维和固定型思维

到底什么因素最重要？你会发现，这个问题有两个答案——

一个是事实判断：究竟什么因素最重要？我们刚才回答了这个问题，在不同的情境中，答案不一样。

一个是价值判断：我认为什么因素最重要？

这就有意思了。你认为选择和努力更重要，还是天赋和环境更重要？如果你认为天赋和环境更重要，那么你就是固定型思维；如果你认为选择和努力更重要，那么你就是成长型思维。这与事实无关，而是我们选择了一种态度、一种立场、一种认知。现在的重点，不是哪种认知更正确，而是哪种认知更容易促使我们变成更好的自己。

显然，成长型思维更占优势。因为成长型思维背后，有一种特别值得肯定的立场：接受我们不能改变的，改变我们能够改变的。因此，成长型思维，本质上是自由论的；而固定性思维，本质上是宿命论的。无论如何，我们要做自由人，一个把握自己命运的人。

今天的孩子，遇到困难时往往容易退缩：因为……所以我不能……比如，因为我基础太差了，所以我不能……因为我没有别人聪明，所以我不能……而真正的卓越者的思维习惯是：纵然……我还能……哪怕他的水平碾压我，我也要奋战到底。后者令人敬畏，因为他哪怕在这个时间段、在这件事情上失败了，但最终他会获得极大的成功。

一切胜利，最终是意志的胜利。所以，我命由我不由天，这不是一个事实，而是一个选择、一种认知、一份勇气。

二、让优秀成为孩子的基因

前面我们找出了影响成长的四个因素，也讲了成长型思维与固定型思维。

接下来，我们进入今天的正题：优秀到底是怎么来的？

那么，我的问题是，优秀究竟取决于努力，还是取决于习惯？为节约篇幅，我们可以直接给出结论：一个人优秀与否，主要取决于习惯。

为什么我不说取决于努力？因为对于优秀者来讲，努力是一种习惯。换句话说，对于学霸，努力是一件寻常事，就像吃饭和睡觉一样自然。他努力了，也不觉得特别骄傲，不需要别人给予奖赏；相反，如果哪一天他没有努力，就会觉得特别不安。一句话：他忍受不了不努力的自己。

为什么优秀者会努力，并觉得努力是一件非常自然的事呢？

我要停下来，讲人性或者说是心理学中特别重要的一个原则。一个人无须外部压力就能坚持做一件事情，或者保持一种状态，那么，他一定从中得到了好处。我们要分析，他得到的好处是什么。

比如，一个孩子总是捣乱，让妈妈操心，你说熊孩子就不能安静几分钟吗？不能，因为他从捣乱中得到了好处，例如妈妈的关注。

比如，一个妈妈对孩子关怀备至，孩子有个风吹草动就会惊慌失措。孩子上大学，能不能在本地上？孩子找工作，能不能在居住的城市找？甚至儿子结婚以后，弄得儿媳妇非常烦恼。人们会说母爱真伟大，我不相信，我会认为妈妈从中得到了好处。什么好处？她找到了存在感，找到了意义与价值。一个规律是父母的层次越高，亲子关系越显得疏离。

为什么呢？因为父母的层次越高，血缘关系在他的生命中所占的比重越低，孩子也越自由。实际上，血缘关系是关系的自然基础，但不是自由状态。我举个例子，我可以尽全力保护我的女儿，但我做不到以牺牲别人为代价保护我的女儿。为什么？这就是文明的结果。

在以前的社会里，亲戚关系是非常重要的。现在的年轻人，对亲戚没有什么感情，但是很在乎朋友，这就是社会的进步，意味着联结人与人的不只是血缘，还包括了共同的志趣，一句话，就是三观一致。

我们回到努力这个话题上来，必须让努力成为一种习惯，否则，就会变成表演性努力，不给糖就不努力，或三天打鱼，两天晒网。

三、帮孩子形成优秀者的自我镜像

那么问题来了：努力会有什么奖赏？怎么让努力成为一种有好处的行为？

短期努力靠刺激。例如，明天就要考试了，今天就会非常努力。今晚加个班，把活干了，每人奖励一个月工资，大家也会非常努力。但是长期努力不能靠这个，你不能对小学一年级的孩子说，好好学习，将来考上清华就会如何如何，没用。

长期的努力靠长期形成的较高水平的自我镜像，或者说自我认知。当孩子意识到自己是一个优秀的学生的时候，他就会像优秀的学生一样努力，并且意识不到自己在努力，因为努力已经成了一件自然的事。

孔乙己为什么特别可笑？因为他陷在自己的角色里，但是，又不具备这个角色的基础条件。无论多穷，他仍然爱面子、爱读书，并且不愿意去劳作、做小生意，坚持穿长衫。为什么穿长衫这么重要？因为这是他身份的标志，涉及他的自我认知。

在电影《霸王别姬》里，程蝶衣小时候叫小豆子，有一句台词总说错：“我本是女娇娥，又不是男儿郎。”小豆子总说成是：“我本是男儿郎，又不是女娇娥。”最后，小石头用烟斗猛捣他的嘴，一直捣到血流下来了，自此以后，他再没有出过错，并且最终成了名角。为什么？因为他在心理上完成了从男性到女性的角色认同，彻底入戏了，才把自己变成一个出色的演员。你只要意识到自己在扮演一个女人，你就永远不会达到巅峰状态，你必须是你扮演的角色，这才是入戏。

我们现在想象一下，一个老师面对两个学生，一个是优等生，一个是学困生。优等生完成了十道题很不错，学困生完成了五道题也不错，已经尽了全力了。请问，老师应该怎么反应？不同的反应，能测出一个老师的教育学素养。

今天重点说老师会怎么对待学困生。老师当然应该表扬他：“小明啊，你今天的表现，真的让老师刮目相看，太出色了，继续努力吧，你一定行的。”小明会一步步赶上去，最终成为优等生吗？大概率是不会的。

许多时候，老师和父母很辛苦，但改变不了孩子在班级里的位置，即使孩子也已经很努力。问题出在哪儿？出在小明的自我认知上。小明知道自己是差生，在班上属于落后学生，学困生就是小明的自我镜像。而且，老师对小明的表扬，巩固了小明的自我镜像。因为老师的潜台词是：做五道题，就是你的极限了，所以，你值得表扬。小明从老师那里接收到了这个信息，他知道老师怎么看他，并且，这也是他对自己的看法。

而对于优等生，老师批评也没关系：“你怎么才做了十道题？最近为什么表现这么差？这不像你啊，你太让我失望了，你辜负了我对你的期待。”在优等生的潜意识里，老师对自己的期待很高。所以，他必须努力以配得上老师对他的期待，这就是皮格马利翁效应。

什么是高明的老师？有一本书特别值得看，我经常把它当成教师培训教材，叫《特别的女生萨哈拉》。里面有一个差生叫萨哈拉，因为差，所以留级，并且接受了针对差生的教育项目。这个项目是用一些幼稚的内容教他们，好与他们的水平相适应。萨哈拉父母离异，她跟母亲过。她很想父亲，而且她喜欢写作，就给父亲写了许多信，结果信都被老师没收了。后来，来了一个新老师叫波迪小姐。波迪小姐让学生写随笔。萨哈拉不知道写什么好，最后，鼓足了勇气，战战兢兢地写了一句话："我是个作家。"

我们暂停一下，如果你是老师，你们班成绩很差又不听话的一个学生写了这么一句话，你会怎么批改这个随笔？

萨哈拉很容易遭遇到讥讽挖苦，为什么？要帮学生认清现实呀。我们假设萨哈拉遇到了一个非常善良的特别想要帮助她的老师，他可能会说："小萨哈拉呀，你有一个远大的理想，这很好。但是呢，任何理想都要脚踏实地。你要先认真完成作业，努力学好功课，以后才有机会和可能成为作家。"大家觉得这个反应怎么样？好像很好了，是吧？实际上，这是一个低级反应。

波迪小姐怎么回复的？她只回复了三个字："我相信。"

结果第二次，萨哈拉没写随笔，交上去一个空白的本子。你要是波迪小姐，你怎么回复？你可能会说："小萨哈拉，你还想当作家？先认真把作文写完好不好？"

但是波迪小姐不是这样的，她回复了让我印象深刻，堪称教育经典的六个字："作家需要写作。"如果有家长听不懂这六个字的意义，就太遗憾了。这六个字是对萨哈拉的批评："你应该写作！"通俗点说，要交作业啦。可是，她没有说"你应该写随笔"，而是说"作家需要写作"。

我们会怎么教育孩子？"你看看你，又是倒数第三名，你这么差，还不努力？""我也不指望你赶上那个谁谁谁，你能不能努力一下，至少考个中游？"

你定义了孩子，孩子也定义了自身。差生、学困生，这就是他的角色，因此，他所做出的行为，就与他的角色是相符合的。孩子的各种问题，往往都与自我认同有关。孩子可能也会内疚，也会努力，但是，孩子的努力效率会很低。因为孩子潜意识里看不起自己，他就不会以优等生的方式来学习。一个优等生可能学到晚上十一点没什么感觉，一个学困生可能学到十点就觉得很了不起了，对得起父母了。如果强行让他学到十一点，就会激发他的反抗意识。你要我熬夜？好吧，我就熬夜，这下子你满意了吧？

有些家长，以自己的牺牲，成功地激发了孩子的内疚。孩子觉得对不起父母。那么接下来孩子会怎么表现？要么表演勤奋，而不是真的勤奋，以减轻良心的压力，并且连自己也相信了；要么撒谎逃避，就像酗酒的人，一边内疚，一边喝酒，而内疚是为了减轻良心的压力；要么陷入了习得性无助，就像溺水的人，越想努力越下沉；要么反抗，甚至离家出走。

四、高自我认同是孩子进步的持久动力

我们概括一下前面的观点。要让孩子成为一个努力的人、一个优秀的人，就要帮孩子形成优秀者的自我镜像。孩子一旦认为自己是个优秀者（事实上的或潜在的），就会以一个优秀者的方式去建构自己的生活和学习，就会变成一个努力的人，并让努力成为习惯。

那么，在这种情况下，孩子持续努力甚至战胜本能的动力从何而来？用前面的话来说，孩子究竟获得了哪些奖励？

真正的奖励，是高自我认同。你也可以说是高自尊，或者说是那种不断肯定自己“我能行”“我很优秀”的内在的满足感。这是孩子从努力中获得的好处，一旦这个好处受到威胁，孩子就会加倍努力。例如，一直考第一名的孩子，某次考到了第二名，他不会说，还是第二啊，也不错呀。他会痛苦，会发誓必须打败“入侵者”，重新夺回“国王”的宝座，他不能忍受任何人挑战他在成绩方面的权威。如果孩子是差生呢？他就不在乎了。

不仅学生如此，优秀老师工作的动力来自哪里？也来自自我镜像、自我认同。校长批评老师，老师未必服气，但是，学生和家长否定一个老师，对老师的伤害是致命的。为什么？因为他的自我受到了威胁，这关乎他作为一个老师的职业形象。

一旦登上了优等生的宝座，他就会巩固地位，防范敌人，以避免失去。这样，他就有持续努力的动力。这种动力，来自两方面：一是优等生带来的满足感，即社会认同和自我认同；二是怕失去的恐惧感。你也可以说，优等生就是他的标签，是他的人格面具。

五、四大关键动作培养努力学习的孩子

在学龄前，儿童面对的是一个低竞争的世界，是被允许失败的。因此，每个孩子都是王子或公主，尤其在经历了童话的洗礼后，在经历了爸爸妈

妈乃至爷爷奶奶的爱护后。当然，儿童会面临另外的问题，例如，是成为一个好王子或坏王子（如霸王），或成为一个好公主或坏公主，但无论如何，在自我的感觉里，自己仍然是世界的中心。

但从被送进学校开始，一切都改变了，儿童被迫离开了伊甸园。妈妈变成了后妈或巫婆，把儿童拖进了校门，让儿童被迫面对一个陌生的充满恐惧的世界。你在一年级教室的窗外听一听，开学第一个月，哪一间教室没有传来哭声？

儿童面对的问题是，如何通过努力，从弱小儿童变成自信少年。

在心理学上，整个小学阶段，我们称之为“勤奋—自卑”的时期。这是心理学家埃里克森提出来的概念，适合于6—12岁的儿童。他认为这一时期最重要的是帮儿童“体验以稳定的注意力和孜孜不倦的勤奋来完成工作的乐趣”，儿童顺利完成学业，持续地获得成功，就会获得勤奋感，也就是我们所谓的努力的习惯，这会让儿童在未来独立生活或承担工作时充满信心，反之，则会产生自卑。

为了大家更清楚地理解这一时期，我分条来说明。

1. 这一阶段的核心冲突是勤奋对自卑。儿童离开了父母的怀抱，被进一步地投入社会环境中，他必须在生态位中赢得自己的位置。他的自我进一步地客体化，他会更加重视社会比较，通过他人的评价来定义自我。如果儿童持续地获得成就以及外部肯定，就会形成努力的品质以及高自尊（我能行）；相反，则会变得自卑（我不行）。其本质就是自信心与自尊心的建立。若是儿童在发展中获得了自信与自尊，那么他就会获得基本的信任感、自主性、主动性和勤奋，那这个孩子这一生基本稳了，不一定是大富大贵，但他的一生至少会变得完整和健康。

2. 一至三年级，相比于学前，儿童的整体自尊是下降的（我要做个好孩子）；四至六年级，多数儿童的自尊水平呈现上升趋势。因此，四至六年级，儿童开始分化。

3. 这个过程中，关键是鼓励儿童为有价值的目标而努力，成人的交流起到了决定性的作用。换句话说，儿童需要成就以及成人的肯定。而在成人的交流中，归因方式又起着决定性的作用。积极努力的儿童，会将成就归因于能力；相反，自卑的儿童会将成就归因于环境或运气。陷入习得性无助的儿童也会将成就归因于运气，他们哪怕因自身努力取得了进步，也觉得是运气好的缘故，如果失败了，反而觉得是正常的。

4. 成人对待儿童有三种类型：控制型、放任型（或自由型）、权威型。最好的类型是权威型。控制型导致低自尊，儿童意识到自己是没有价值的、没有能力的，甚至不配决定自己的生活。到了青春期，就会酿成严重的冲突。放任型或自由型（溺爱），导致儿童不现实的高自尊，最终儿童为了维护虚假的自尊，会与现实产生激烈的冲突，导致儿童充满敌意、刻薄，以及极度地以自我为中心。

5. 这一时期，要保证儿童生活的丰富性和多元化。如果只有“万般皆下品，唯有读书高”，孩子就会成为工具性存在，容易变成工作或任务的奴隶。埃里克森说：“如果他把工作当成他唯一的任务，把做什么工作看成是唯一的价值标准，那他就可能成为自己工作技能和老板们最驯服和最无思想的奴隶。”用笔者经常说的话来讲：“他的生活没有弹性。”要牢记罗素的话：“须知参差百态，乃是幸福之源。”

那么，要培养出一个努力学习的孩子，父母应该怎么做？

通常家长们会听到许多建议，每一条建议，孤立地看似乎都很有道理，但是，成长是一个系统不断完善和升级的过程，需要许多建议的相互配合，仅仅强调某一个看似正确的建议，实际上无法解决问题。家长也很容易陷入琐碎的建议中，结果似乎一直在努力，也似乎有一定的效果，但是整体上进展不大，甚至可能一无所得。

如果我们知道这个系统的原理和关键点，把握住这个系统中的每一个关键点，并不断地升级，那么，对于结果就会有很高的控制性。一句话：“要有整体解决问题的方案，而不能头疼医头，脚疼医脚。”专业与经验的区别就在于，专业是建立在科学研究的基础之上的。

那么，要培养出努力学习的孩子，需要哪些关键动作呢？

四大关键动作分别是：设计环境、培养习惯、树立目标、提供反馈。

这四个因素哪一个最重要？在不同的情况中，每一个因素都可能发挥决定性作用。因此，要确保这四个因素都持续改进，并形成良性循环。

这个良性循环的核心是什么？是自尊，是高价值的自我镜像。

六、成长环境为什么重要

我讲个故事，根据波兰学者卢卡什的《嗑药：药物与战争简史》一书的描述，据美国国防部估算：在越南战争期间的1971年，51%的美军曾吸食大麻，28%的美军曾吸食海洛因等硬性毒品。在旷日持久的战争中，毒品被用来麻醉、安抚士兵紧绷的神经，以减轻战争给士兵造成的心理精神负担。面对焦灼的战争，军方高层甚至默许了这样的“嗑药”行为。一时之间，美军基地成了可怕的毒巢。当美军回国后，国防部最担心的是吸毒问题，因为戒毒是一件几乎不可能的事，是小概率事件。于是，国防部委托著名的心理学家组成团队，进行了后续的调查研究。最终的结果非常令人吃惊，90%的吸毒士兵成功戒毒。

这是为什么呢？因为绝大多数士兵回到家乡后，他所在的社区都没有毒品环境。这样，获取毒品变得很难，最终也就戒除了毒品。我们再设想一下，在一个毒品和暴力泛滥的社区，你要戒毒非常难。你离开戒毒所，回到社区，毒品触手可及，你的同伴都在吸食，你获得毒品非常方便，就会控制不了。你的同伴还会鼓励你，你不吸还会排斥你。一不留神，你就又复吸了，因为这对你的意志力的要求非常高，你不是偶尔要用意志力，而是必须天天运用意志力去抵御环境中毒品的诱惑。你内心还有强烈的想要吸毒的欲望，你说怎么戒得掉？

我举个自己的例子，在一定程度上，我是口唇性格，就是口唇期过长，换句话说，母乳喂养的时间过长，这样形成的人格，就是口唇性格。口唇性格的表现之一就是贪吃、抽烟、酗酒。我贪吃，虽达不到酗酒的程度，但肯定爱喝酒，可是我很少抽烟，为什么？

实际上，我在学生时代就学会抽烟了。到现在，我也偶尔抽烟，只是没有成瘾，你给我一包烟，我就会一根接一根地抽下去。但是为什么我能做到基本上不抽烟呢？原因很简单，因为我是老师。学校的环境，往往是禁烟环境，在学校抽烟，心理成本很高，而且环境不支持。更何况，学校是女老师特别多的地方，吸烟的人本身就特别少。时间久了就形成习惯了，没有了对烟的心理需求。但是如果我周围是一个烟雾缭绕的环境呢，我又有多大的抵抗力来对抗本能?

同样，孩子在一个班级里，如果整个班级都积极向上，孩子堕落的概率有多大?如果整个班级风气不好，孩子积极向上的概率有多大?

如果一定要让我在四个因素里说哪个是最重要的，我肯定选择环境。为什么呢?因为在自然状态下，人大概率是被环境决定的，不要高估人的意志。越小的孩子，越需要成人的引导，而不能够走向放任。但是不要把引导变成控制，引导不是控制，最好的方法就是创造环境。孩子受到了引导，但是没有意识到自己受到了引导，这才是最好的教育。

一句话，你想让孩子成为怎样的人，就为孩子创造怎样的环境。你希望孩子平和友善，就创造一个人际安全的家庭环境，而不是一个充满指责与吵闹的家庭环境；你希望孩子语言文明，就不要在家里说脏话，而应该创造一个教养环境；你希望孩子远离电子产品，就为他创造一个没有电子产品，或者电子产品使用有规范的环境。我们家没有电视机已经十几年了，所以，我女儿就没有看电视的习惯。

不过，如果孩子睡觉怕光，你就要准备遮光窗帘，而不能让孩子用意志力去抵抗。

七、顺境和逆境都能出人才

我问大家一个问题：是顺境出人才，还是逆境出人才?

答案是，顺境和逆境都可能出人才。顺境出的人才，我们叫“顺潮儿”；逆境出的人才，我们叫“弄潮儿”。顺境出人才的概率很高，但是，逆境中出的人才，具有与顺境中的人才不一样的特质。举个例子，出色的领导者，往往是逆境中出来的，顺境中往往很难培养出真正的领导人。

有一部电影叫《风雨哈佛路》，是根据真实的事件改编的，主人公莉丝·默里（Liz Murray）1980年出生于纽约市布朗克斯区，父母吸毒，莉丝15岁便无家可归。她在居无定所、流浪街头的日子里，用两年时间完成了高中四年的学业，以全优的成绩考入哈佛，并获得“《纽约时报》一等奖学金”。莉丝还曾获得“白宫计划榜样奖”以及美国脱口秀女王奥普拉·温弗瑞特别颁发的“无所畏惧奖”，更受到过美国前总统克林顿的接见。

最近国外非常火的一本小说叫《你当像鸟飞往你的山》，应该说这是一本自传，新人处女作，上市第一周即登上《纽约时报》畅销榜，累计80周仍高居首位，美国亚马逊年度编辑选书第一名；《纽约时报》《华尔街日报》《波士顿环球报》畅销书排行第一名；《洛杉矶时报》最佳传记奖……全美销量破百万册，作者因此书被《时代》周刊评为“年度影响力人物”。

作者塔拉·韦斯特弗前半生的真实经历正是这样：

她与家人一起生活在山区，在17岁之前从未上过学，因为她的父亲认为“公立学校是政府引导孩子远离上帝的阴谋”。塔拉每天的生活就是与父亲一起拆解废料，帮母亲调制精油，囤积食品和生活资料以防末日来临。可以这样说，她按照父母所灌输的生活方式、意识形态生活。她家中的七个孩子只有三个有出生证明。父母告诉孩子们，灾难是上帝的旨意，有病受伤不需要看医生，即使是严重的烧伤也要用顺势疗法治疗，女人穿裙子或与男人交谈就是妓女……塔拉从小就接受着这些，不断被洗脑，继而欺骗自己，来让自己好过一点。父亲、母亲和哥哥肖恩一起塑造了塔拉，他们一起用家庭的名义、爱的名义束缚着、欺骗着、压迫着塔拉以及其他家人，任何人想要反抗都是对家庭的背叛。这是一股强大到可怕的力量，当逆境由家庭关系和家庭环境造成，它就会在很长一段时间里牢不可破，让人无法挣脱。

塔拉17岁前从未上过学，但她后来通过自学考取杨百翰大学，2008年获文学学士学位。随后获得盖茨剑桥奖学金，2009年获剑桥大学哲学硕士学位，2010年获得奖学金赴哈佛大学访学，2014年获剑桥大学历史学博士学位，2018年出版处女作《你当像鸟飞往你的山》。

莉丝和塔拉都是逆境中出来的人才。那么，我们究竟如何看待环境，以及创造环境呢？

只有一个原则：接受我们不得不接受的，改变我们能够改变的。

什么意思呢？我们要给孩子创造一个良好的环境，但是，环境中永远有我们无法改变的部分。举个例子，我知道完整的家庭对孩子很好。但是，我离婚了，这不是我能决定的。我不能决定的事，我得接受它，孩子也得接受父母离异这个事实。我强烈地反对，婚姻出问题了，非离不可，却因为孩子，还保留着婚姻的形态。我认为这不对，而且对孩子的伤害也有可能更大。我们能够改变的是什么呢？是把离婚对孩子的伤害减到最小，防止次生灾害。同时，孩子也会从父母离异，以及处理父母离异的过程中学到一些东西。我教过的学生中有许多是父母离异的，我发现孩子的发展，包括性格，跟父母离异没有必然的关系。我第一次在私立学校任教，所带学生中身心最健康的一位女生就是父母离异的。孩子发展得特别好，最后考上了中央戏剧学院，现在应该在做编剧。我们也是微信好友，我从来没有发现过她有任何受伤害或不健康的地方，相反，整个人特别阳光。

再举个例子，要不要送孩子留学？如果孩子是问题学生，留学解决不了问题，反而可能恶化；如果孩子不是问题学生，那么，在国外读大学环境很好。问题是家庭能否支付得起费用，如果支付不起强行支付，就会带来一系列的问题。例如，你会考虑回报的问题，孩子成绩不好毕不了业，或回国后找的工作收入不高，引发你和孩子双方的焦虑，这就不值得了。

因此，如果能创造更好的环境，当然顺境最好。如果创造不了，那么，最好的态度是接受它、用好它。因为你所谓不好的环境，往往给了你机遇。在最糟糕的情况下，还可以用它来磨砺意志力。指责和抱怨永远解决不了问题。生活就是这样的，有得有失，把一切都当成馈赠，把一切都视为最好的安排，这才是成长性思维，才是我们面对环境应有的态度。

八、优秀本质上就是一种习惯

习惯是成为优秀者的核心部分，或者说，优秀本质上就是一种习惯。

习惯是什么？习惯是一种自动化的程序。我举两个例子。

有些孩子，跟别人一起进门的时候，会很自然地把门帘掀起来，让别人先进，看到后面没人了，再放下来。久之，别人会觉得他很有教养，会很自然地亲近他，而对他来说，这不过是个习惯。

再比如，有些人有记账的习惯，用类似于随手记、网易有钱这样的App，随手记下自己的每一笔大大小小的开销，因这个习惯节约下来的钱，超乎你的想象。

更重要的则是思维习惯。举我自己的例子，因为这些年的训练，我习惯运用结构化思维把问题拆解。上一次我在“全人之美”沙龙上讲“教育路上到底有多少坑”，这是西安南风书院贾卫平老师邀请我讲的，本来对象是西安的家长，但山西运城国际学校也有不少家长收听了。

讲座每人收费2元，定位是公益讲座，是象征性收费。但如果听的人多，收入也不少。贾老师告诉我说平台会扣除一定比例的费用，剩下的钱，就是我的讲课费。之前我对CCtalk平台的运作逻辑并不熟悉，但现在我搞明白了，如果继续在这个群里讲座，那么群里的人交一次费用就可以了。就是说，无论你在群里讲多少次，最初进群的人总共只用支付2元。

我跟贾老师说，你把讲课费按你的想法付给我，这当然很好，我大概能拿到3000—4000元。但是，后面做讲座的老师或专家呢？他们的讲课费，从哪儿来？比如有2500人买了我的讲座，下一场讲座到了3000人，从收费的角度讲，也只多了500人，越到后面做讲座，岂不是越吃亏？所以，你可以考虑给我500—1000元，然后，截留的资金，可以用于后面的持续支付。

贾老师一听，觉得我说的话有道理，就按这个执行了。

然后，我给他提了一个他没有采纳的至关重要的建议。我说你以后请专家来讲，不要在同一个群里，而是每一个专家来了都应该重新建群。费用你可以永远设置为2元，这本身就是公益的。贾老师没有采纳，他希望讲座就在这个群，这个群永远是公益的，但后面加入的费用会提升，例如到9元9角。但一次交费，终身免费听讲座。

那么，哪种方式更好？大家思考一下。我是怎么思考这个问题的？

第一步，我会问，建立“全人之美”沙龙的目的是什么？

这个定位很清晰，目的不是营利，而是一个公益性质的沙龙，为吸纳更多的人加入，宣传推广“全人之美”课程。简单概括其核心诉求是流量而非收入。

第二步，我会问，流量取决于哪些因素？换句话说，怎么吸引更多的家长参与到沙龙中来？

对此，我进行了要素分解，识别出三个要素：人数或流量、专家、讲座质量。一句话，人数要尽可能多，专家也要尽可能多而且厉害，讲座质量要尽可能高，这三个因素都具备才能形成一个良性循环。而这三个因素中，任何一个因素都取决于另外的因素。

如果要持续增加流量，就需要更多更好的专家，带来更好的讲座。并且，这些专家不能全是南明教育团队的，要有相当数量的专家来自团队以外，以增加多样性。为什么要增加多样性？因为要提升流量，靠的不是强连接而是弱连接。弱连接会带来流量，强连接则不会，其圈子相对固化了。

那么，你怎么请到更好的专家呢？除了关系，取决于两个因素：流量和收益。关系再好，帮忙也就一两次，不可能长期免费。要维持长久的关系，那么，就需要流量和收益。听众数量越多，专家越愿意讲。为什么？因为专家可以吸引粉丝，培养流量，造就影响力。名师为什么到处讲学，就是这个道理。如果让你给100万人做讲座，你完全可以不要钱，因为影响力就是收益。如果流量还不足，就要靠收益来吸引。

所以，你不可能免费让专家讲，或者花比较低的费用请专家。这会带来几个问题：一是专家讲一两次可以，讲多了不行，关系资源就耗尽了；二是你很难请来高层次的专家；三是因为是公益的，质量就无法保证，因为收益能够增强专家的责任感。但是如果每次都重新建群，结果就不一样。

第三步，我站在家长的角度想一想。如果你是一个家长，你花2小时来听讲座，你在乎的是讲座质量，还是2元钱？2元钱本身就是公益，但是质量不高的话，就是在浪费你的时间。要知道，逻辑在于越是免费的东西，成本越高。

一旦思维习惯养成，你对问题的敏感，就不是靠分析，而是靠直觉了。例如这次寄送教材。因为疫情，开学一再推迟，新华书店的书送到了，我们就要送到孩子手中。现在我们面临一个任务，这个任务有几个条件：

1. 把书准确地送到孩子手中；2. 尽可能不折腾家长；3. 尽可能降低成本；4. 尽可能快。

我把任务交给行政部门，而且给了权限，除高中因为教材多，由家长到付外，义务教育阶段均由学校支付邮寄费。为什么学校支付邮寄费呢？首先，是大幅度避免了对家长的折腾，家长不在乎这点邮寄费，但如果是到付的话，家长就要跟快递员接触，这既不方便，也增加了风险。其次，学校可以和快递门店谈价格，尽可能降低成本。实际上，最终成本很低，因为我们一位老师家里就有快递门店，这位老师忙碌了好几天，一分钱都没赚，学校只支付了成本费，连这位老师的劳务费都没支付。我在一次家长会上讲过这个道理，这背后也有一种思维方法，叫“单一所有人”，是法律上的概念。就是假设学校和家长是同一个人，那么会如何来处理？目标是整体利益最大化，而不是单方利益最大化。

安排完了以后，我就继续忙别的事情去了。结果这件事出了不少漏洞。

为什么？因为行政人员很热情，但是缺乏研究的习惯和做事的方法。书分得对不对？电话号码对不对？关键处要一一核查，要敏感，如果出现问题，问题会出在哪里，要有预判。

举个例子，我一听到是家委会或家长志愿者出面送发图书，就知道坏了，肯定要出纰漏。我原来的建议，是外地一律学校寄送，本地划片区，由学校行政人员出车按片区配送，因为这样比家委会操作成本更低、效率更高、差错更少。

许多孩子成绩不好，原因固然很多，学习效率不高是一个重要方面。而学习效率不高，跟无法将知识结构化有很大关系。就是说，孩子的思维是散漫的，因此始终处在碎片化学习之中，少慢差费是避免不了的。

九、优秀者的四大核心习惯

我们可以想象的是，优秀者拥有许许多多大大小小的优秀习惯。是这些日积月累形成的习惯，让他的优秀成为一种自然。那么，如果我们要识别出核心习惯，会有哪些呢？我跟大家重点讲四个核心习惯：珍惜时间的习惯、保持专注的习惯、深度学习的习惯、合理归因的习惯。

（一）珍惜时间，让生命保持紧张感

什么叫时间？时间本质上是事件进程。或者说，是事件过程长短和发生顺序的度量。因此，时间在事件之内，而不在事件之外。例如，你的一生，就是一个事件，一个至关重要的存在事件，时间不在你之外。但你未出生或已经死亡，时间对你来说就都不存在，没有意义了。也可以说，生死对你是绝对时间。

那么，珍惜时间意味着什么？意味着让你的生命保持紧张感。紧张感是什么意思？是一种张弛有度的节奏感，也是一种秩序感。这种节奏，就像心脏的跳动，是活力之源。换句话讲，所谓的珍惜时间，就是让生命张

弛有度，以一种有节奏的方式保持活力。

我们把人生，或者任何一件事，想象成一场足球赛。在这场足球赛中，你必须保持紧张感，时时刻刻处于跑动的状态。当你带球射门之际，必须拼尽全力；当你跑位、截断时，也必须拼尽全力。射偏了，被截球了，你会沮丧、痛苦；射进了，截了别人的球，你会快乐、兴奋。这种兴奋的感觉就像上瘾，把你情不自禁地卷入游戏，不能自已。但是，保持紧张感，并不意味着一直是紧张的。在90分钟内一直保持百米冲刺的速度，这是不可能的，你会被累死。事实上，在90分钟内，你一直在奔跑，也一直在休息。例如，你将球传给队友，然后迅速地跑向下一个位置，这时候，就赢得了一个短暂的休息。你有时候要冲刺，有时候要慢跑，有时候要短暂地停顿，这些都是休息，是你调整自己的时候。这些短暂的休息，无论是停顿还是慢跑，都让你重新调整身心和调集能量。但是，这种休息又不是绝对的静止，而是一种蓄势待发的状态。休息并不脱离战斗而单独存在，它就是战斗的组成部分。战斗与休息，快跑与慢跑，奔跑与停顿，就构成了动静相宜的生命状态，这就是紧张感，这就是节奏感，这是秩序感，同时也是自由感。在这样的运动中，你感觉到了力量、自信以及团队合作带来的共同体的感觉。

孩子们为什么会喜欢踢球？踢球的意义感来自哪里？来自深刻的满足感。深刻的满足感来自哪里？来自力量的释放与增长。我们的身体蕴含着热量，蕴含着力量，它需要释放和展示。这种释放和展示有双重作用：一是通过运用力量，我们和周围的人看到了力量，这让我们一次次地肯定了自身；二是通过不断地释放或赋予，我们的力量得到了增强。换句话说，我们的能量是用来消耗的，如果不消耗，能量本身得不到补充，就会丧失或萎缩。就像你有一辆跑车，最好的保养办法是让它跑起来，而不是放在车库里。生命在于运动。

我们的身体蕴含着力量，需要使用它，那么，我们的大脑呢？结论很简单，我们的智力也要得到运用。智力在运用中会不断地自我增强，这就是生物的特点，生物是在与外界交换能量中不断生长的，这是发展的本质。

回到时间这个主题。我们重温一下，时间的本质，是事件的进程。所谓的珍惜时间，是指让生命保持紧张感。具体到一件事中，则是指高效率高品质地完成一件事情。

我们已经清楚了，珍惜时间，不是把所有时间都投入学习或工作之中，而是有能力保持紧张感，让生命或生活保持秩序感，形成高品质的节奏感。只有这样，才能说我们是一个自由的人。

我长期在研究时间管理，为什么？因为我自己需要。现在我们经常教育孩子要做好时间管理，例如，帮孩子建立一个作息时间表，让孩子按作息时间表控制自己的生活。这当然没有问题，但这种情况下，时间仍然外在于孩子，而不是内在于孩子，孩子并没有自内而外地形成自己的时间观念或者说时间意识。只有形成内在的时间观念或时间意识，才能形成紧张感。

我举个例子，我从来不用闹钟让自己起床，相反，我训练自己自然入睡和自然醒来。这需要长期的对睡眠的研究，以及对自己生物钟的觉察，然后让生命服从于它。否则，你盲目地牺牲睡眠，熬夜，能坚持多久？你充沛的精力从何而来？

现在的许多孩子，做的事很少，刷的题实际上也很少，但总觉得负担很重，为什么？这才是要思考的问题。这个问题后面会作为一个大主题来展开。

（二）保持专注的习惯

专注，就是一种智力的紧张感。

我们想象一下，一头狮子或老虎，在面对大型猎物的时候，会立刻紧张起来。紧张的标志是什么？视线会变窄，注意力会聚焦，全身肌肉会紧绷，情绪也会起变化，处于适度的焦虑状态。一切都在为扑向猎物的那一瞬间做准备。这就是专注，是集中所有的生命能量，朝向一个目标发起冲击的行为。为什么说“螳螂捕蝉，黄雀在后”？因为这是螳螂最强大的时候，也是它最脆弱的时候，最不设防的时候。

有些优秀的人很不合群，甚至可以说，越优秀的人大概率越是不合群，原因是什么？就是因为他需要专注，需要适度地做减法，减少环境、人际关系等对他的干扰。即使是做人际关系工作的优秀的人，也同样如此，他会聚焦高品质的关系，删除无关的链接。

举个例子，我小时候，我妈妈穿针引线的时候，我要是跟她说话，碰她拉她，她就会非常生气，甚至会愤怒，因为穿针引线的时候，不能被干扰。同样，优秀的人也会拒绝不必要的社交或聚会，他们在从事关键工作时，也痛恨别人的打扰。万一你打扰了他，就没有好脸色给你。

专注是一种内在的品质。

现在的孩子很难专注，有人归咎于电子产品，其实不是这么简单。专注的最大杀手，不是电子产品，而是被动学习。有些孩子在做有难度的数学题的时候，有些孩子在打游戏的时候，往往都很专注。因为专注需要忘我，只有忘我，才能确保注意力全部集中到事情本身上，集中到学习本身上。

为什么被动学习的孩子很难专注?

因为他潜意识里抗拒学习，这种潜意识里的抗拒，本身就是一种巨大的负能量，一股逆流，妨碍他的理解与发挥。不仅如此，他还无法轻装上阵，还需要有盾牌来抵抗各种来自外部的压力。他要对付父母、老师，这些都要消耗能量。这样无穷地消耗下来，他能用于学习的注意力就远远不够了。实际上，他就是以一种散漫的方式在学习，时间用完了，但效果微乎其微，就像一个漫不经心的射手，子弹打光了，但没有几颗正中靶心。

举个例子，有个初中学生发现有道数学题不会做，跑到办公室问老师。老师说:“你把题目给我读一遍。”学生读完了，然后自己说:“哦，老师我会了。”这说明了什么问题?专注，就是耗尽我所有的能量，直到抵达我可能性的上限，如果还解决不了，再去问老师。但是这样做的学生有多少?稍微遇到点困难就放弃，就寻求帮助，这训练不出专注力。

再举个例子，有的学生写作文的时候病句很多，标点符号运用也不正确，甚至一逗到底，字迹潦草。这种情况，通常是学生只是为了完成作业，并不是真正地在写作文。为什么?因为他稍微思考一下、专注一点，病句就可以避免，错别字也会减少。同样的，标点的运用，反映的是有没有深入思考文章的逻辑。我也是一个写作者，我经常在思考词语的运用，用主动句好还是被动句好，以及怎么用标点符号让层次更清楚，这是一种本能。而病句、错别字、标点符号，还涉及不到文章的深层结构，是学生自己用心一点就能够解决的，但是没有解决，说明了他根本没有用心。

这种不用心，往往集中反映在书写上，书写是态度的潜意识的表现。就像一个人在正式的场合，会不由自主地坐端正一样。这样写作文是没有效果的，只为完成作业，时间都浪费了，每天还看起来很忙。更重要的是，散漫的习惯一旦养成，到了关键的时候，甚至中高考的时候，就紧张不起来了。所谓的紧张不起来，是指智力紧张不起来，注意力调动不起来，紧张的只是情绪，是产生的焦虑。

有的家长反对外部控制，觉得孩子不自由，真正的热爱，一定来自自由。但是，我们想象一下，假如给孩子充分的自由会出现什么情况？成才的概率很低，大部分孩子最终会堕落。为什么？因为你强调的只是消极自由，是不干预。但教育所谓的自由，更多的是积极自由，是培养孩子对于外部世界以及自我的把握感。你不能从“一抓就死”，走向“一放就乱”，教育就是一种收放自如的艺术。我们有时候会说，必须在自由与纪律之间保持平衡。孩子的主动性或能动性，是一种“被动的能动性”。换句话说，没有限制，就没有自由。教育的艺术就在于怎么限制，什么时候限制，限制什么。

怎么培养孩子的专注力？让学习和生活规律化，是专注的保障。但是，培养专注的核心是通过让孩子完成有长度的任务。如果只是指责或简单地要求，期待孩子专注，这是做不到的。

我们回顾一下上面的内容，再继续。

我们到底怎样才能培养出一个优秀的孩子？这里的底层逻辑或者说逻辑链条是怎样的？

一个孩子要变得优秀起来，他就必须拥有优秀者的自我镜像。这并不代表孩子此刻是优秀的，而是孩子坚信，他原本就是优秀的，或者他最终会是优秀的。优秀，是孩子的理想自我。就像童话里那些蒙难的王子或公主，此刻无论怎么缺衣少食，处境困顿，但他相信，他是王子或公主，终将回到他的王国。这样，他就会像王子和公主一样思考和行动。

这个理想的自我镜像，既可能指向遥远的过去，我生来就有优秀的可能，也可能指向遥远的未来，我的生命必将是一个奇迹，还可能指向现在，我就是一个优秀的学生，我要守护好我的王位。

孩子如果没有拥有优秀者的自我镜像，就无法像一个优秀者一样行动。一旦无法像一个优秀者那样行动，就很难成为一个优秀者。

为什么？因为关于“我是谁”的问题，是孩子潜意识里的自我认识。一旦孩子在潜意识里认为“我不行”“我是一个差生”，那么，在意识层面，哪怕孩子想要成为一个好学生，也会与潜意识里的自我产生冲突。在这种冲突中，潜意识里的自我往往会获胜，因为它是自然产生的，而意识层面上想要成为好学生的想法与努力，则需要巨大的意志力来维持，但一个人无法长期靠意志力来维持意识层面的自我。

以上，是孩子生命发展的逻辑。

那么成人能做什么呢？两件事：1. 影响他的潜意识；2. 影响他的意识。

怎么影响他的潜意识呢？消极的方式，就是创造良好的环境，通过环境暗示和引导孩子；积极的方式，就是通过榜样来影响孩子。举个例子，如果你创造了一个积极向上的学习环境，一家人都热爱学习，那么，孩子就会自然而然地热爱学习，认为学习才是有价值的事情，这是环境影响。积极的方式，是你陪孩子或让孩子读大量的童书或传记。因为孩子在阅读中可以通过字句，潜移默化地树立优秀者的自我镜像。童书或故事中的主人公就会成为孩子的榜样，成为孩子理想中的自我。

怎么影响他的意识呢？

1. 为他树立目标，培养他珍惜时间的习惯、保持专注的习惯、深度学习的习惯，以及正确的自我归因；

2. 在他遇到重大困难或走弯路时，当头棒喝，帮他分析利害，让他回到正确的道路上来。

说教为什么没用？因为说教往往很难触及他的潜意识。表面上，他知道你说的都对，但潜意识里他会抗拒你，甚至强化那个不好的自我，因为他觉得自我受到了威胁。

然而，说理又是有用的，这和他的潜意识产生了有价值的冲突，从而引发了他内在的冲突，这内在的冲突有可能促成反思，最终促成潜意识的改变。

说教与说理的区别在哪里?

在于说教隐含的前提，是对孩子的否定，即“你是个糟糕的人”，这引发了潜意识里的对抗；而说理隐含的前提是对孩子的尊重，即“我认为你应该成为一个更好的人”，这就避免了潜意识里的对抗。

综上，我们说了，优秀是一种习惯，一种无须刻意、无须努力的行为。

而优秀的学生，往往拥有一些良好的习惯，决定性的核心习惯有四个：珍惜时间的习惯；保持专注的习惯；深度学习的习惯；合理归因的习惯。

关于珍惜时间，我们特别讲了，时间不在我们之外，而在我们之内，因此珍惜时间的要义，不是把尽可能多的时间投入学习，而是让生命保持紧张感、节奏感、秩序感。

专注的本质，是智力上的紧张感。这种紧张感，从外部讲，需要保持规律的作息；从内部讲，需要在有长度和难度的任务中形成。

（三）从幼儿园开始培养深度学习的习惯

我们讲珍惜时间，是从外部安排的角度来讲；讲专注，是从学习态度的角度来讲，那么，从学习内容的角度来讲，或者说最核心处仍然是深度学习。哪怕在应试教育背景下，应试高手，也必然具有深度学习的特征。

我们在讲深度学习的时候，主要是指一种深度学习的意识和习惯。

那么，深度学习有哪些特征呢？

深度学习有两个特征，是我们在讲《中学文科究竟应该怎么学？》里讲过的，就是研究性和审辩式，或者说，就是研究与思考。研究，是说学习是主题性的；思考，是说学习是反思性的。

我有时候会在一些讲座中把自己称为某个话题的“终结者”。这似乎很傲慢，实际上，是因为我在研究的过程中，往往习惯穷尽一个主题的所有可能性。这种穷尽，不是一种数量的穷尽，而是一种结构的穷尽和深度的抵达。相当于一个问题的所有重要侧面，我都考察到了，并且，尽可能地抵达本质。当然，相关领域的重要研究成果，我基本上也都会查阅。

这是一种深度学习的习惯，涉及主题研究和观点辨析。

我举个例子，一般水平的学生，你给他一道题目，或一张试卷，他做完就完了。但优秀学生会举一反三。那么，到底什么是“举一反三”呢？

“举一反三”的本质，是问题及解决方案的抽象化，说穿了，就是一个建模的过程。

一般学生，你给他讲一道题目或给他一道题目，他一听或一看，哦，会了，这道题目就放过去了。然后，遇到相似的题目，变化一下数字，他会做，这叫路径依赖。但是，你稍微改动一下条件，他就不会了。有时候，你甚至稍微改变一下语境，他就不会了。请问，为什么？

因为他的抽象思维是不完备的。在抽象思维不完备的情况下，学生会将一些非本质特征当成本质特征，从而干扰了抽象过程，增加了解决问题的难度。换句话说，学习不充分的学生，会用过多的参数来完成任务，而学习充分的学生，能用较少的参数完成任务，因此更高效、更灵活。

你可以直接告诉孩子加法模型，加法本质上是一种集合，其基础模型是整体等于部分之和。不同的孩子，对模型的理解是不同的。学习一般的孩子，往往识别不出模型来，反而被非本质的特征干扰，例如，看到“多”字就用加法。

深度学习的习惯，就是做一道题目，尤其是典型题目，就穷尽这道题目的可能性，通过这道题目，掌握一类题目，完成对一类题目的抽象化，建构一类题目的模型。这种学习，本质上就是一种研究性学习，对一类题目的研究性学习。

这甚至可以延伸到一门课程。例如，对于政治这门课程来讲，要建构的观念模型是什么？孩子背了许多东西，但对“正义”本身缺乏理解。对于地理这门课程来讲，要建构的观念模型是什么？我是地理系毕业的，教过两年地理，我最拿手的，就是画地图，这是一个建模的过程，我认为地理是离不开地图的。而且，我分析任何地理现象，都会牢牢把握住三个要素：纬度、地形和海陆关系。这样，就容易以简驭繁，把学习充分简化。否则，孩子会迷失在大量的细节里，越学越累，越学越辛苦。

一句话，高效学习的关键，是以简驭繁，是抽象能力、建模能力。这也是学生与学生之间的差别，你说，这是天生的智商，还是训练出来的？

所以，优秀的学生擅长建模，用尽可能少的题目，就能达到效益最大化。而一般的学生容易陷入题海战术，但实际上，他做的题目还没有优秀学生做的题目多、品质高，这个差距就会越拉越大。

而深度学习的习惯，应该从幼儿园就开始培养。

（四）合理归因，训练孩子成长性思维，避免固定性思维

最后一个习惯，合理归因的习惯，涉及动机问题或动力问题，一言以蔽之，要训练孩子成长性思维，避免固定性思维。

举个例子，如果孩子的数学老师不好，这对孩子的数学成绩会有影响，那么，孩子会怎么来归因？怎么来思考这个问题？

孩子可能会想，我真倒霉，遇到这样的数学老师。这背后的模型，就是“因为 …… 所以我不能”。孩子可能会减少在数学上的投入，结果数学成绩进一步下降。

但是，孩子也可能想，数学老师不够好，帮不了我什么，所以，我要在数学上投入更多的时间，以免成绩落下来。结果，孩子的数学成绩，大概率地比数学老师好的情况下还要好。有两个原因：一是数学老师不好，促成了孩子的自主钻研，提升了数学能力；二是数学老师不好，其他孩子就不喜欢数学，而你的孩子在数学上用力钻研，结果脱颖而出，数学成绩的相对名次大大提升，强化了自信，形成良性循环。我讲这个话是有原型的，有一个著名数学家，在回答他为什么会成为数学家时说，他中学的数学老师太糟糕，逼得他自学，结果反而产生了兴趣，最终走上数学的道路。这就像一个家庭，父亲不负责任可能导致孩子也不负责任，但也可能让孩子早早地成熟，穷人的孩子早当家，反而锤炼出能力。

家长也一样。如果孩子的数学老师不好，家长会抱怨。然后，家长的抱怨会被孩子听到，孩子数学不好，懈怠了，就有理由了。因为孩子会心安理得地想：我数学学不好，是因为运气不好，没遇到好的数学老师。

家长不在孩子面前抱怨或否定老师，是一条绝对原则。

那么，家长可以做什么？

可以找学校进行沟通，要求数学老师端正态度和改进专业。如果数学老师因为态度或能力问题没有根本的改进，家长可以请求学校换老师。如果学校无法换老师，那么，家长可以有两个选择：要么自己换学校；要么在当前处境下寻求利益最大化。怎么寻求利益最大化？持续地积极地正面地影响老师（因为抱怨和指责只会让事情恶化），同时，向孩子灌输一种观念，学习主要是自己的事，鼓励孩子克服困难，努力学好数学。

最糟糕的情形，就是一味地抱怨。这和婚姻一样：要么离婚，要么好好过日子。既不离婚，又不好好过日子，这日子就没办法过了。

我们回顾一下上面讲的内容。

要培养出一个优秀的孩子、一个努力上进的孩子，首先，要不断地塑造孩子作为优秀者的自我镜像，这是最重要的。

父母可以从创设环境、培养习惯、设定目标、提供反馈几个角度来帮助孩子。

从培养习惯的角度，我重点讲了四大核心习惯：珍惜时间的习惯、专注的习惯、深度学习的习惯，以及合理归因的习惯。

我再讲几个重要问题。

十、如果我的孩子不属于前20%怎么办

第一个问题，一个班级，不可能所有孩子都是优秀的，如果我的孩子，不属于前20%，怎么办？

当我们讲到“优秀”的时候，已经隐含了比较。优秀是相对而言的，在普通高中优秀的学生，放在重点高中，可能就算不上优秀了。一所学校的白天鹅，可能是另一所学校的丑小鸭。一个普通高中的优等生，放到重点高中，有两种可能：一种是遇强则强，提升很快；一种是自信心备受打击，结果表现更差。这两种情况，都出现过。

南明教育一直反对排名。为什么？我们的高中一直在排名，我们的初中也有排名。作为校长我也很想知道，从初一开始，我们的学生，到初三毕业的时候，学业成绩在大数据中处于什么位置，是上升了，还是下降了？

那么，我违背南明教育的理念了吗？还是南明教育这个理念根本就不对？要弄清楚这个问题，我们必须思考学习的目的。

根据马斯洛的需要层次论，学习有三重目的：一是通过学习，我努力打败别人，获得更好的机会，解决生存问题；二是通过学习，我可以证明自己比别人更优秀，从而获得尊严和尊重；三是通过学习，我理解了知识的奥秘，肯定了自己的力量，内心获得了极大的满足。哪一种目的是最重要的？不同的家庭，采用的策略不一样。

我和我姐都是学霸，却都上了中等师范学校，为什么？因为父母觉得生存是第一位的，先把铁饭碗拿到手再说。所以，我们牺牲了许多可能性，最终成了乡村老师。我父母后来后悔不迭，因为我们都辞职了。但在当年的处境下，谁知道呢？

一般家庭会把重点放在生存问题上，因此往往在维系生存；中产阶级

会把重点放在获取尊重上，巩固中产阶级的地位传承；也有一部分家庭，会更重视孩子生命的自我实现。然而，当孩子未来不存在生存问题的时候，所有孩子都有选择自我实现的自由。因此，许多时候仍然困于生存、困于应试，这不一定来自实际需求，可能是社会风气、个人焦虑以及家庭的见识导致。

弄清楚这一点以后，我们就明白了“不排名”背后的逻辑，即把孩子的注意力，不引向竞争，不引向打败别人，而是引向知识本身。我们希望培养出热爱知识，乐于和他人分享，与他人合作的人，我们认为，这也是未来社会的方向。

一旦清楚了这个逻辑，结果反而不是不排名，而是如何正确地利用排名。

我以初中部为例，我们希望未来的初中部成为运城国际最重要的级部、最耀眼的级部。为什么呢？因为小学是在培养学习能力，高中是在做高考冲刺，只有初中阶段，学生拥有了基础的学习能力，同时还有充分的时间涵养素质，让生命在知识的海洋里遨游，为高中、大学，乃至一生奠定丰厚而坚实的基础。所以，最近几年，对初中部的持续改造，是学校的战略重点。因为一般的学校，很容易为了中考在初中榨干学生的精力，结果对高中学习乃至一生不利，我们则有可能在确保中考顺利的情况下，让学生在初中获得极大的发展。当然，我们现在还没做到，远远没做到，每一步都不容易，都依赖于研究的推进、教师的成熟、管理的跟进，但后面每一届学生，都必须坚定不移地朝着这个方向前进。

但无论如何，不管多数学校怎么喊素质教育，应试往往都会是唯一的目标。而在我们这里，或者说从发展的角度来讲，学校的目标应该是多层次的。例如，我们要帮助学生考取尽可能好的学校，这是目标；我们要为学生打下坚实的素养基础，这也是目标；我们要帮孩子养成良好的习惯，这还是目标。问题的关键在于，目标不能是单一的，并且，目标必须有优先排序。

如果应试也是目标之一，那么必然要有排名。如果应试不是唯一的目标，排名也不应该是唯一的手段。最重要的是，排名的目的是什么？

在我看来，排名的目的，不是为了给孩子打上标签，而是为了给孩子进一步的学习建立参照系。如果没有参照系，孩子就不知道自己的学习成绩在同伴中处于什么水平。所以，运城国际对待分数和排名的态度很简单，可以概括为以下几条：

1. 只要有重大考试，一定要有详尽的试卷分析，分析到每一个学生、每一道题目，当然数据中也包含了排名。

2. 学校不对老师所带班级或学科的考试成绩进行排名（虽然排名会自然生成），不依据考试成绩对老师进行绩效考核或奖惩。我们认为，班级之间有差异是正常的，而且，我们更尊重一个班级的进步率，而不是简单的平均分。只要差距在合理的弹性范围内，学校就不做任何关注。一旦差距超出了合理范围，就会介入调研，看问题出在哪里了，然后有针对性地解决。

3. 我们不对学生公布班级在年级的名次，也禁止教师告知家长或孩子，我们也不对学生公开班级所有学生的排名。但是，每一个孩子，每一个家长，都会知道总分和各门学科的分数和名次，知道这些信息，是孩子和家长的权利。但是，你无权知道别人家孩子的分数，除非是作为榜样宣布的优等生的分数。

这种设计的目的，既以所有孩子的成绩为参照系，让孩子认识到自己的真实水平，又避免了让排名变成对部分学生进行的公开羞辱。

十一、如何正确看待学校排名

再回到前面那个问题：一个班级，不可能所有孩子都是优秀的，如果我的孩子不属于前20%，怎么办？

这个问题本身有一个隐含的前提，即优秀的标准是单一的，所有孩子，可以按优秀程度排一个名次。实际上，这个隐含的前提是不成立的。它只有在单一标准下才成立，例如，以学科总分来排名。但实际上，孩子发展的领域特别宽广，除了学科差异，还包括了艺术和体育等广阔的空间。

一个孩子，学科成绩倒数第一，跆拳道却是冠军，那么，这个孩子，算优秀的孩子，还是不优秀的孩子？

因为时间关系，我直接讲结论——

1. 一个孩子，必须在至少一个领域是优秀的，即进入这个领域同龄人水平的前20%。这有助于帮孩子树立自尊心和自信心。不然，孩子会极度自卑，你想想那些一无所长的孩子吧。

2. 孩子在艺体方面的优秀，不能取代文化课上的优秀。换句话说，家长不能因为对孩子考试成绩焦虑，就损害孩子在艺体方面的爱好，但是，也不能将希望寄托在艺体中，而忽略了文化课方面的培养。为什么？因为智力领域，是人类的核心领域，是一切发展的基础。

那么，我们会发现，二八原则被颠倒过来了，80%的学生，会在某一领域或某几个领域里，达到前20%的水平。就好像在动物世界里，各种动物都能活下来，是因为各有绝招。兔子固然跑得快，但乌龟有壳啊，你有速度，我有安全。这就是我经常说的生态位。在生态位中，各有其位置，就会有安全感，有自信和自尊。

如果你的孩子，什么都不行，这就麻烦了，你要帮孩子去创造“行”的空间，让孩子在社会中有自己的地位。如果你的孩子，在有些领域行，有些领域不行，你在强化优势的前提下，也可以不断地拓展孩子的其他领域，让他在更多的方面变得行。

为什么学校会反对排名？

因为排名是单一的标准，而生命是复杂多样的。学校的意义，在于尽可能地提供丰富有意义的学习机会，帮助拥有各种可能性的孩子，去形成自己的领地，拥有自己的自由与尊严。但实际上多数学校根本做不到，所以，这需要家庭去弥补。

我给所有家长的建议是，除非在高中或初三，否则，注意力不要聚焦在排名上。

我经常引用的一句话是：“一辈子都和别人去比较，是人生悲剧的源头。”但是，人与人之间经常进行比较，这又是社会现实。问题在于，你把胜过别人当成你的最高目标，还是把解决问题或自我实现当成你的最高目标呢？

总跟别人比，带来的往往是不必要的焦虑，但是，不断地挑战自我，带来的却是谦卑与自信。当一个孩子始终沉浸于挑战、解决问题中时，他人只是参照系。如果他人比自己强，激发的是赞叹、敬佩和学习，而不是嫉妒、沮丧和自我否定。

十二、如何教出幸福又成功的孩子

我再讨论一个问题：是不是必须得有一个优秀的孩子？

我的答案是否定的。但我请大家注意，这只是个人的答案，是非主流观点，而且，不一定是正确观点，是个人选择问题。

什么意思呢？我希望大家教出优秀的孩子，但这不是我作为家长的目标。

换句话说，我更希望教出幸福的孩子，而不是成功的孩子。大家知道这不矛盾。不成功的孩子，怎么会幸福呢？但是，在价值排序上，哪个在前，哪个在后，就非常重要了。我不记得我们批评过女儿成绩不好，她成绩不好时，我们通常是安慰和减压。这未必可取，但我们就是这样做的。

我更像一个麦田守望者。我会更重视基础的培养，例如善良、教养、阅读、核心素养、生命内在的向上感。至于能不能考到前20%，我会尽量提供支持，但不以此作为给孩子施加的压力。

为什么？因为我清楚优秀的阴暗面。

优秀者的自我肯定往往源自外部，借外部的成就来肯定自身。这会带来对深层自我的压抑，以及日常化的焦虑感。

我举个例子，我本来不适合教书。因为我有一定程度的社交恐惧症，以及表达障碍。但是当不得不站在讲台上的时候，我就会拼尽全力。然后生活就变成了这样子，不断地拼尽全力，不断地失败。我的生活中，只有一件事，就是在教室里赢得学生的认可，从而记得自己的尊严。我的眼中是没有校长的，极端到什么程度？别人很在乎的职称评定之类，我根本不在乎，也不去努力。但是学会理解教材和表达观点是需要时间的，在转变的临界点没有来临之前，是非常痛苦和焦虑的。

在高中教学第一年，有两三个学生经常在我的语文课上睡觉。这本来也正常，他们在其他课上也睡觉。不想管了，随他们，想管了，收拾一顿，或者不停地收拾，问题也就解决了。但我没有这样做，反而发了一个誓言：永远不叫醒一个在我课堂上睡觉的学生，除非我的课吸引了他们。后来我做到了，也因此成了县里最好的高中语文老师之一。

在这里，我们会发现优等生的几个特点：

1. 高自尊。不能容忍失败，必须取得成功和得到他人的认可。

2. 高自律。能用坚强的意志，控制自己的时间，不断地优化学习或工作本身。

3. 自我归因。如果遇到挫折，会归咎于自己，从自己这方面来寻找原因，并且持续改进。

实际上，所谓的自尊，是由他人的评价转化为自我评价，进而变成责任感或责任心的结果。所谓的自律，是他律通过意志转化为自律，进而成为一种习惯或本能的结果。

这看上去没问题，但实际上问题很大，为什么呢?

1. 对他人很苛刻。

如果孩子在学校里一直是优等生，那么，父母就会对孩子特别苛刻，缺乏同理心。孩子成绩不好，就是懒，就是不够努力。孩子很难在父母那里得到肯定，因为父母看到的永远是问题，是你做得不好的地方。这样孩子长大后，做老师，也会对学生特别苛刻，尤其对于学困生，缺乏必要的理解。那么简单的题目你怎么就不会？还是不够努力。做领导，同样会对员工特别苛刻，做什么都不对，达不到自己的标准，这会引发不少的冲突。我从小就不善于和人相处，是一个典型的吹毛求疵者。别人做了一件事，我会本能地去寻找漏洞。

2. 责任感过强。

责任感过强的后果是什么？是压抑了自己的本能，压抑了自己的需求。防疫期间，为什么有日本官员自杀了？因为日本人的性格，一旦出了什么事情，很容易归咎于自己，认为是自己哪里做得不好，甚至可以内疚到自杀的程度。

最近连续看了两部美剧。一部是《傲骨贤妻》，讲的是一个女律师，她是个优等生。她把全部的时间，都投入律所的工作中。有一次，别人让她休息一天，她却走到街头崩溃大哭，因为她不知道自己应该干什么。她强烈地渴望回到律所去工作。另一部美剧是《亿万》，讲的是华尔街有一个金牌员工，他是公司的摇钱树，但他却需要找心理咨询师。他毕业于哈佛大学，每天早上五点起床，雷打不动，如果不能同时服务七个以上的客户，他就觉得不安，只有超负荷的工作带来的成就感，才能让他平静下来。总之，优等生往往是被绑上战车的。

结果是什么？是优等生往往是异化的产物，自身被工具化，只有在使用中才能够获得安宁。我们看到中国特别优秀的学生，在美国硅谷知名公司工作，可一旦被解雇就会崩溃，好几个甚至都跳楼自杀了。你想想看，这么优秀的学生，就算谷歌不要你了，可只要你回国，哪个大公司不抢你？但他们自己受不了。万一成功了，他们又会很茫然，形成中年危机。

自身的工具化，就是自身的手段化。而实际上，人不应该只是工具、手段，也应该是目的，是一个自足的意义体。

这里就要说到，为什么孩子的生命里，不能只有分数，不能只有文化课学习？因为孩子一旦成功了，就是优等生，那么，哪怕有阴暗面，至少不至于一无是处，但如果孩子失败了呢，孩子将怎么面对一个空洞的自我？

当然，大家不必焦虑。多数孩子还太瘦，不用考虑胖了以后怎么减肥的问题，先胖起来再说。当然，最好不要瘦，也不要发胖，而是从一开始，就修炼健康的身心，将幸福与成功结合成一个整体。

十三、怎么做才能成为高手父母

最后，我还想跟大家讨论一下，父母究竟该做什么？

我希望更多的家长，不要关注乱七八糟的耸人听闻的公众号，你关注的公众号的水平，往往暴露了你的层次。我关注的公众号非常有限，审查信息来源对我来讲几乎是本能。以后有机会时，我会专门举办一个小讲座，说父母可以读哪些书，以及关注哪些公众号。

最近一段时期，我的讲座都会倾向于建立大框架，这是为以后讲细节做准备。不然，大家就会迷失在细节技巧里。就像盲人摸象，有人说象是一根大柱子，有人说象是一把大蒲扇，等等。可能不同的描述都是对的，都在描述同一头大象。你要理解这些相反却又不矛盾的说法，就要具备关于大象的整体认知。之后，细节的描述才有意义，才能提升你对大象的理解。

前几年《正面管教》很流行，这本书确实很好。最近，有两本书也很好，也很流行，但我并不建议购买，了解一下就行，一本叫《园丁与木匠》，一本叫《教养的迷思》。尤其是《教养的迷思》，学术性很强，主要是论证，可实际上家长在阅读时，往往只想知道研究结论，并不想了解研究过程。

我把这两本书在学术界影响很大的观点统合起来，可以用几句话来做一个概括：父母的教育对孩子的影响很小，父母影响孩子的主要方式是遗传，而不是后天的教育。真正影响孩子的是环境，尤其是同伴环境。因此，不要试图做“木匠”，用你的想法去塑造孩子，而应该做“园丁”，让孩子在花园里自由成长。

言外之意是说，做父母的，不要太焦虑，你做的许多工作，都是无用功。这个违反了我们的经验直觉，但是在学术界却得到了广泛的认同，作者也因此获得心理学大奖。但正像我刚才所说的，与一个真理相对的，可能是另一个更深刻的真理。

说父母很重要和父母不重要，可能都是对的。这是一种悖论式的思考方式，有些家长可能会糊涂。当两种相互对立的观点都是真理的时候，哪个对呢？为什么会都对呢？对与错是要有前提条件的。例如，当机立断、三思而后行，哪个对？要看条件。

那么，怎么理清这些观点？父母到底应该怎么做？我在这里给出几条非常明确的说明或建议。

1. 在小学阶段，家长很重要；尤其在小学的低年级和中年级，孩子年龄越小，家长越重要。

我再把这句话解释一下。孩子年龄越小，越是一种被动性的存在，越需要成人的引导与支持。因此，孩子越小，家长越应该是“木匠”，孩子越大，家长越应该是“园丁”。孩子的判断力和主动性每增强一分，家长就后退一步；家长每后退一步，孩子的判断力和主动性就增强一分。

2. 在小学阶段，家长塑造孩子的方式，就是塑造孩子良好积极的自我镜像，以及打造良好习惯的方式，这就是“不要让孩子输在起跑线上”真正的含义。

如果孩子的自我镜像不够好，孩子就走不了多远；如果孩子没有养成良好的习惯，孩子就缺乏高质量的跑道，跑起来就特别累。而这两者的基础都是安全感，是良好的亲子关系。

早期优秀的孩子，会形成优势叠加，最终远远胜出，这就是长期主义策略。善弈者通盘无妙手。最终，自我镜像和习惯会融为一体，让优秀本身成为一种习惯。

3. 中学阶段，父母基本上起不到多大的作用。为什么？因为青春期孩子的道德人格以及价值观，是在同伴环境中形成的，不是老师和父母教的。老师和父母的作用，是为孩子创造或选择一个更好的环境。父母讲了那么多道理，其实没什么用。而学业发展，父母也基本起不到多大作用，因为父母往往没有能力辅导孩子。孩子落后了，需要实在的帮助，而不是空洞的说教。

4. 那么，中学阶段，除了选择或创造环境，以及提供资源支持，父母还能做什么？最重要的两件事：一是构建良好的亲子关系，良好的亲子关系，是最好的支持环境；二是守住底线，不要让孩子走邪路，用我经常引用的话来说，就是要做“麦田守望者”，用刚才的话来说，就是要做“园丁”，危害性大的“杂草”（例如手机）要清除，但是，“花草”怎么生长，是“花草”的事。

5. 在什么情况下，老师和家长的作用会非常突出？是在老师和家长非常糟糕和非常优秀的情况下。糟糕的父母和老师，无法成全一个孩子，甚至可以毁掉一个孩子。

有些时候，一个老师的一次公开羞辱，可以毁掉一个孩子的一生，形成他的情结。父母也一样。相反，优秀的父母，会深刻地影响孩子。比如，如果父亲是物理学家，儿子的理科好，这奇怪吗？不只是遗传在起作用，而是父亲实实在在地能够帮助儿子。同样，一个优秀的老师，或者是导师，或者是教练，或者兼而有之，能够深刻地影响一个孩子，成为他生命中的一束光，成为最重要的他者。但这样的父母或老师，都是人群中的极少数。

问题是，大半的父母是平庸的，既没有那么坏，也没有那么好，心地善良又自私，爱孩子又目光短浅、格局不大，无法成为孩子的榜样或权威。同样，大半的老师，也勤勉而平庸，既缺乏高格调的恒定的价值观，对人生和社会的认识很有限，又无法在知识面前保持自由感，难以带给孩子知识上的惊异。

因此，有时候，选择不同的学校，遇到的都是相似的老师。老师都会逼孩子写作业（这才是负责任的老师），辛辛苦苦地逼。不逼怎么办？能让孩子主动疯狂地热爱一门学科和写这门学科作业的老师又有多少？

相比于不负责任的老师，这样的老师群体，足以让我们所有人（包括家长）保持敬意。但是，要让老师在孩子的生命中发挥关键性影响，这些还不够。对我来说，老师能在孩子的生命中发挥关键性影响就是教育这份工作的魅力所在吧。

因此，我一直认为，重要的是无止境的成长，不是我们看着孩子成长，而是我们和孩子一起成长，一起分享成长中的一切，以及享受作为家人在一起的无限乐趣。

至于优秀不优秀，相信种子和岁月吧。

▸ 观念篇：

好父母或许是麦田守望者

好父母或许是麦田守望者

一、这两部电影，做老师或做父母的不妨看看

最近看了两部电影：一部叫《三块广告牌》，一部叫《伯德小姐》。涉及两段母女关系，令人感慨不已。

《三块广告牌》讲的是一个“永不妥协”的母亲，女儿惨遭杀害，迟迟破不了案，她租用公路边的三块广告牌，分别在上面写了三行字：“爱女被强奸致死”“凶手至今逍遥法外”“威洛比警长你到底想怎样”。

显然，这给警察局造成了很大的压力，警察局也想办法反击，试图阻止这种行为，但是，什么都比不上这位母亲的坚强意志，她甚至纵火烧了警察局。实际上，警察们在这个案子上并没有渎职，也尽力了，但对这位母亲来说远远不够。而威洛比警长，原本是一位受人尊敬的警长，却因为此事受到很大的压力。并且，他处于癌症晚期，时日无多，最终自杀。

偏执是这位母亲的特点，在某种意义上，也是母女关系悲剧的源头。这种偏执，毁了夫妻关系，导致老公早已经离开；这种偏执，也毁了亲子关系，导致儿子觉得无法忍受。而她最后一次见女儿，也是因为女儿要借车，她不仅不给，还让女儿走路，女儿情绪激动地说：“我希望我在路上被强奸。”母亲还击说：“是的，我也希望你在路上被强奸。”结果，一语成谶。

整部电影，就是母亲与警察局，不，与整个世界较劲的过程。在这个过程中，没有谅解或和解，只有持续不断地行动、行动、行动，无望但又绝不放手地试图找到凶手。这位母亲复制了她与女儿的相处模式，无非这次的受害者是其他人而已。她试图以此释放内心深处对女儿的无限内疚，然而，仇恨之路同时也是毁灭之路，她不知道，真正需要改变的乃是自己。

《伯德小姐》讲的是处于青春期的女儿与母亲之间的关系。这是一位在

各种生活压力下负能量爆棚的母亲，擅长讽刺、挖苦、批评等各种负面评价。电影一开始，就是母女在车里激烈地争吵，最后女儿突然跳下了急速行进中的车，摔断了胳膊，在电影的大部分时间里都打着绷带。

看这段台词，是不是很熟悉？

母亲：你知道养大你要花多少钱吗？

女儿：给我一个数字！养大我究竟要花多少钱？我长大之后还给你，我会给你一张支票，那样我就再也不用跟你讲话了！

忘了说了，这个家庭中的父亲，是个一直在服药的抑郁症患者。

习惯了看美国大片的朋友，这两部电影请绕行。但是，我觉得做老师的做父母的，不妨看看。甚至可以反复看，拆解其中的许多片段。

二、亲子关系要有界限感

剧中的母亲，很熟悉。她们的一生，都在为家庭操劳、为儿女操劳。工作只是为了换取工资，更好地帮助家人过上更好的生活，至少是维持生活。因此，她们把美好生活的愿望，寄托在了儿女们的身上。当然，她们也时时保持警觉，生怕儿女们不努力、被欺骗、不感恩……于是，冲突便不可避免。

当母亲们面对儿女，尤其是女儿的时候，相处模式中便充满了负面评价。

如果你是一位母亲，请你回顾一下，在你最近与女儿的交流中，有多少次是在肯定她、与她分享？有多少次是在评判她，充满了指责？当负面沟通达到一定的比例时，家庭就会成为一个让人想要逃离的地方。

指责一个人，批判一个人，并不会使她变得更好。那么，为什么一位母亲还是倾向于批判自己的女儿？因为她认为，我确实看到了你不好的地方：你邋遢，不收拾房间；你懒散，不努力学习；你撒谎，背着我谈恋爱……我指出来，是希望你改正，希望你变成一个更好的人。

但是，这位母亲，遗忘了几条常识：

1. 你的感觉，往往不代表事实。许多你以为的真相，实际上不过是偏见。你看得到女儿的懈怠，看不到她内心的向上。许多无谓的争吵，是缺乏澄清与理解，尤其是缺乏倾听，将自己的感觉当成事实基础，然后对孩子进行批评指责。

2. 人都会犯错误，你的青春有多完美？没有遭遇逆境的人，永远不知道什么是平安幸福。

3. 当你的孩子遇到问题，哪怕是主观堕落的时候，她内心渴望你说："没关系，我一直在你身边，需要时，我会和你一起面对。"她不希望你指出这里不对那里不对，因为在多数时候，你指出的只是她已经知道的东西。你要做的，不是评判，而是接纳与协助，这需要充分地释放善意。

4. 许多所谓的对孩子的好，所谓的"爱之深，责之切"，并没有你以为的那样纯粹，往往夹杂了毒素：你的失意、失败，你的怨恨……

最近听书，听到一个很好的比喻，大意是说，好的父母是"麦田守望者"。孩子们在麦田里自由地游戏，犯错甚至受伤，父母的职责，不是干预，而是守在悬崖这一边，防止孩子掉下去。

这个比喻是说父母要给予孩子安全与支持。更是说，亲子关系要有界限感。在界限之内，孩子是自由的，自由地探索和犯错，除非主动寻求你的支持或你们关系良好，否则不要干预。在界限之外，什么不能做，清清楚楚。孩子一旦知道了边界，并且理解了边界的必要性，亲子之间就很容易"父慈子孝"。

现在有的家庭，孩子倒个水，都要指责他倒的高度不对，让孩子无所适从，更重要的是，他觉得自己的生命不被尊重，他并不是自己生命的主人，只是一个傀儡。——没有人喜欢这种感觉，你也是。

三、"爱无能"是以偏激负面的方式表达爱

实际上，许多母亲也很崩溃，也想极力地改进与儿女的关系。甚至去参加一些培训，或者研究一些书籍，诸如《正面管教》《父母怎样和孩子说话》（都是我推荐过的好书）之类。然而，这并没有什么用。

怎样说话固然重要，然而比怎样说话更为重要的，是主宰我们怎样说话的内在观念，甚至，包括了我们对自己生命的整体态度。在很大程度上，一位母亲，会将自己不成熟的人格，投射到孩子的身上。

我们为什么会那样跟孩子说话，并且控制不了？因为我们十分焦虑。为什么我们十分焦虑？因为我们心存恐惧。为什么我们心存恐惧？因为我

们怕儿女会失败，会无法拥有一个理想的未来。对一部分父母来说，更怕儿女重复自己的命运。

在这些恐惧的背后，是我们对幸福的片面的理解。我们将幸福理解为一种依赖于外部得以成全的东西，而不是人的一种内在机制。真正幸福的人，无论贫穷或富有，都有很大概率是幸福的。而心怀恐惧的人，哪怕富甲天下，也未必幸福。至少，幸福是不稳定的，这与得到或失去密切相连。

可怕的不是贫穷，是贫穷感。

我们要培养的，是在任何处境下都能够保持乐观，并能够保持幸福的孩子。这不是教出来的，是你展示给孩子的。不要说我们穷，所以你得努力。而要说，虽然我是穷妈妈，但是我爱你。

这里不得不提到另外一部电影《美丽人生》。在犹太集中营中，父亲仍然给了儿子尽可能好的童年。当你满腔怨愤，觉得老公和孩子都欠你的时，你怎么指望培养出一个乐观的、有吸引力的儿女？

《三块广告牌》和《伯德小姐》两部电影给我印象最深的是两位母亲都深爱自己的孩子，但都表现出一种“爱无能”。

所谓的“爱无能”，就是无法表达爱，或无法以正确的自然的方式表达爱，而是以偏激的、负面的方式表达爱。

惊心动魄的场景是在《伯德小姐》中，母亲给女儿写了许多信，表达自己的爱，但是，最终都扔垃圾桶了，所幸被捡回来了。而当女儿要去纽约上大学了，父母开车送她去机场时，母亲甚至没下汽车，她不顾女儿的哀求，说：“你爸会送你过去的，我不想在这里停车，机场停车费很贵。”然而，她驱车离开后，却满脸泪水，然后驱车返回与丈夫抱头痛哭。

她爱女儿。她只是患了“爱无能”。

四、我们的成长，才是给儿女最好的教育

对孩子最好的爱究竟是什么？我曾经长久地想过这个问题。

给他安全。给他自由。成为他的榜样。

“成为他的榜样”，不是为了成为他的榜样而成为他的榜样，而是因为我们自身生命的目的，努力成为一个更好的人。

中国人当然更重视亲情，我对于这件事，向来有别样的看法。

孩子或者家庭，向来不应该成为生命的全部。因为人活着，总是在家与世界之间往来，就像泰戈尔所写的《渡船》。所有的捆绑，最终都可能是伤害。你看看，过个年，许多孩子的内心交织着复杂的情感，既想过年，又怕过年。因为我们被一种叫亲情的东西捆绑着，既离不开它，又能够感觉到它带来的束缚。何苦呢？

当我听到一位母亲无数次地发自内心地表白，说孩子就是自己的全部，是自己生命的意义时，我的第一判断是这位母亲没有自己的生活，自己的人生是没有多少价值的。

是的，终有一天，你会感动孩子。哪怕他跟你争吵，想要离家，最终他会深刻地明白你爱他。——其实他一直都明白。后来他长大了，果然很孝顺，开始争吵过年回哪个家的问题，你觉得这是你的胜利？

那简直太悲哀了，他已经成了你。

这肯定不是我的生活，因为我有自己的生活，我不会在春节时，让女儿越过千山万水来看我。我会说，过好你自己的生活，以最自然的方式来对待父母，无须内疚，不必有负担。想了，顺路了，就回家看看，我们永远为你保留一个房间。忙了，有事了，就各忙各的，就这么简单。

孩子正值青春期时，许多父母正值中年，这是最容易油腻的年龄。庸俗、琐碎，又自以为是。

我还是那句话，高质量地过好自己的生活。中年的庸俗，莫过于自私、狭隘、封闭，总想着为子子孙孙留这留那，这是另一种不必要的自作多情，心理根源仍然是恐惧。我甚至连养老保险都没买，因为我从不为“老无所依”而担忧。老了，只要我思维敏捷，即可自养，更重要的是，就为了“老有所养”，将自己违心地与某种形式紧紧地捆绑在一起，我是不愿意的。

何妨敞开自己，在这个不确定的世界里，做一个幸福而自由的人？

生下你，给你尽可能好的教育，这就是我能为女儿做到的极限，但我无法负担你的一生，更无法牺牲我生命的可能性去成就你。毕竟，我有我的热爱，有我对女儿之外一些人（例如团队）的责任，有我对自己生命可能性的无限探索。

我相信，唯有我无限地成长、自由地成长，才是给孩子最好的教育。

孩子没有标准，怎么可能有未来

通过对成人的观察，我发现，人与人之间的差距，在很大程度上取决于一个因素，即这个人是否有内在的标准。

标准者，尺度也。他会据此衡量自己和他人。例如，我们说一个女孩子，谈恋爱找对象，要有眼光。所谓的眼光，即是指标准、尺度。一名教师，站在讲台上也要有标准，有标准的老师，教出的学生差不了。而所谓的标准，并不是这个老师怎么要求学生，而是他不能容忍什么。有的老师不能容忍噪音，他的教室就较为安静；有的老师不能容忍肮脏，他的教室就较为整洁。相反，一个对教室吵吵闹闹仍然无感的老师，哪怕你让他意识到安静的重要性，他基本上也训练不出一间安静的教室。因为他道理上已经明白，但是他并不拥有一种内在的标准，而这是成年以后很难习得的。

如果你的孩子，未来参加工作后，动辄迟到，得过且过，很能将就，凡事做到差不多就行，那么很遗憾，他这辈子就这样了。你不要指望讲几次道理他就能够改过来，这几乎是不可能的，因为标准的形成，乃是在学生阶段，包括小学阶段和青春期。

今天我是一个校长，我判断一个老师如何，很大程度上不是根据他的语言，而是根据他的行为细节。三两件事之后，往往就会有定论。如果他在我不在场的情况下，就是另一副模样，那意味着，他缺乏一个内在的一致的标准，或者说，他拥有一个糟糕的工作标准。这样的人，不会获得别人的信任，而一旦丧失了这种信任，也就丧失了机会。

那么，怎么帮孩子从小树立标准呢？

一、在约定的时间做约定的事情

标准，首先意味着一种严谨的态度。

有一次见一个学生，他事业有成，承诺来车站接我。我还没有下车，他就一连串地道歉，说因为堵车的原因，他大概会晚到。然后他迅速地做了一系列的安排，确保我下车后有人在等我。实际上，他只晚到了一小会儿，见面后又连声道歉，十分不好意思。

他在单位很受领导器重（当然，自己也是一个不小的领导），我是毫不意外的。因为他是优等生，我自己也是优等生，很明白优等生的逻辑。不迟到，是学生时代就形成的内在戒律。哪怕自己做了领导，也要保证在开会、教研等场合不迟到，甚至经常是首先抵达的。早到十分钟或二十分钟，可以从容地思考与会议相关的一些话题，把自己的想法写下来。如果要乘车前往会场，更是会严格计算好车程，留够各种意外时间。不过，我更多见到的是踩着时间点来的年轻人，甚至晚到的。

这些不是小事。因为不遵守时间，不只是对别人的不尊重，更是表明他缺乏一种内在标准，缺乏一种界限感，或者说缺乏内在的紧张感。

在《小王子》中，小狐狸跟小王子讲驯养：

> “你每天最好在相同的时间来，”狐狸说，“比如说，你下午四点钟来，那么从三点钟起，我就开始感到幸福。时间越临近，我就越感到幸福。到了四点钟的时候，我就会坐立不安，我就会发现幸福的代价。但是，如果你随便什么时候来，我就不知道在什么时候该准备好我的心情……应当有一定的仪式。”

这段话是什么意思呢？如果约定了四点钟见面，那么，三点钟的时候，就应该进入准备阶段，这样的话，见面才有仪式感。（你想想，约会是不是这么个感觉？）

同样，如果你是教师，你不应该等上课铃声响起，才往教室走。你应该在上一节课下课铃声响起时，就开始“兴奋”，开始准备心情，并且往教室里走。而上课铃声响起，意味着你要开始讲课了。唯有如此，上课对你来说，才具有某种仪式感。这意味着你让自己处在适度紧张的状态，而不是松弛的状态，这对上课状态非常重要。何况，你总不能等上课铃声响起后，再来维持纪律吧？你做好了准备，就是对学生最好的暗示。而这种态度，要从小培养，最好是从幼儿园开始，至少是从小学开始。例如不迟到；承诺的事（例如作业）要竭尽全力完成它；把字写工整、写清楚；在约定的时间做约定的事情；遵守并敬畏游戏规则……

这并不意味着死板，或者没有例外。而是意味着郑重、敬畏。例如，如果迟到了，一定要让孩子向老师致歉，家长也是。这样就会向孩子传递一种信息，让孩子对边界敏感起来。这似乎有点傻，毕竟很多人擅长投机，很“灵活”，但是，你会更信任哪种人？

二、标准就是你想成为或抵达的

标准，意味着一种朝向卓越的眼光。

直白地讲，就是知道对一件事而言，什么是好的，到什么程度是好的，不至于稍有进步，就沾沾自喜，觉得老子天下第一，并期待奖赏，其实不过是井底之蛙而已。

例如，对一份试卷来讲，60分是底线（当然，你可以将底线提升），100分才是标准，而不是90分或95分。对于一项技能（例如舞蹈等）来说，专业高手所能达到的水平（例如视频）就代表了标准。标准悬挂在那里，将极大地激发我们的向往之心。在《霸王别姬》中，已经放弃练习的孩子，看到了真正的角儿的表演，激动万分，宁可挨打，也要跑回去继续投入练习，这就是看到了标准。

一切榜样，都自然而然地形成了标准。万恶之源是比较。孩子在与别人的比较中，或沾沾自喜，觉得这次进步了还不错，或灰心失望，觉得名次又下降了，自己又不行了。成人习以为常，且经常以名次激励或刺激孩子。殊不知，战胜别人并非目标，一切同伴都只是参照，真正的目标是标准。孩子应该考虑的是自己离标准还有多远。

在这种情况下，每离标准近一步，孩子就会增加一分信心。无论孩子进步有多快，仍然能够感觉到自己与标准的差异，这有助于保持谦卑。而所谓的谦卑，是指对标准的敬畏。在这个过程中，当然会有痛苦，但这痛苦，是自身此刻的能力与标准之间的差距带来的痛苦，而不是生命本身在与他人比较中被否定所带来的痛苦。

那么，如何将标准置于孩子内心？关键是，孩子要看到标准，并能够被标准所激励。丑小鸭在看到白天鹅的时候，他的内心是激荡的。

一天晚上，当太阳正在美丽地落下去的时候，有一群漂亮的大鸟从灌木林里飞出来，小鸭从来没有看到过这样美丽的东西。他们白得发亮，颈项又长又柔软。这就是天鹅。他们发出一种奇异的叫声，展开美丽的长翅膀，从寒冷的地带飞向温暖的国度，飞向不结冰的湖泊。

他们飞得很高——那么高，丑小鸭不禁感到一种说不出的兴奋。他在水上像一个车轮似的不停地旋转着，同时，把自己的颈项高高地向他们伸着，发出一种响亮的、怪异的叫声，连他自己也害怕起来。啊！他再也忘记不了这些美丽的鸟儿，这些幸福的鸟儿。当他看不见他们的时候，他就沉入水底；但是当他再冒到水面上来的时候，却感到非常空虚。他不知道这些鸟儿的名字，也不知道他们要飞到什么地方去。不过他爱他们，好像他从来还没有爱过什么东西似的。他并不嫉妒他们。他怎能梦想有他们那样美丽呢？

标准就是你想成为或抵达的东西。不要讲道理给孩子，让孩子直接看到希望他去的地方。一个想演戏的孩子，去看真正的大师的戏剧，这就是标准；一个想写作的孩子，去看真正伟大的作品，这就是标准。

一个老师，与全班同学分享班级里涌现出的最优秀的作品（有时候何妨是他山之石），这就是让孩子领会标准。但是，如果老师说，某某同学是我们班最优秀的同学，大家都应该向他学习，努力地接近他，甚至超越他。那么，这就不是标准，很可能会演化为诅咒。孩子们要么觉得自卑，觉得人家那么优秀，怎么可能轻易接近呢？要么觉得不屑，也不过如此，我只是没努力罢了，再说了，我的兴趣也不在于此，还有，他考试还可以，可是在足球场上就像个呆瓜，笨死了。

错误的教育，让孩子对卓越无向往之心，反而充满了复杂的情绪，甚至轻视、嘲弄、排斥或不以为然。内心无标准，就没有内在动力，只能靠外部动力去推动，自然就会产生大量的浪费。

三、帮助者能帮助的恰是那些已经在路上的人

有些父母自身很努力或者很优秀，孩子就觉得不能堕落。因为父母无形中起到了榜样作用，潜移默化地将标准置入孩子内心。所谓的家庭教养，无非如此。相反，如果父母的行为和精神是粗鄙的，整天张口闭口要求成绩，孩子的精神品质，也就在无形中变得粗鄙了。

一旦孩子内心没有了标准，就会追求舒适，或习惯于停留在舒适区，尤其当外在压力消失或减弱的时候。考公务员、养老、佛系……这就是归宿。他不会喜欢挑战，会更在乎别人的眼光，尤其是乌合之众的眼光。万维钢在一篇文章中说道："很多年轻人追求一种散漫的风格，干什么事情都是一副无所谓的态度，认为在打打闹闹中学习的人很酷，这是非常愚蠢的。能够特别专注地干一件事才是最酷的。"

我看到那些中学生，连在校园里走路都很散漫，就觉得很心痛。人的步履，很能反映出他的内心状态。不过，在这个物质富足的时代里，这似乎是必然的宿命。一方面，会涌现出更好更快的学习者；另一方面，多数人根本不必认真学习也衣食无忧。不过，生命的意义仅止于此吗？一旦孩子进入大学，或走出校门，生命状态往往就宿命般注定了。他读再多的心灵鸡汤、再励志的文章，也解决不了生命中本质的问题。

就像我虽然经常写一些教育类的文章，但我知道对多数人是没用的。哪怕他知道你是对的，想尽力改变，也几乎是改变不了的。你能影响和改变的，恰恰是和你一样的人。这就像童话里的"帮助者"，能帮助到的是那些已经在路上的人。

最后，祝愿我们能帮孩子内化标准，让世间少一些"差不多先生"。

人生充满意外，不要剥夺孩子的经历

人生是不可能一帆风顺的，意外总是在某个地方潜伏着等着你。假如真有一种一帆风顺的人生，那么，它其实是不值得经历的。这似乎很矛盾，但这正是生活的真相，也是生活的乐趣所在。生命正是在这样的风浪中向前，增强自身的力量，领会生存的意义。意识到这一点，对父母来讲十分重要。它可以延伸出几条似乎十分普通又非常紧要的洞见：1. 孩子总会遭遇挫折。2. 挫折总是具有两面性，伤害你，同时成就你。这取决于孩子对挫折的理解和反应。3. 父母介入的意义，是帮助孩子产生积极的理解和反应。错误的介入方式，将培养出软弱或暴虐的孩子。

一、孩子打架了，父母怎么反应

孩子遇到的挫折，可能来自许多方面：需求未满足，人际冲突或孤立，生活难题，学业挫折，竞争失败……

孩子对这些挫折的理解和反应，将会逐渐形成他的解释风格和处世方式，并最终形成独特的自我。

举个例子，两个孩子打架了，父母怎么反应？父母可以选择袒护自己的孩子，对这件事本身进行选择性解释，并据此给出反应；也可以选择批评甚至责打自己的孩子，要求孩子回避对抗，以免惹麻烦；还可以教唆自己的孩子，谁打你就打回去，要让别人知道你不是好欺负的。

在这三种反应模型中，前两种是最糟糕的，却是最经常出现的，并且常常被结合起来使用。保护孩子是父母的本能，但是袒护是一种不恰当的保护，在这个例子中，父母以某种方式剥夺了孩子的经历。

那么，在一场打架事件中，孩子可能会经历什么？1.情绪反应：恐惧、委屈、愤怒、无助；2.认知反应：责任在他，或者是我惹了他；3.行为反应：攻击或反击、躲避、承受、寻求帮助。

没有人喜欢打架，但如果冲突不可避免地发生了，那么，它就有可能成为一种“学习资源”。父母的意义就在于将已经发生的不好的事，转变成“学习资源”或者说成长契机。

在这里，最糟糕的是总替孩子出面去解决问题。这在无形中剥夺了孩子的经历，并且在孩子的内心形成了一种潜意识的假定：父母会帮我解决问题的，都是对方的错。这种假定，将可能出现两种类型的孩子：一是软弱的孩子，一旦父母不在身边，就惊慌失措、缺乏主见；二是熊孩子，以自我为中心，无法无天，认为反正有父母收拾摊子，自己不必负责任。

父母的角色是指导而不是替代。

不要怕孩子经历恐惧、委屈、愤怒、无助这些似乎很负面的情绪，这是理解生活及自我必需的一部分。父母要传达的是“我理解你”和“我在这里”。“我理解你”是一种接纳，即承认这些情绪的合理性；“我在这里”是传递一种信息，你可以随时从父母这里获得帮助。

成熟的人格，会感受到自己的情绪，并能很好地驾驭和利用情绪，把注意力引向评估双方的思想和行为，从而选择合宜的解释和行动。但成长中的孩子不够成熟，因此，需要父母提供支持，协助孩子将注意力转向合理的评估上来。因此，在接纳和保护（使孩子脱离危险情境）后，父母需要训练孩子开始理解整个情境：

1. 发生了什么：从你的角度看，发生了什么？如果能够站在对方的角度，你认为对方会觉得发生了什么？

2. 怎么理解这件事：你怎么理解？谁的责任？如果是双方的责任，那么责任分别是什么？你认为对方会怎么理解这场冲突？

3. 怎么解决这件事：这件事有几种解决方案？你能够评估一下每一种解决方案可能带来的后果吗？如何将短期后果与长期后果都纳入评估？你觉得哪种解决方案是最合适的？

显然，父母的这种训练，远远强过上述第三种反应，即教唆孩子“打回去”。在这种正确的介入中，孩子的经历没有被破坏或剥夺，但被深化了，这是一种日常生活中的“深度学习”。

二、不成熟的爱让孩子无法长大

在独生子女时代和后独生子女时代，不成熟的爱，已经让许多孩子无法长大。

古往今来，那些杰出的人物，鲜有不经历重大挫折的。多项研究表明，那些出色的领导者，基本上都是丰富的经历（而非学历）造就的。因为，经历本身就是一种课程。

不要把学习窄化为学习书本上的知识，进而更窄化为应试学习。对一生更有用的学习，不是书本学习，而是真实情境中的学习。从本质上讲，学习即经历，学习即成长，而真实情境中的学习，往往是刻骨铭心的。一个男孩子，可能经历一场打架后，会有一次飞跃式的成长。因为这可能是一场调动了他全部深度存在经验的发展，是一个成长中的关键时刻，甚至是决定性时刻。

我反对人为地制造所谓的挫折，例如“挫折教育”。因为在挫折教育中，挫折本身成了目的，这种挫折又经常被窄化为与身体相关联的意志。因为挫折本身一旦成为专门训练的对象，就丧失了意义。而在生活场景中，挫折本身是一个完整的有意义的事件的一部分，在解决问题的过程中，你会自然地习得面对挫折的能力。

那么，有没有可能人为制造经历呢？

当然可能，而且我认为是必要且必需的。

例如：在户外活动，交给孩子必须独立解决的任务，甚至是让孩子参与种植之类，都是非常有效的训练。这些经历之所以成为课程，是因为这些经历本身是完整的，包含了需要在协助下解决或独立解决的“课题”，并且孩子会经历相关的情绪，直至达成某种结果，而这种结果又会反过来帮助孩子反思自己从情境到认知，再到行动策略的全过程。一个孩子独自面对世界的能力，就是在这个过程中逐渐形成的。

“父母之爱子，则为之计深远。”可惜，有太多长不大的父母。有多少人能意识到，实际上生活提供了丰富的课程，但是我们却一再错过？

要鼓励孩子长时间学习

寒假到了，按理我的公众号知父母更新应该更频繁，可实际上更少了。

原因很简单，没放假的时候，我的工作内容很丰富，每天要应对不同的任务，是属于多线操作。这样，生活就容易被碎片化。我在碎片化当中，当然会留出整块的时间，即所谓的“高价值时间区域”，例如靠早起获取的时间段。但这是有限的，更多的是被切碎的时间。这让我有可能找出某个碎片时间或碎片间隙来写文章。

但是寒假不同，我可以有整块的时间，除了偶尔的聚餐，基本上从早到晚不出门，每天多数时候只吃一顿饭。并且，起床时间和平时上班没有区别，仍然是自然醒，自然入睡。然而，我对我的全部时间拥有自由的规划权。在这种情况下，我就会倾向于用很长的时间，持续地去完成重要的事情，例如写作研究。如果在这个过程中，我大量地写文章，就会对我的长时间工作和学习构成干扰。这种干扰主要不是时间上的干扰，而是思路上的干扰。即你会被从一个连续的情境中拉出来。而如果没有这个干扰，你仍然会做饭、睡觉、看电影，但是你对一个主题的长久的思考，会一直在意识层面和潜意识层面不断地运转，这就是深度工作和深度学习。

我对同事的建议是核心只做一件事。“要么一切，要么全无。”所谓“海拔五千”，重要的不是数量，而是高度。攀登再多的小山丘，也不如攀登一座高峰更重要。

对孩子而言，他可以利用寒假完成老师的作业，同时补习一下各种科目之类。实际上，这跟攀登小山丘没有什么区别，多登一些或少登一些关系不大。但是，如果他在完成作业的同时，在一些主题或内容方面，进行了长时间的深入学习呢，那么，他的思维品质、学习力、意志力、自我效能感将会有巨大的提升。

就是说，长时间地主动学习，会促使他从认知到情感都发生一定的变化，这种内在体验，对培养卓越的学习者特别重要。有些深度学习，甚至是心流的状态，就是在这种情况下出现的。父母应该创造这样的条件，并排除不必要的干扰，鼓励孩子投入其中，甚至和孩子一起投入其中。

可惜，我们经常会受到各种暗示。例如：假期了，该休息一下了；春节嘛，玩玩很正常；走走亲戚，让孩子交往交往有好处；平时控制太紧，假期玩玩游戏没什么大不了的……最终的结果是，孩子处于各种欲望（或需要）的撕扯下，最终生活是碎片化的，甚至是忙碌而无所成的。一个假期下来，问孩子，你在哪些方面有长足的进步，或者经历了哪些高峰体验？孩子顶多说，我作业做完了嘛。这不，又是一个平凡的寒假。

实际上，鼓励孩子长时间地学习，孩子会从学习中体验到自由。更奇妙的是，孩子也会找到休息之道。你想想看，我整天待在房间里，会难过吗？不会，我有自己的休息方式，但这种休息不会导致思考的中断。这样的生活，反而是宁静和幸福的。

以我练习吉他为例。上学期我经常练习，但由于时间不足，所以没什么进展。寒假这几天，每天强化练习，强迫自己以小时为单位，每天练习一至两个小时（实际上可以更多）。结果是什么？是每天晚上睡觉的时候，手指都十分疼痛。疼就对了，说明学习正在发生。

寒暑假是一片自由的原野，不长庄稼，必生野草。希望读到这篇文章的家长，也能认真思考一下。要相信，自由的生活，是更幸福的生活；散漫的生活，最终会导致不幸。

控制与放任，这个度到底怎么把握

女儿在英国留学，学习努力，也参加了不少社团。某晚，她忽然在家庭群里发了一条信息，大意是说，自己想请一个健身方面的私教。

Why？私教？私人教练？如果你是我们这样的“中国父母”，你会如何反应？请先花0.001秒的时间思考一下。

一、控制或怨恨都会带来孩子的低自尊

一种反应是生气。

拜托，你老爸老妈是工薪阶层好不好？供你留学很吃力好不好？你难道不应该想着好好学习吗？难道不应该处处节约，体谅父母吗？私教？你咋不上天呢？对了，咱得好好说一说，我发给你的生活费，你都花哪儿去了？我看新闻了，说有些中国留学生……咱不说了。以后除了正常的食宿开支，另外的花费，你得向我们逐一汇报。

一种反应是无所谓。

私教？好啊！你觉得什么对你好，你就尽管尝试。老爸老妈就你一个女儿，赚的钱以后还不都是你的？你快乐就好呀。最近钱够不够？要不要每月再多打点钱？出门在外，别委屈了自己，不然，老爸老妈心里疼啊。

这两种常见的反应，分别是控制与放任。

控制会带来几个问题：1. 你不信任孩子的判断力。2. 你本来应该是一个帮助者，却变成了一个操纵者，帮助孩子做决策，这损害了孩子的主体性。3. 主体性被损害的孩子，有两种走向：顺从或反抗。顺从是指我索性就做个妈宝，这是巨婴模式；反抗是指我偏不听你的，就要跟你对着干，这是怨恨模式。4. 无论哪种模式，都不利于孩子成为一个负责任的人，因为

你在阻止孩子自己进行选择并承担责任。

放任会带来几个问题：1. 没有限制的选择，不是真正的选择，孩子将无法形成良好的判断力；2. 因为无须对选择的后果负责，所以孩子无法形成责任感；3. 缺乏判断力和责任感的孩子，主体性同样是受损的，行为会趋向于无序；4. 这样的孩子，有两种走向：极度无能或暴虐。神奇的是，仍然会走向巨婴模式（“请你满足我。”）或怨恨模式（“你为什么不满足我?”）。

并且，无论是控制或放任，都会带来孩子的低自尊。因为真正的自尊，核心是“自我效能感”，就是“我能”的那种感觉。

二、要培养孩子对生活的掌控感

那么，我是怎么反应的?

我说，我不在英国，更不在你的处境下，也无法判断你是不是需要一个私教，这个只能你自己决定。但是，借着这个机会，我想把相关的一些事儿理一理，以后你就心里有数了。

怎么理？我敲了几条原则：

1. 你在英国留学，学费、住宿费、往返路费以及生活费，由父母支付，生活费每月是一个固定的数额。

2. 我们不干涉你对生活费的使用，你需要自行保持财务平衡。节余的钱，你用于请私教、旅游，我们不干涉，你无须向我们申请。但你想要更多的花销，甚至奢侈花销，就自己打工去挣。

3. 如果物价上涨，生活费标准太低，可以协商调整。

4. 如果有一项未在计划内的大开支，比如你突然想去美国一趟参加一个课题的学习。那么，就需要与父母协商，你可以尝试说服父母，但是否同意由父母决定。

女儿表示完全同意，说私教的问题，可以在生活费之内解决。何况她还有打工的收入。我说，既然如此，这类事就不必获得我们的同意。

但是在你决策范围之内，如果你需要父母发表意见，那么，我们可以发表意见，但不替你决策。举个例子，比如找男朋友，我们会主动分享一些经验给你，希望对你有帮助，但这只是建议，不是要求，你要自行判断建议是否合理。

然后，我跟女儿热火朝天地聊了一会儿理财。我建议她使用类似“随手记”这样的App，我已经使用了500多天，详细地记录了自己的每一笔开销。哪怕我给别人打赏1元，也会立即记录，并且已经成了习惯。这样做的好处是什么？我并不节约，我要的是清楚地知道自己的钱流向了哪里，以增强对自己生活的控制感。

一会儿，女儿就安装了App，并且开始记录。当然，能坚持多久就不知道了。

三、真正的自由，总是包含着控制感

因为我们和女儿的关系非常融洽，我们会隔三岔五地聊天，所以有许多背景是可以省略掉的，在上面的描述中，我把少数必需的背景或潜台词加进去了。

那么，在这件事的处理过程中，我是怎么想的呢？

我的想法概括起来，有下列几条：

1. 关于请私教的事，只有她自己知道是否合适，我们无法代替她判断（当然，提供建议是可以的），所以，必须由她给出判断。

2. 她的判断可能是错的，但重要的不是在某一件事上判断的对错，人总要“交学费”，重要的是她经由大量的判断实践形成的判断力。

3. 我们会确立相应的规则，让她清晰地知道边界在哪里，哪些是她决策的范围，哪些是我们决策的范围，哪些是协商决定的范围。

4. 如果她需要，我们会提供建议给她，帮助她更好地做出判断。

控制的问题在哪里呢？在于孩子不知道哪些是他可以决定的。好像有时候他可以决定，有时候不可以，他的决定也可能随时被粗暴地否定掉，只因为不符合父母的判断或意志。那么，他索性就不要决策好了。放任的问题在哪里呢？在于他根本无须判断。他可以为所欲为，只要父母能承受。

真正的自由，总是包含着一种控制感。舞者的自由，并非放任，而是在规则之内的自由发挥。作为校长，在财务方面，最怕的是什么？是在我运用资金的时候，董事长说：“没关系，你需要花就花呀!”世界上哪有随便花钱的学校。很可能，我每花一笔钱都会经受评判。预算制的好处在于，我清晰地知道花哪些钱是在我自由决策的范围内，花哪些钱必须经过董事会批准。这样既限制了由于校长的错误决策可能带来的重大损失，又让校长拥有自由。而决策之类的花费，必然有一部分费用是被浪费掉的，因为决策失误，是人人都会犯，而不是可能会犯的。一个校长的成长，也必然要经历“交学费”。

四、有责任感的孩子是怎么培养出来的

重要的不是一件事如何处理，而是处理一件事背后的逻辑。

一个有责任感的孩子是怎么培养出来的？必然不是控制出来的，也不是放任出来的，而是在控制与放任之间。问题在于，这是一门艺术，考验的是背后的观念，以及亲子关系。如果我出一道题目，大家会怎么来回答：你怎么利用压岁钱培养孩子的理财能力和消费观念？你会发现，自己将面对一系列的难题，很难在控制和放任之间保持平衡。毕竟这无法机械模仿，孩子不同，年龄不同，策略、步骤、方法都会有比较大的差异。你要想象一下，对一个财政部部长来说，理论他可能都懂，但是要平衡好财政，那需要智慧呀。

我们要练习这样的智慧。孩子更要练习这样的智慧。我们要给孩子机会来练习这样的智慧。

本来今年寒假，我想写一篇文章《你怎么利用压岁钱，培养孩子的理财能力和消费观念?》，但是错过了，只好留到下一个寒假了。不过，我相信有些父母可能已经有了更好的解决方案，并获得了成功，欢迎写成文章分享给我。如果有特别好的，我也愿意将之推荐给更多的人。

到底该把孩子培养成怎样的人

这是我跟一位妈妈交流时引发的思考。

到底应该把孩子培养成怎样的人？这个问题极其重要。因为对这个问题的回答，将决定养育子女的方式，也将决定子女在生活中会得到怎样的指导和反馈。

我们不妨假设几类答案：

1. 我希望孩子能够出人头地。

2. 我希望孩子能够考上某某大学。

3. 我希望孩子能够学会与人相处。

4. 我希望孩子将来很有教养。

5. 我希望孩子是一个热爱生活的人。

6. 我希望孩子是一个热爱学习的人。

六个答案，实际上代表了三种不同的回答。

一、生活的首要目的不是成为收入更高的人

我希望孩子能够出人头地。

我希望孩子能够考上某某大学。

在今天这个时代，这两个答案越来越不合时宜了，但是，因为惯性的缘故，又是最为常见的答案。

这类答案的本质，是战胜他人。例如，考出更高的成绩，考上更好的大学，娶到更漂亮的人或嫁给更成功的人，从事更体面和更多薪水的工作，住上更大或更贵的房子，开上更好的车子，等等。

这些愿望本身都没有错，因为人人都渴望更好的生活，并希望获得其

他人的尊重。问题在于主次的颠倒，将高概率的伴随结果，作为生活的目的，是典型的买椟还珠。的确，昂贵的和漂亮的盒子里面装的珠子多半价值不菲。但是，珠子才是追求的目的，而不是盒子。也就是说，好的人往往生活得更好，但生活的首要目的，是“人”，是生命本身，而不是成为收入更高的人，定语本身不能变成中心词。

二、成就取向型的孩子，更可能在未来获得成功

我们不妨比较一下下面两组答案：

我希望孩子是一个热爱生活的人。

我希望孩子是一个热爱学习的人。

这两组答案的不同在哪里呢?

假设你的孩子终于幼儿园毕业了，进入了小学，在某次考试中，考了全班倒数第几，那么，你会怎么反应?

长夜漫漫，无心睡眠。你怎么考得这么差？我每天起早贪黑，你对得起我吗？你看看隔壁的小明……明天给你报个班，你得努力啊，亲！下次必须至少前进十个名次！

就是说，你会焦虑，觉得自己的孩子输给了其他的孩子，人生起跑线上就落后了，考大学时咋办。你会认为，这是孩子不够努力的缘故。你会采取诸如补课、延长学习时间等方式，帮助孩子提升名次。

孩子会怎么想？孩子会归咎于父母或自己，就是责备别人（推卸责任）或责备自己（自我贬低），这两种情况中，前一种会导致缺乏责任感（这不是我的错），后一种会导致低自尊（我不行）。

但是，如果你关心的不是孩子的名次，而是学习本身，你会怎么反应?

1. 我们一起仔细检查一下试卷吧，看看问题出在哪里，是马虎大意审题不清，还是知识点没有掌握?

2. 根据试卷提供的信息，有针对性地进行辅导，确保不把这个阶段的问题带到下一个阶段。

3. 在这个过程中，同时要关注到非智力因素。例如，孩子是不是有些厌学？是不是不太喜欢老师？会不会有人际压力？例如在班上被排挤了。

是不是缺乏勇气，有些自卑？这同样需要进行辅导。

总之，两种不同的培养目的，会把孩子的注意力带到不同的方向，我们可以称之为成功取向和成就取向。

成功取向的问题是，将孩子的注意力引向了竞争对手，学习成了战胜竞争对手的手段，自身未能成为目的。这不利于深度思维的培养，会导致学习趋于表面化、应试化。更不利于培养孩子对学习的爱好。而且，在比较关系中，孩子不一定胜出，因为别的孩子可能更有天赋并且更努力，这就把孩子带入一种竞争困境，患得患失，不利于培养健康自信的精神品质。

在成功取向中，一定会有失败的孩子，所谓“一将功成万骨枯”。但是在成就取向中，有暂时遭受挫折的孩子，但是没有所谓失败的孩子。孩子会更关心知识，会更关心锤炼自身的思维品质。孩子也会渴望成功，也会在意排名，但那只是一个参照，是为自我超越提供的一个坐标。

成就取向的孩子，更可能在未来获得成功。而他们的父母，也会更少焦虑。小学成绩有一定的虚假性，成绩跟孩子实际的能力往往不一致，尤其是在普遍高分的情况下（你可能考了95分，却是班级倒数第一），成绩已经失去了参照价值。以之作为鞭策孩子的工具，没道理。

热爱生活、热爱学习的孩子，将来未必就能考上名牌大学，但他的生活可能更快乐，幸福指数可能更高。并且，他更可能遵从天赋和乐趣来生活。一个特别喜欢汽车的孩子，可能真的就修车去了，你凭什么觉得，一定要坐在办公楼里朝九晚五，才是他应该拥有的生活？

三、到底要把孩子培养成怎样的人

我希望孩子能够学会与人相处。

我希望孩子将来很有教养。

成就取向的培养目标，实际上是帮助孩子朝向自我实现而非成功，更关注孩子这个具体生动的人，而不是与他人比较。

然而，人总是生活在社会中，孩子的幸福也不是孤立的，否则，熊孩子应该是最幸福的。所以，尊重孩子的天赋，培养孩子的爱好，提升孩子的自我价值感，肯定是教育中核心的部分。但是，也要引导孩子完成必要的社会化，基于合作与宽容的社会化，而不是基于自私和争斗的社会化。

因此，有教养的、能够与人和睦相处的孩子，要从小加以培养。唯恐孩子吃亏，不愿放手让孩子解决问题的家长，都是在培养未来的巨婴。

到底要把孩子培养成怎样的人？父母们应该检查一下自己内心深处的答案。对许多父母来说，这种检讨和反思非常困难，因为我们已经习惯了明争暗斗，不自觉地会将一些毒素遗传给下一代。但是，改变永远都是可能的，也唯有改变，才能更好地让我们的孩子过上一种更好的生活，它一定是更自由的、更积极的、更幸福的。

信任孩子是最难的功课

我们爱自己的孩子，但常常不信任他们。

爱比信任更加简单，亲生的嘛！信任比爱困难太多，因为孩子往往很难达到我们的期望。这导致了失望、焦虑、抱怨、指责，以及无穷无尽的干预，这是亲子冲突的重要根源。

信任？这是我的孩子，我怎么会不信任他？可是，他一次次地辜负了我的信任！这是事实吗？这不是事实。那么，究竟是什么地方出现问题了呢？

一、加强支持而减少羁绊，是父母最重要的功课

我们不妨重温一下纪伯伦的这首诗——

你们的孩子，都不是你们的孩子，

乃是“生命”为自己所渴望的儿女。

他们是借你们而来，却不是从你们而来，

他们虽和你们同在，却不属于你们。

你们可以给他们以爱，却不可给他们以思想，

因为他们有自己的思想。

你们可以荫庇他们的身体，却不能荫庇他们的灵魂，

因为他们的灵魂，是住在“明日”的宅中，那是你们在梦中也不能想见的。

你们可以努力去模仿他们，却不能使他们来像你们，

因为生命是不倒行的，也不与“昨日”一同停留。

你们是弓，你们的孩子是从弦上发出的生命的箭矢。

那射者在无穷之中看定了目标，也用神力将你们引满，使他的箭矢迅疾而遥远地射了出去。

让你们在射者手中的“弯曲”成为喜乐吧；

因为他爱那飞出的箭，也爱那静止的弓。

这首诗说得很明白，我们的孩子，是借我们而来，却不属于我们。当我们以爱的名义，在无形中将孩子视为自己的私有财产，对这虽不成熟但独立的生命缺乏必要的尊重乃至敬畏时，就埋下了冲突的根源。

在西方传统中，这叫“新神反对旧神的战争”。

你以为你在全力以赴地帮孩子，实际上很可能在无形中成了他们成长过程中的阻碍。

的确，你在支持他，但如何加强支持而减少阻碍是父母最重要的功课之一，这需要有足够的智慧。

二、焦虑的父母总是命令孩子

的确，你在传递期待。然而，期待不是命令，命令是用来执行的，而期待乃是一种引导与对话，是给予孩子的一种来自成熟者的健康的指引，以帮助不成熟的生命省察且完成自身。

期待关乎信任，命令关乎不信任，前者乃是一种支持，后者乃是一种控制。信任是什么？信任不是孩子听从我们的命令，而是我们不断地调整自己的期待，使之照亮孩子的生命，但不是以强力左右他。真正的信任传递出的是一种尊重：你是你的，你可以决定你自己；但是，我会守护你、引导你。期待影响孩子的选择，但期待并不左右孩子的选择。

焦虑的父母，总是希望孩子执行自己的命令，因为他们觉得只有孩子按他们的想法来做，才能够避免走弯路，最终走向幸福。但这本质上是一种虚妄，因为你无法判断，最终是什么让孩子感觉到幸福。而且，本质的幸福关乎自由，自由的人才是幸福的，不自由的人不可能是幸福的。而自由是在信任中孕育的，没学会自由的孩子，明天脱离了父母的控制，后天就会被他人控制，这恰恰是不幸的根源。

三、父母在许多地方都可能是错的

基于人性的某些共同的弱点，父母很难觉察到的是——自己可能是错的。

父母在许多地方都可能是错的。例如，名利社会里，我们可能是一个彻底的功利主义者，我们对幸福的定义，是好大学、好工作，是房子、车子、票子，我们觉得这天经地义，谁不认可这个，就是在忽悠自己的孩子。

但孩子可能并不这样认为。或许，他们更在乎自己所热爱的，更在乎自己的自由。甚至不排除有些孩子偏爱少有人走的路。在是非分明的情况下，孩子有时候也会做出匪夷所思的选择，这无关是非，孩子只是想告诉你，我是我的，我珍视我的选择胜过一切，哪怕选择是错的。这就是对自由的热爱。

父母可能更在乎社会角色，而孩子可能更在乎自我感受。谁对？谁错？或许，并没有对错之分，只是选择之分。孩子本来可能有更好的未来，更大的格局。但如果家长希望孩子成为自己意志的奴隶，善良的愿望可能就变成了孩子的牢狱。长大以后，让我成了你。还有比这更可悲的吗？

四、为什么常觉得孩子辜负了自己的信任

就信任来讲，最大的难题在于，我们常常觉得孩子辜负了信任。

我尊重你的私人空间，可是，你却利用了我的信任，在房间里偷偷地玩手机、打游戏；我给你自由，可是你却散漫，连作业都没办法完成……结论显而易见，你无法被我信任，所以，你必须在我的监督下生活。

然而，这里有两个非常重要的问题。

一是你看到的事实，与孩子看到的事实可能不一样。或者，你对于事实的解释，可能与孩子对事实的解释有非常大的差异。更有甚者，你经常将你的感觉当成事实。例如，你感觉孩子最近不努力，你先将它当成事实，然后再作为控制孩子的依据。分不清事实与感觉，是未经训练的人的一个重要特点。

二是信任乃是面对孩子的一种根本姿态，但不意味着这是一种交易。

孩子会懈怠、会撒谎、会做让我们生气的事，这些，恰恰是对信任的考验。如果只有孩子满足了你的期待，你才信任他，那这不是真正的信任，而是一种交易。或者说，是一种控制与被控制、命令与服从。我犯了那么多错误，但是你仍然信任我。这才是真正的信任，会产生根本的影响。

更何况，许多所谓的辜负或错误，并不是真正的辜负和错误，只是它们不符合你的期待罢了。有时候父母甚至无法分辨，哪些是真的错误，哪些不是错误，而只是孩子没按我们的要求来做。

孩子是通过错误成长的。信任的本质，恰恰是对错误的包容与忍耐。

五、信任与放任的区别在哪里

放任的反义词，不是信任，而是控制。信任与放任的区别在于，信任不是盲目地“让（wǒ）你（bù）自（guǎn）由（nǐ）”，而是包含了一种不妨碍主体的深度支持。

这种深度支持由两样东西构成：守护与支持。

守护，就是设立边界，帮孩子排除不必要的本质的危险。在这个定义中，父母就是我以前说过的“麦田守望者”，防止孩子掉下悬崖。这意味着父母是孩子的底线，有些事，孩子是绝对不能做的。例如，你不能偷偷拿别人的东西。

支持，就是传递期待，进行引导。利用自己的人生经验，为孩子提供各种资源和支持，当然也包括心理支持。（错了？没关系。）

举个例子，孩子的人生，就像一辆车，你不能替他开车，必须让他自己驾驶。你会为他设立边界，例如，不能超速、不能闯红灯、必须系安全带。但一个最讨厌的副驾是怎样的？是驾驶过程中喋喋不休、指手画脚，他忘了，开车的不是他，必须由驾驶员来判断要不要超车等事情。如果驾驶员咨询你，你可以为他提供帮助，仅此而已。

不然，你觉得你是对的，一直在提供你认为的正确的指导，这样，恰恰最容易发生车祸。因为他一边开车，一边还得应付你。当然，有的孩子干脆就把车停在路边，说：“行了，你来开吧。”

六、好父母本质上是优秀的领导者

信任很难。无形中，我们异化了自己和孩子的关系，视自己为君王，视孩子为臣民。我们存了许多未经省察的期待，试图强加给孩子，试图告诉孩子，什么才是更好的生活，却完全忘记了，孩子的生活是要自己过的。在这个过程中，他所经历的一切挫折，并非毫无意义。

我们忘了，孩子哪怕不如我们成熟，也注定应该拥有比我们更好的人生。我对进化论有一种信念，也必须持有这种信念。

过好自己的生活，做一个自由的父母；守护好孩子，为他们提供支持，帮助他们成为自由的孩子，去构建一个自由的未来。

这些道理虽然不复杂，但是，要真正地领会，却往往要经历许多的挫败。我这不完整的领会，也来自养育孩子过程中经历的无数挫折，以及在工作中对同事关系的洞察。

换句话说，好的父母，本质上是优秀的领导者。只有领导者，才能培育出未来的领导者。信任落到了实处，则自由醒来、创造醒来。我们有义务创造这样的家庭、这样的团队、这样的世界。

为什么要帮孩子寻找生命意义

什么是“意义”？所谓的意义，实际上指的是“原因”或“目的”，而所谓的生命意义，实际上指的是生命的“根本原因”或“根本目的”。例如，我们可以把生命意义变成一个疑问句：人为什么要活着？或者，人活着的目的到底是什么？或者，人生到底要朝向哪里？

这实际上是人对自己一生的主动设计。一切设计一定有一个原因或目的。例如，你设计了一栋房子，原因和目的，就是你需要有地方住。这个动机驱动着你，这个目的指引着你完成房子的设计。

对生命意义的追问，就是说，你要主动地设计你的人生，而且不断地设计。随着年龄的增长，设计不断地变化，但是设计本身不能停下来。

一、今天的孩子为什么不喜欢学习

现象：今天的孩子不喜欢学习。这是因为找不到学习的内在意义，我们只能赋予孩子学习的外在意义。

对许多人来说，生命意义宏大而虚幻，所以，我们把这个放在后面讲，现在，我们先从小处讲起。

到了小学中高年级，老师们会发现一种普遍现象：许多孩子做作业不认真，字迹非常潦草，错别字也很多。让老师生气的地方在哪儿？不在于出错，而在于出现大量的低级错误。这些低级错误，稍微细心一点，稍微用一点脑子就能避免。你把孩子叫过来，严肃地跟他讲：“作业错误很多，请你重新写一遍。”重新写一遍，大部分错误就避免了。请问，为什么会这样？

因为孩子在做作业的时候，只想着尽快完成作业。换句话说，做作业的时候不走心。为什么？

因为孩子不知道做作业的意义。对他来说，做作业只是手段，他只想尽快完成作业，给老师或父母交差。他并没有想着要通过完成这一份作业，完善自己的知识结构。他对作业缺乏一种健康的兴趣、一种深层的动机，这就是意义的匮乏。意义的匮乏，导致思维的惰性，思维的惰性，就使思维丧失了敏感性，孩子就不愿意专注地对作业做出灵敏的反应。

如果孩子对作业有着强烈的兴趣，他就会沉浸于其中，反复琢磨各种条件，不放过每一个细节。想象一下，那些挑战数学难题的孩子，那些在阅读中沉浸的孩子，你叫他吃饭，他可能都不愿意，就想着一口气做完或一口气读完。在这一刻，孩子完全是忘我的，这是学习的最高境界。

这两种状况，怎么看？

在前一种状况中，作业是手段，通往高分，通往老师的表扬、家长的称赞；在后一种状况中，作业是目的，通往知识，通往解决问题所带来的快乐。我们可以说，在前一种状况中意义是外在的，而在后一种状况中意义是内在的。我们甚至可以说，在前一种状况中作业本身没有意义，只是工具，而在后一种状况中作业本身就拥有了独立的意义与价值。

我们当然希望孩子热爱学习，但孩子最后不是热爱学习，而是讨厌学习，能热爱分数就不错了。对于孩子的选择，我们要负很大一部分责任。

为什么？因为在我们与孩子的互动中，我们的焦点在于分数、在于成功，而不在于学习、不在于知识。孩子没有考满分、成绩不好，我们就焦虑；孩子考了满分，我们就欣喜。我们以为自己关心的是孩子的学习，其实我们关心的始终是学习成绩而不是学习本身。

孩子究竟能不能懂得学习的意义呢？在很大程度上，这取决于我们如何与孩子互动。举个例子，如果孩子考了85分，你会很焦虑，但你听孩子说，这个成绩是全班第一，第二名才考了75分，你立刻就自信心爆棚了，觉得自己的娃很了不起。如果孩子真正关心学习，考第一固然自豪，但这不是关键，更不是一切，关键是那15分是如何丢失的？或者更准确地说，在知识的版图中，我们差了哪一块？

孩子回家了，考得很差。你忧虑什么？你怎么反应？孩子回家了，考得很好。你开心什么？你怎么反应？实际上，无论孩子考得好或不好，你都可以向孩子传递相同的态度，这样的态度就是，比起成绩，我更关心你是否热爱知识，是否为这份热爱付出了努力。

孩子考得不好，要向孩子传递的核心观念是，排名只是参照系，虽然是非常重要的参照系，但我们更关心的，是你是否在乎学习，以及是否拼尽全力。这背后的潜台词是我只关心你能决定的部分。你拼尽全力，不一定考第一。因为别人同样在努力，凭什么第一就是你？我们要训练孩子的，是哪怕考倒数第一也永不放弃。这样培养出来的孩子，一生都差不了。

为什么不要关心名次？因为孩子会本能地关心名次，也知道自己在班级的位置。我们要做的，不是强化，恰恰是平衡。我们唯恐孩子不上心，唯恐孩子忘记了自己考得很差，折射出来的，实际上是我们内在的焦虑。因为孩子非常在乎成绩和名次，孩子在我们面前，哪怕表现得不在乎，也只是一种自我保护，并不是真的不在乎。当这种自我保护成了一种习惯，那就是真的不在乎了，彻底地认输了。

如果没有对知识本身的探索，考第一名又怎么样？最终能有多大的成就呢？高考结束之后的撕书？等学习生涯结束了，对知识的学习就停止了。

我以自己为例。我在县中做了六年高中语文老师，是一个艰苦爬坡的过程。到了最后，我成了学生特别喜爱的老师。我们学校是全县最好的学校，我自己又是县里青年教师赛课高中语文组第一名，这意味着，我在很年轻的时候，已经在一个县里达到一个学科老师所能达到的顶峰。

那么，一个正常的年轻老师接下来会怎么做？

首先，会很自得。环视周围，我是最棒的语文老师。读书多，写作能力强，上课有深度，孩子喜欢，成绩也好，还要什么？其次，我会巩固自己的优势，不让别人胜过我，并利用自己的优势，来获得各种资源。例如荣誉、职称、地位，等等。年龄差不多了，再评个特级。这一辈子，就达到职业生涯的顶端了。

但我不是一个正常人。所以我很恐惧。为什么？因为别人（无论是校长，还是学生）对我的认可，消除不了我的自卑。我的自卑来自哪里？来自我内心深处，我并没有真正地掌握知识的真谛。换句话说，我没有办法，在知识面前保持自由。在知识面前保持自由意味着什么呢？意味着你分析一篇课文，就像庖丁解牛一样娴熟自如。我做不到，再多的外在的鲜花和掌声都安慰不了我。

于是，我辞职了。开始踏上一条求索之路。甚至连赛课的获奖证书都没有领取，因为没有意义呀。

人家说十年磨一剑，我磨了十六年。现在，我终于可以说，自己在知识面前，拥有了自由。虽然学海无涯，但我不是门外汉。当然可悲的是，我每次讲座，人家要付我讲课费的时候，都会问我要获奖证书和职称证明。

当你修炼了里子，才发现社会在乎的是面子。如果你是北师大教授，胡扯都被认为有理。如果你是中师毕业呢，你就得承受各种怀疑的目光。但我会后悔吗？当然不会，哪怕在北师大，教授也多如牛毛。而像我这样在教育中享有自由的人，我不怕你说我狂妄，你再找几个让我看看？

在上面这个例子里，学生在做题、在学习，但是，做题或学习本身是没有意义的，更不是幸福的源泉。意义在哪里呢？在于做题或学习的结果，例如老师的表扬或考试的高分，或者更好的中学，更好的大学。

二、我们从小训练孩子的，是一种功利主义的做事方式

我们大多数家长从小训练孩子的，就是一种功利主义的做事方式，做事往往是为了外在的目标，而不是内在的目的。但只有内在的目的，才是做事本身的意义所在。

比如很多家长，往往不鼓励孩子做对的事，而是鼓励孩子做对自己有利的事。两个孩子打架了，家长首先考虑的不是是非对错，不是把这件事变成两个孩子成长的契机，而是唯恐自己孩子吃亏。在保护自己孩子利益的时候，对边界缺乏敬畏，对原则缺乏敬畏。理性解决问题的机会，往往让位于会哭的孩子有糖吃。

现在孩子之间的友谊，很少有真正的志同道合，反而更像拉帮结派，也是这种文化的产物。那种“我不同意你的说法，但我誓死捍卫你说话的权利”的精神，在很多家长和孩子身上是没有的。

我们的科学不发达，但是技术发达，这跟我们的实用主义传统关系很大。

无论如何，当学习本身不是目的，或者说学习丧失了意义。那么，学习本身就成了负担、成了劳役，甚至成了诅咒。你表现不好，被罚写作业，

这多荒谬？荒谬的不是表现不好和作业毫无关系，荒谬的是我们对作业的认知。作业不应该成为奖赏吗？什么时候成了惩罚？

在这种情况下，才出现了所谓的学业负担过重的问题。我们的孩子，存在学业负担过重的问题吗？你也可以说，完全不存在。因为十二年下来，孩子真正学到的东西是很少的。学业从未过重，过重的是什么？是学习本身的无意义，以及整体学习的低效。

重复一遍，真正的问题是学习丧失了意义，而不是学业负担过重。从学业角度来讲，真正健康的学习，反而存在着学业不足的严重问题。例如，对语文和英语来说，孩子小学阶段的输入量往往严重不足。对于数学来说，孩子小学阶段的练习量也往往严重不足。

对的，大家没听错，孩子在数学方面，练习量是不足的。

当我们讲到练习量的时候，尺度在哪儿？尺度就是内化一个知识点，应该具备的练习量，这在各个学校普遍不足。现在的情况是，孩子的时间都被填满了，题目并没有做多少。所以，在小学阶段恢复学习的意义，无论对学校，还是家庭来说都意义深远。而恢复学习意义最好的方式，就是找到学习内在的价值，而不是在学习之外寻找价值，更不是认为学习没有价值。

有两种错误的方式，妨碍学习价值或者说学习意义的真正建立。

一是把学习当成手段，用学习去获取分数、争夺名次、进入更好学校的“敲门砖”，这是一种成功主义的思路；二是在潜意识里把学习当成一种负担，强调减轻负担，强调快乐学习，避免竞争，创建以尊重学生的自我感受为核心的自然主义的思路。

强调减轻负担的自然主义思路为什么是错误的？因为它是一种消极应对压力的思路。消极应对压力的思路，往往是药，是必要的退行（例如：《丑小鸭》中的农家小屋、《狮子王》中的彭彭），但不能成为主要的姿态。进取才是主旋律，这是由生命内在的本质所规定的。生命的内在本质，就是一要生存，二要发展，其性质必然是扩张的。因此对孩子来说，贪婪地汲取知识，才是自然的、健康的。

▸ 学习篇：

优秀父母是如何炼成的

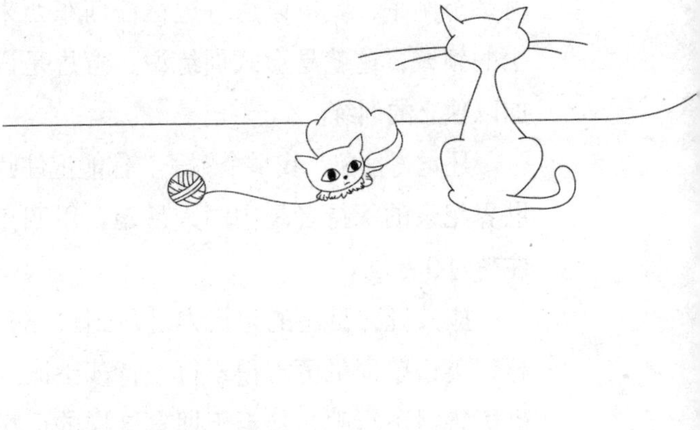

老师和家长都应警惕的“形式训练说”

一、什么是形式训练说

形式训练说是最早的学习迁移理论。

这种学习理论的基础，是已经陈旧过时的官能心理学。什么叫“官能”?“官”是器官，“能”是能力。“官能”就是负责不同领域的器官所承担的不同能力，这些构成了一般的心理能力，是学习的基础。例如注意、知觉、记忆、思维、想象等，以前学师范的老师，是不是觉得这些概念很熟悉?

我以记忆为例。官能心理学假定，人是有一般记忆能力的。并且，记忆能力是由特定器官负责的。官能心理学推论，一个记忆力强的人，记什么东西都比别人快，是不是觉得很符合你的经验?因此，可以通过训练一个人的记忆力，来全面提升这个人在所有领域里的学习效果。换句话说，记忆力可以像肌肉一样，脱离记忆内容得到专门的训练，并应用到任何需要记忆的场合。或者说，记忆作为形式，可以脱离记忆的内容得到训练。再举个例子，我可以通过记忆任何东西来训练记忆力，然后迁移到完全陌生的领域，这就是形式训练说，意思是说记忆、思维、想象等东西，可以加以独立的训练。

还觉得抽象?我举个例子。你能记住圆周率 π 后多少位? 3.1415926……世界纪录的保持者是中国人吕超。用四年时间背诵，一年时间准备，能记住超过9万位。

应该说，吕超的记忆力是得到过充分训练的。那么，是不是意味着吕超记英语单词也厉害得不行?背莎士比亚著作也厉害得不行?背唐诗宋词也厉害得不行呢?甚至于拥有这样的记忆力，还有什么好大学上不了，什么成就做不出来呢？

试着推论一下？

可以推导出来的是，他背英语单词一定厉害，甚至超级厉害，但是，背莎士比亚作品就不行了，那一套就不管用了。可以继续推导，吕超一生中最大的成就，就是记忆术，和其他的记忆大师是一个结局，根本不可能跻身创造性人才的行列。

当然，吕超上的大学还是很不错的，离我家也挺近的，西北农林科技大学，坐标陕西。

二、机械记忆术，也是符合认知规律的

为什么吕超能记忆圆周率、英语单词，但是我会断定他背不了莎士比亚作品，甚至唐诗宋词呢？

我没背诵过圆周率，也总记不住英语单词，但是，我估计我背诵莎士比亚作品（中文版）和唐诗宋词的能力，一定比吕超强（当然，欢迎随时打脸）。为什么？因为我们拥有的是不同的记忆力。

在官能心理学或形式训练说看来，记忆能力像肌肉一样可以独立练习，然而这种练习，练习出来的往往是机械的记忆术（而非记忆力）。在记忆圆周率时和记忆英语单词时，用的是同样的一套方法，此之谓“以不变应万变”。如果我和吕超比记忆能力，记忆的是文学经典，他多半要输；记忆的是菜谱，我一定会输。欧阳克和郭靖比赛背诵，欧阳克会输，就是因为郭靖在死记硬背，所以反而不受干扰。就好比你在咖啡馆工作，旁边有两个人在用中文聊天，你就会被严重干扰，如果是用阿拉伯语聊天，你就不太可能受到干扰，这跟声音高低关系不大，只是因为你听不懂阿拉伯语而已。

机械的记忆术，也是符合认知规律的。你要牢固地记住某个东西，一定要将它结构化，在头脑中建立起相应的模型。例如，你必须想象一个故事，或者建立一连串相互关联的线索，才能将要记忆的东西贯串起来，不至于遗忘。要提取时，才能一取一串。而使记忆的内容结构化，或者连缀起来的，往往是外部特征，或者强加给它的特征，跟它本身的内在意义没有关联，或者没有多大的关联。我以前考前突击时，记不住政治学上的一

连串答案时，就用编口诀的方式突击记忆，以便在考试时能复述出来。当然，考完后也就忘记了。

众所周知的艾宾浩斯遗忘曲线，也是官能心理学的成果。它认为遗忘是必然的，人记住的东西会以某种规律逐渐忘记。要保持得久一点，就必须按照某种规律来复习。然而，艾宾浩斯的问题在于，为了避免干扰，他的研究是以无意义东西的识记为对象的，而不是基于真实世界中的记忆逻辑。实际上，我们记忆中的东西，不但会随着时间的推移而淡忘，也会随着时间的推移而强化。这两个过程是同时存在的，是大脑自然而然的一个选择过程。只知其一而不知其二，会导致对学习迁移本身的误解。

三、记忆力的基础或本质是理解力

官能心理学把人当成机器、当成物，这在一定层面上也揭示了一些真相。但问题在于，人不仅仅是机器，不仅仅是物，实际上人要复杂得多。因此，官能心理学的局限性就非常明显了。

再回到记忆力这个例子上来。

官能心理学，或者形式训练说对于记忆的理解可以概括为：

1. 记忆力与某个或某些器官的能力高低相关。

2. 记忆力可以用某些记忆材料加以单独训练，从而增强一般记忆力。

3. 增强了的一般记忆力，可以迁移到其他任何需要记忆的场合。

你说完全不能迁移吧，也不对。记忆圆周率的能力，确实可以迁移到记忆菜谱上。但是，这种迁移是极其有限的。只要在任何学习中，存在着机械迁移的成分或因素，那么，记忆术就能够发挥一定的作用。问题在于，对真正的学习来说，这些因素不是核心部分，只是辅助策略。

那么，核心部分是什么？是理解，是基于内在联系的意义建模，而不是基于外部联系的知觉建模。

在这个意义上，不存在一个抽象的所谓的记忆力，也不存在脱离具体内容的纯粹的记忆力。我们的记忆力，通常意味着相关领域的记忆力。此时，记忆力的基础或本质是理解力。这才是健康的、持久的，不断增加的迁移与学习。

举个例子，我记忆文学名著的能力特别强，但是，我记人的名字甚至记忆英语单词的能力都很差。为什么？因为我是语文老师，我在文学领域有长期的沉浸，拥有着丰富的背景，这让记忆变得容易了。但是，因为我并不是社交场上的红人，我的圈子非常单调和有限，我就没有形成在人际方面的超强的敏感度。而且，我的记忆能力，可以部分地迁移到文综领域，但是，很难迁移到数理化领域。

四、记忆力与理解力在某种意义上成反比

记忆术的问题在于，它可以帮你存储知识（而且是相对简单机械的死知识，比如历史人物的生卒年代等），但是，无法帮你灵活地理解和运用这些知识。不只如此，它们还遵循艾宾浩斯的遗忘曲线，会不断地衰减。极端的情况，就是考前突击，考后忘记。

在语文学习中，所谓的大量识字或趣味识字，在我看来，就是教学上的误入歧途。作为辅助偶尔可以用用，但把它作为识字的基本方法，就误人子弟了。因为你依据的是字的外形结构，而不是内在的字理。基于字理的教学，会让识字更加有意义、能迁移，并且越学越轻松。而基于字形结构的所谓趣味识字，以及从外部找规律，则会让学生无法理解和运用，有时候还会构成干扰。

我小时候，老师教字，经常根据字的外部特征，而不是对字的理解。印象很深的是教“照”字：“一个日本人，拿了一把刀，杀了一口人，流了四滴血。”很形象吧？但是，对我理解照字的意义，没有任何帮助。如果遇到“既”与“即”呢？遇到“礻”与“衤”呢？如果不基于字理来教，学生会容易忘记，记忆负担实际上很重，并且越学越难。

这只是机械识字，而不是趣味识字。当你热衷于这些所谓的经验积累时，我只能说“没文化真可怕”。

对识字来讲，根本的路径只有两条：一是语境识字，这是浪漫的自然的识字；二是字理识字，这是精确的刻意的识字。语境识字为先，字理识字为后，相互交织，才是高品质的识字教学。趣味识字之类，偶尔可以带入，抖个机灵，作为辅助，但不可以认定为识字的正途。

总结一下，记忆必须以理解为前提。以理解为前提的记忆力，会在漫长的岁月中不断地促成知识的强化与结构的复杂化，而机械记忆，不但用处有限，而且还会衰减。

不仅如此，记忆能力与理解能力（或者说创造能力），在某种意义上还成反比。记忆力过强的人，创造力可能会相对削弱。即使现代大家，如钱钟书，也摆脱不了这个魔咒（关于南怀瑾，甚至蒋勋是不是大师的讨论，也与此多少有些相关）。一个人的智商，其核心不表现在记忆力上，而是表现在理解力上，或者说，表现在大脑的运算能力上。记太多的东西，有时候反而妨碍了运算速度。所以，从学习的角度讲，并不是汉字记得越多越好，诗词背得越多越好，单词记忆越多越好。无论是教育家苏霍姆林斯基，还是书籍《人是如何学习的》，都会强调真正要记忆的事实，只能是核心的关键事实。追求超出限度的记忆，就像往电脑里塞了太多的东西，最终会妨碍电脑的运行速度。书呆子并不是读书人的最高境界。

美国人做过实验，历史学家和高中生做高考题，历史学家的得分明显低于高中生。之所以成为历史学家，不是因为记忆历史事实的能力，而是因为理解历史的水平。

就像在武侠小说中，真正的高手，一定要经历一个阶段："忘了吗？""忘了。"一个高手才算练成了。

五、孩子通过主持人培训班，究竟学到了什么

我谈记忆力，只是一个例子，其他的情况类似。

你有抽象的想象力吗？你对着一根别针，想象它的多种用途，真的能够转化为科学创造方面的想象力吗？有抽象的思维能力吗？有抽象的专注力吗？都要思量一下。

以小学阶段（注意我一直强调是小学阶段）为例，孩子通过主持人培训班，究竟学到了什么？将来会成为出色的主持人吗？

你主持一个节目、主导一个话题，决定性的因素，是你对这个主题或话题的深刻理解。在这个前提下，如果你能以最佳的形式，完成嘉宾与观众的沟通与互动，就是出色的主持人。但是，脱离了内容或话题，你训练

的是什么？是怎么走台，怎么拿话筒，怎么念出那几句台词吗？

所以，当我们看到主持人培训班里出来的孩子面带微笑、款款登台，用一成不变的模式，应对不同的场景时真心心疼。

有没有好处？当然有。往往是有这方面天赋的孩子，才报主持人班，此其一。因为这些孩子报了主持人班，所以在学校里往往拥有了更多的主持机会，此其二。随之带来的往往是自信。但说老实话，主持人真不是这样训练出来的。

我不否认形式的重要性，主持要有常识，也要有自己的高度专业性。问题的关键在于主持人的形式训练与孩子生活的世界严重脱节了。

形式是一种秩序，就像主持人的规范或者写作规范一样。但是，怎么走台说话之类，是外在的秩序，真正要训练的，是内在的秩序，即自如应对的能力，就像写作文时，在交际语境中灵活表达的能力一样，而不是一套机械的外部程序。如果过早地习得了机械的外部程序，会妨碍真正灵活的表达或表演。

换句话说，健康的秩序，是从混沌中涌现出来的。所谓的混沌，就是指生活经验。以写作为例，孩子愿意写、喜欢写、大量写，就会在潜意识中寻找秩序，当他寻找合宜的秩序而不得时，指导就起作用了，形式训练就发挥效益了，此之谓“不愤不启，不悱不发”。这也是我们经常说的“浪漫—精确—综合”的过程。而不是用外部的规范（秩序或礼）先行固化。

就像许多读经班的礼仪训练下的孩子，见了谁都鞠躬、行礼，让人看着心疼。真正的教养，是面对不同的人，有不同的应对，从心所欲，不逾矩。很少有能面对任何人的僵化的统一礼节，我们总是依据对象不同，境界不同、关系不同，灵活调整形成分寸。当然，在葬礼上或许有僵化的统一礼节。

六、基于理解的学习，才更容易实现迁移

基于理解的学习，往往更容易实现迁移。

如果你基于理解学习语文，那么，就更容易向文综迁移相互促进和增强。这是因为语文和文综，有更多的共同基础，例如读写能力。但是，要

向数理化迁移就有些困难了。所以，有些学生文科超级好，理科却差到不行。因为他对文科的敏感，不仅迁移不到理科，而且存在障碍。一个文科生的多愁善感与理科生所需要的冷静理智通常是矛盾的。

但是，有些人文科很好，理科也很好。他在文科方面的经验，照样能迁移到理科。这是为什么？

因为这里有两种迁移在发生。一是工具的迁移，即学习方法的迁移，二是高级阶段，是一种元认知能力的迁移。今天所谓的跨界学习、通识学习或者通才教育，往往是后面这种意义上的迁移，是特别高效的迁移。有一本书叫《学习的艺术》（再版更名为《学习之道》），作者先是国际象棋的世界冠军，后面又成了对抗性的太极世界冠军，这个界跨得有点厉害，按理来说迁移很难、跨行太远，但是仍然发生了。因为作者精通的乃是学习之道，是一种更高层面的整合，即将不同学科，包括文理科在更高层面打通，看到背后相通的一致的东西。相互矛盾的事物，在更高层面往往又能保持一致，这同样是高手的境界。

这里带来另外一些值得讨论的问题：读写能力，难道不是一般能力吗？它跟记忆力共同作为一般能力，究竟有什么区别？元认知层面的一般能力，又与刚才讲的记忆力作为的一般能力有什么区别？

这是另外一个话题了。能进入这个话题，就说明在学习领域，我们已经渐入佳境、渐行渐深了。

快开学了，暑假作业没完成怎么办

作为70后，无论家人多么宠爱，小时候挨打是避免不了的。印象最深的一次，是有一年暑假，玩得很嗨，结果一转眼开学了，暑假作业整本都没做，咋办？抄？不是。

“机智的我”开始乱列算式，伪造答案，很快，一本就做完了。因为我了解老师，他们只会例行公事式地看你的暑假作业画满了没有，根本没人关心你做得是否正确。结果无意间被父亲发现了……

一、孩子作业没有完成，原因可能是……

如果到现在，孩子作业还没有完成，原因可能是——重度拖延症，直到无法完成任务。父母未履行监护人责任，疏于检查督促。与其他任务（报班、旅游）相冲突，却没有加以协调。

有人说了，且慢，还有下述原因——作业太多了！作业太难了！（有时候又是“作业太简单了”。）孩子讨厌学习！厌学的事儿以后再谈，我还“厌教”呢！可9月1日，还是得乖乖去上班，得举着拳头向领导宣誓：“魏校长，我准备好了！”您说对不？

“作业太难”是什么鬼？你尽全力了吗？你请教过周围人了吗？有时候是真难，但这是小概率事件，大半情况不是作业太难了，是孩子太懒了，尤其是懒于思考。作业太多了？这很容易引起共鸣。可是对暑假来说，从概率学的角度讲，每天四小时，再多的作业也能够完成（初三和高三除外）。从经验的角度看，认为作业太多，往往跟父母的观念有关，有些父母觉得暑假就应该休息。认为作业太多，也跟孩子缺乏统筹安排有关，结果效率极低，学也学不好，玩也玩不好。

要知道，作业是一项任务，但凡是任务，就意味着有数量、有难度，且有时间限制。而任务未能完成，从思维方法上讲，要从三方面检讨：任务执行者；协助者或资源；任务（目标）本身。

二、孩子作业没有完成怎么办

这是面向父母的书，所以，我们不讨论老师应该怎么做，而要将角度放在父母这里。父母怎么办？当然是一腔怒火呀！但是且慢，请问，在您决定如何反应前，您得先想想，您要达到什么目的？

“我就是发泄一下呀，这样我心情就舒畅了，有益身心健康。”恭喜您，您做对了。“等等……好像有什么地方不对？我想让孩子变得更好，下不为例。”那么，您觉得这样能达到目的吗？“智父母”（“知”“智”相通）会养成一种思维习惯，在原因和结果之间建立起联系，以终为始地思考问题。就是说，每出一招，一定要想想孩子会如何反应。

当父母满腔怒火（甚至是对孩子一顿爆揍或羞辱），孩子的反应将会是——

鸵鸟策略：“让暴风雨来得更猛烈些吧！”没错，我没完成作业，可我打也挨了，骂也挨了，两清了，心里的包袱也放下了，“坚持几分钟，幸福一暑假”，这生意并不赖。

自责模式：我不行，我什么事也做不好，既不会统筹安排，也不勤奋，更缺乏能力，我对不起父母，我就是一个烂人。对了，你以为他会改正？那天真了，他也以为他会改正，但实际上，他大概率不会改正。他以这种方式减轻或放下了负担。（道歉有用的话，要警察干吗？）

对抗模式：怪我吗？作业这么多，这么变态，我是不是过了一个假暑假？有没有考虑过我的感受？还有，你们当爸当妈的，整天刷剧、聊八卦、搓麻将、玩微信，凭什么我就应该老老实实地做作业？什么？我将来会吃亏？考不上好大学？那是我的事，我爱咋就咋。信不信我离家出走给你们看看？（哎哟，我的娃，你说得好有道理呀。）

每一种反应模式背后，都有一种解释模式。这种模式是相应处境中的生存策略。所谓的处境，就是父母对这件事的反应。父母的反应，往往在很大程度上决定了孩子的理解和解释模式，如果父母长期有类似的反应，孩子面对世界的解释模式就会趋于定型，这是要命的。

三、暑假作业没完成，父母有责任

不行，咱得做一个“知（智）父母”！这会儿有点凌乱……我们重新梳理一下思路吧。孩子遇到了一个问题：暑假作业没有完成。父母也遇到了一个问题：孩子的暑假作业没有完成。

那么，从孩子的角度讲，这个问题是怎么造成的？可能是态度问题，比如懒惰、拖延、逃避等；可能是能力问题，比如缺乏统筹安排的能力等。而态度问题与能力问题常常相互交叉感染，你懂的。综合起来，可以界定为“责任问题”。

那么，从父母的角度讲，这个问题是怎么造成的？我们没有为孩子及时提供反馈，我们没有为孩子及时提供帮助。没有别的原因了。

我想表达的是，孩子的暑假作业没有完成，父母是有责任的，虽然只是监护责任而不是主体责任，但是也要检讨，而且首先要自我检讨。

那么，在开学前夕，我们面对着这样一个棘手的问题，我们要问自己，我们采取措施或做出反应，希望达到的目的是什么？

不是泄愤，不是羞辱，不是为了让孩子产生罪恶感，而是为了减少或避免此类事情的再度发生，最终培养孩子对做作业产生责任感，乃至于形成对一生有用的态度。

那么，我们就要确立两条原则：

一是接受现实。接受作业已经不可能在一两天内完成的现实。

二是共同面对。孩子不是问题，不要站在孩子的对立面，而要与孩子一起面对问题，成为孩子的支持者。（即不是“问题孩子”，而是“孩子的问题”。）

四、四步法让孩子远离完不成作业

思路也理清了，思想也统一了，那么，究竟怎么做？做好以下四步：

第一步：承担自己作为父母的责任。

"孩子，你的暑假作业没有完成，到目前还差……"（不带情绪地陈述事实）"这件事情，作为父母，我们有一定的责任。我们本该在暑假开始的时候就协助你制订计划，并在整个过程中不断地督促你、提醒你，帮你解决你遇到的困难，但是我们没有这样做。"

孩子当然知道自己有责任，你指出来无益，反而会引发其对抗、自贬、逃避或自我辩护的行为。一个孩子的良心或责任感，是在反省中逐渐生长起来的，你的指责会损害他的良心，让孩子的道德世界日益盐碱化。

"我错了，但你何必说出来羞辱我？"这是人格教育中的一个奥秘。一切教育都是自我教育，我们只是提供榜样、资源和对话。然后，请等待。

第二步：帮孩子寻找解决方案。

"孩子，统筹安排暑假是一件不容易的事，需要学习，我们慢慢来。"（归因于能力而非态度）"那么，我们怎么来解决这个问题呢？你有没有什么想法或计划？"（由孩子主导问题解决方案）"我有一个建议，你可以跟老师进行沟通，必要时我可以出面协助。然后，我们做一个计划，利用一些空闲时间（晚上或周末），一点一点地将作业补上，好吗？"（给出建议）"那么，计划怎么列，才能不影响这学期的学习呢？"（协助完善）"要坚持完成计划的话，我来负责创建环境，我会在关键时段提醒你，你不会生气吧？"（以支持的方式介入）

归因于能力而非态度，是一种解释风格，威力无穷。

不着眼于责备，而着眼于解决问题。在解决问题的过程中，既要以孩子为主体，又要帮助孩子缜密地计划，并提供辅助，以确保任务完成。

第三步：跟进。

一旦孩子制订了计划，父母就要不惜代价地跟进，以支持孩子的行为。

如果父母怒来一通火，过后全不管，怎么指望孩子能拥有责任感以及解决问题的能力呢？

父母坚持跟进，孩子就容易养成习惯。如果跟进有困难，就用罗列清单的方式，为定期反馈打卡。这在操作上极其简单，以后我会介绍清单在家庭教育中的使用方法。在这里的关键，是"温和而坚定"，但孩子可能又会懈怠，这时候就需要高度的教育学技巧，其核心是坚持原则又不失变通。

跟你讲个秘密：孩子懈怠是必然的。教育的关键是你对待懈怠的态度。

第四步：庆典。

可能花了整整一个月，暑假作业才补完。为什么这么久？毕竟不能影响孩子现在的学习，也不能过度影响休息。孩子补完作业是十分重要的。因为这会给孩子一个明确的信号：这是你的责任，你无路可逃。现在孩子完成了，带孩子庆祝一下吧？可以是——一封写给孩子的充满激励的信；一个小小的礼物；一顿丰盛的晚餐。

我们应该记住：一个孩子一生的成功与幸福，是被成就感驱使的。

五、重要的是作为父母的元认知

老魏呀，我是完全按照你讲的四步来走的，可是……我都快被气死了！你改名叫“老伪”吧。

请您消消气，调整一下呼吸：呼……吸……呼……吸……呼……吸……好了，请让我继续说——心灵鸡汤宣称能解决问题：你只要……就会……赏识你的孩子！不要让孩子输在起跑线上！教育是慢的艺术！……

我想说，对于专业主义者来说，重要的不是解决问题，而是解释问题。因为具体的问题往往是独一无二的，处境中的技巧涉及太多的经验因素。

你试图跟我学“招”。但是重要的不是招数，而是内功，即作为父母的元认知：你的思维方式、情绪模型、教育观念……而这些都需要加以反省。越是有意识的反省，越能够提升高效解决问题的概率。但没有什么办法是一劳永逸的，毕竟“一朵具体的花，远胜过一千种真理”。“知父母”只是一扇窗户，一面镜子。一起走，总会遇到越来越美的风景。风景的尽头，是你的孩子，一个卓然独立的少年，一段幸福完整的人生。

期末考试快到了，父母们准备好扫帚了吗

标题只是开个玩笑，实际上，题目应该是——怎么正确看待考试成绩？作为一个曾在考试中身经百战，又在教育领域浸润多年的老江湖，我感觉是说出真相的时候了。

一、小学阶段，成绩往往是虚假的

我以语文教学为例。从能力的角度讲，语文教学的核心应该是读写能力，而小学阶段如果培养出了很强的读写能力，不但中高考受益，而且一生都会特别受益。毕竟，在现在的语文考试中，有80%以上的题目都与读写相关。

因此，从语文学习的角度，小学必须高度重视阅读。如果学生将大量的时间用于做题而不是阅读，贻害甚远。但是，在考试的时候，决定成绩的，却不是读写能力，而是记忆力，尤其是准确记忆力。

为什么这么说呢？因为教授读写能力，是技术含量非常高的活儿，在应试教育背景下，实际教的，是机械读写能力（即应试性读写能力），而不是真正生动灵活的读写能力，而在小学阶段，甚至连机械性的读写能力也很少教（会教的也不多）。因此，决定语文成绩的核心因素是：生字默写（包括组词等）、诗词及语段的背诵和默写。

难道现在小学考试不也是主要考读写吗？魏老师你胡说啥呢？

且听我道来——

小学的阅读理解，有一个显著的特点，就是多数篇目考查的是课内的内容。这意味着什么呢？意味着它考查的，仍然不是实际面对一个陌生文本的理解力，而是记忆力。有不少老师让学生背练习册上的答案，就是这

个原因。

那么写作呢？对不起，你作文写得好？没用。重要的不是写得好，而是写得长和工整。你没写够字数，我咋给分？你写够字数了，大体也没跑题？好吧，分就有了。所以学生和学生之间，在作文上是根本拉不开差距的，除非你自己作死。因此，决定成绩的根本因素，是复习的力度。过关过关再过关，落实落实再落实，成绩就上来了，但这与能力有多大关系呢？毕竟，不是所有的孩子都在读重视能力培养的学校。

二、成绩不重要？谁说的？出来走两步，我不打你……

虽然说也有所谓的“第十名现象”，然而，考试成绩确实能在很大程度上反映出一个学生的真实水平。这又是怎么回事？因为应试教育背景下的考试，类同以前的科举，主要测试的是这两样东西：智力，意志。

我们今天就算把《九阴真经》从老顽童手里抢过来，然后丢给任何年级的学生，要求背诵、默写、做阅读理解，然后根据分数排序，一流分数上清华北大，你会发现区分度还挺高。毕竟，智商高、意志坚强（例如能忍受枯燥的学习）的学生，在未来社会中的成就更高。

就是说，成绩没有想象中那么重要，但它反映出了一些问题。而且，成绩本身，又会带来一个显著的后果，这就是——自我实现预言。

假如我们给一个班级中两个孩子的实际差距打分，一个是59分，一个是61分，那么，经过数年的发展，在没有干预，也没有内心觉醒的自然状态下，一个可能会降到40分，另一个可能会升到80分。就是说，孩子在班级的位置会投射到孩子的内心，形成孩子的自我认知。成绩越高的孩子越自信，越会投入更多的精力用于学习，意志力也越顽强。相反，成绩越低的孩子，越倾向于逃避学习，意志力就趋于薄弱，最终可能一败涂地。哎，“比较”是不幸的根源。

考试还能够反映出一个孩子的思维品质。所谓的马虎、看错了、审题不清……从表面上看，是不认真，但从本质上看，更多的是思维品质的问题。孩子思维混乱、缺乏秩序感和逻辑性，就会导致丢三落四。

小学的优秀，实际上也非常重要。毕竟，优秀久了，就很难忍受自己落后，就会形成一生优秀的习惯。

三、放下你的扫帚，实际上有更好的方法

“一打了之”，然后循环，你如果是这样的父母，建议面壁思过。

先别焦虑，咱娃哪怕是最后一名，也是亲生的。而且，身体健康、活蹦乱跳，何必一定要出人头地？一个人越优秀，活得越辛苦。连苏东坡都说：“人皆养子望聪明，我被聪明误一生。惟愿孩儿愚且鲁，无灾无难到公卿。”我养女儿，就抱了这个态度，健康就好，其他随缘。这种内心深处的“放下”或者说“大自在”，我认为是十分重要的。

这不意味着不管孩子，毕竟，娃考了倒数第一，我没啥，但娃放不下呀！人都有脸，娃脸虽小，却不是没有。

所以，父母要做好三件事：

1. 补学校教育之不足，给孩子真正的知识和教养。

学校变态地抓考试，你以为真是为了你娃好？是因为老师有压力，校长有压力好不好？学校加压，你就减压。学校抓做题，你就陪娃读书。学校只管学习，你就教娃做人，教他怎么说话，怎么跟人相处，要有礼貌，等等。从阅读和教养中，孩子能学到真正的知识，并且智力也会得到发展。——是的，智力是一个动态的概念，可以通过后天的教育加以提升。所谓的拼家庭，拼的就是阅读和教养，而不是拼应试。

2. 注意孩子人格发展，帮孩子正确理解自我。

考最后一名并不可怕，可怕的是孩子认为“我不行”。孩子一旦认为“我不行”，就会放弃努力，敷衍了事。因为不努力，大不了“不行”，但如果很努力，结果还是“不行”，那是难以忍受的。

解决的方案，消极的办法在于不火上浇油，不批评和指责孩子：“怎么考这么点分数？父母供你上学容易吗？你对得起我们吗？”要做到战略上轻视，战术上重视。也不要空洞地鼓励孩子：“其实你能行的，就是这次没发挥好……”积极的办法，就是和孩子一起面对：“我们一起来看看，是哪里不行了？”一旦聚焦于问题本身，焦虑就消失了，孩子的努力也就有了方向。

小结一下：不要与别人比较，只关注自己的提升空间；找出问题所在，

制订解决方案。

3. 和孩子一起制订解决方案，协助孩子完成它。

反正考试成绩出来了，也就这样了，扫帚能起多大作用？咱得化悲痛为力量，是不？找出问题，制订方案，获得成就。这一过程要反复进行。这一过程的最大的意义，并不在于孩子考试成绩提升了多少，而在于自我负责、不断超越的精神，以及在这个过程中培育起来的意志力。

最后说几句。寒暑假是十分重要的，这是培育孩子自我管理和深度学习的好机会。你不要以为孩子会讨厌这个，实际上，孩子喜欢自主的感觉以及深度学习，只是不知道怎么做。

孩子散漫、拖延，紧张不起来，这可不是好事情

作为父母，其实也希望减少对孩子的干预，希望孩子自由而阳光。不过，孩子日常的行为，却实在让人堵得慌——

早上起不来，晚上睡不着，没事就玩手机；做作业磨磨蹭蹭，半小时就能完成的作业，愣是要拖到两个小时才完成，质量还很差；走路慢，歪歪扭扭，对铃声没反应，迟到了就迟到了；字迹潦草；房间、桌面，都乱得一塌糊涂，整天得跟在他屁股后面收拾，还屡教不改……

你说说看，我们做父母的，能不焦虑吗？讲真，这些行为，的确不是什么好事情。它们发射出一个强有力的信号：孩子的生命缺乏紧张感。

一、要让孩子能紧张起来

紧张感？这是什么鬼？

假设你正在跑道上，等候指令枪声响起，准备百米冲刺，那么那一刻，你的身心是什么状态？必然是紧张的。糟糕的状态，是松弛和焦虑。松弛会让你的反应变慢，甚至比别人慢好几拍。焦虑则会让你僵化，失去反应的灵敏度，甚至丧失对周围环境的丰富感知，大脑完全被不安占据，被对可能发生的坏结果所产生的恐惧占据。

紧张是一种什么状态？是根据需求或目标，将自己的身心调整到最佳状态，让身体、智力、情绪都处于相互协调的专注状态，以便捕捉指令，实现效益的最大化。它不同于松弛的无所谓状态，也不同于焦虑的我执状态，而是一种根据事物或目的来控制和调整自身的忘我状态，其最高境界，是一种所谓的“心流”状态。

松弛的父母、老师、学生很多，焦虑的父母、老师、学生也很多，但紧张的父母、老师、学生就不多了。因为能紧张乃是一种能力，是不断练习的结果，它的一个名称叫自律，另一个名称叫自由。

一个孩子未来的成就，一名教师未来的成就，与此能力息息相关。重要的不是孩子今天是否散漫、拖延，而是你有没有帮他形成一种能紧张起来的反应程序？能紧张起来这才是成就孩子一生的强有力的保证。

二、孩子的外部行为与他的智力、情感是相联系的

一个孩子的外部行为（例如散漫、不收拾房间等）与他的内部智力、情感等相互联系是一个完整的系统，因此外部行为往往折射的是内部的智力与情感，我们称之为同一性。对孩子的引导和帮助，本质上是对同一性的重构。（又来？说人话！好吧，我改……）

我们勉强可以把紧张分为两类：一类叫身体或情绪的紧张，一类叫智力的紧张。

前者是一种外部紧张，是很重要的，其表现为“努力”，这当然是一种好的状态。但存在的危险，就是可能堕落为“低品质的勤奋”。其关联的目标，往往与成功有关。倾向于外部紧张的人，其外部行为会更为自律，例如，作息更有规律，行为更加自律，更热衷于时间管理，等等。

后者是一种内部紧张，表现为“热爱”。其存在的危险，就是不够稳定。就像一道闪电，电量是足够的，但是，要转化为稳定的可持续使用的电力，就需要使之秩序化。其关联的目标，往往与成就有关。倾向于内部紧张的人，其外部行为会更为自我，例如，以自我为中心安排生活，不容易与外部世界进行协调，等等。

多数人才，往往是外部紧张与内部紧张兼而有之。当然，也存在极端状态，前者表现为听话且做事认真和可靠的人，后者则表现为艺术家。

干国祥老师曾经形容过这两种倾向的人在课堂上的表现，前者叫“身体紧张，头脑放松”，后者叫“身体放松，头脑紧张”，像他这类疑似艺术家的人，会倾向于哪种，可想而知。

三、许多被惯坏或控制坏了的孩子，内外都不紧张

现在许多被惯坏或控制坏了的孩子，内外都不紧张。就是说，不但行为上自由散漫，而且懒于思考、得过且过，有严重的手机依赖症，就是一个明显的表征。那么，怎么让孩子紧张起来？

家庭或学校会习惯于让孩子进入外部紧张状态，搞所谓的流程管理，盯防战术，给教室装摄像头监控学生注意力的都有。这很容易让孩子进入一种被动的机械的状态，效果不一定好。有时候，外部过于紧张，内部就紧张不起来了，甚至会进入一种或对抗或焦虑的状态。

为什么？因为所有的紧张，都要消耗注意力，或者说消耗能量。

有人说了："一屋不扫，何以扫天下？"问题在于我的时间精力有限，我到底是扫屋子呢，还是扫天下？这在平时未必矛盾，但放在时间紧张的时期，或许就有矛盾了。有些孩子学习很好，但房间很乱，其中的一个原因是，他在学业上消耗了注意力，回到房间，就不想动了。不是没时间收拾房间，而是收拾不起注意力。如果我大清早起来，花半小时收拾房间，然后坐下来学习，很可能注意力已经无法集中了。不错，有些孩子能把房间收拾得很整洁，成绩也很好。这有两种情况：一种是他有整洁的习惯，因此他并不是每天花注意力收拾房间，他只是注意保持房间的整洁，因为习惯，他并不需要在保持整洁方面消耗过多的注意力；一种是这种孩子本身就是努力型，而不是天赋型的，他的成绩保持在高位，但是，他并不真正热爱学习，而更多是为了赢得外部认同。

例如某类艺术家，生活毫无规律，但是，在艺术创造方面，却是高度秩序化的。当他全身心捕捉灵感，投入创造时，根本无暇分配精力于外部世界。

四、孩子紧张的习惯，是一生成就的基础

孩子散漫、拖延、紧张不起来，不是什么好事情。但是，你的目的，不是简单地改变外部行为，而是帮他形成紧张的习惯。这是一生成就的基础。

手机要不要管？起床要不要管？拖延要不要管？当然都要管。但是，所有这些管，都要放在生命自我发展的大背景下，并使之有助于实现生命的整体目标，而不是专注于小目标，却忘了这样做的目的。

要点有二：

1. 帮助孩子塑造外部行为习惯，然而塑造行为习惯的目的不是行为本身，而是为了不妨碍生命发展。为行为而行为，仅仅是为了让大人看起来感觉良好，这是最糟糕的情形。

2. 帮助孩子塑造良好的学习习惯，尤其是思维习惯，引导孩子学会热爱，并推动孩子进入深度学习，这是内部紧张感塑造的关键。

以上两点，都是以外部引导和规范，促成孩子自我控制的过程。换句话说，关键是自律、是自我觉醒，是自己对自己生命的不断雕琢。外部塑造成功的概率不高，危险却很大。

这是一个复杂的过程。而且，每个孩子的气质不同，在目标和方法上也有较大差异。更重要的是，我们总是试图让孩子执行我们的意志，结果我们却成了孩子发展的最大障碍。正视这种复杂性，不但有可能让孩子得到很大的发展，而且我们自身也能通过教育孩子，获得大量有益的经验。

让我们家校联合起来，以日以年，理解生命的奥秘，与孩子一起成长。

期末复习怎么帮孩子高效过关

期末考试对孩子来讲是非常重要的。毕竟，成绩是孩子自信心的重要来源。小学老师都清楚，要想小学成绩好，过关是最重要的工作。但是，只依赖老师来过关，显然不够。如果家长能帮孩子高效过关，既能减轻老师压力，又能提升孩子成绩，是非常有必要的。

那么，在小学阶段（尤其是中低段），有没有一些实用技巧，可以帮孩子高效过关呢？常言道“一招鲜，吃遍天。”我今天来教大家一招。

一、高效过关的关键技巧

高效过关，取决于几个关键因素：1.复习内容正确，全面无遗漏；2.关键问题定位准确，方便精确打击；3.通过有序复习，逐一消灭问题。

我以语文为例，假设我们要复习背诵与默写，怎么确保尽可能高的过关率呢？

第一步，要全面覆盖考试可能涉及的背诵与默写内容。

这些内容通常包括：必背古诗词，必背课文或段落，语文园地中的诗词，语文园地中的名句。家长可以怎么做呢？很简单，给所有的背诵内容编码。每个单元的背诵和默写内容，通常不可能超过十条（首/篇/段），这十条可以从1开始编码，构成编码的个位数，而单元数可以构成十位数。比如，第四单元第3条，编码就是43。然后，家长可以打印一张编码表，后面留出打钩的格子（两到三格即可）。

第二步，让孩子自学，家长帮孩子过关。

举个例子，晚上回家后，家长可以要求孩子复习一个单元。复习结束后，家长立即检测，让孩子给自己当场背诵。要求是背诵等非常流利，只要不流利，就视为不过关。然后，让孩子立即复习，复习完后再度检测，直至过关为止。

这一步的关键是趁热检测，目的是促成记忆，而不是检测。因为如果不带入检测，就容易变成小和尚念经。这是用输出倒逼输入。

第三步，要求孩子默写，家长批改和记录。

24小时后，要求孩子在规定时间内默写。默写完全正确的，在编码表格中打钩。只要有一个字写错，就视为未过关。

这一轮默写，目的是筛选出问题，以便复习更有针对性。这里有两个要点：一是间隔必须在24小时以上；二是24小时内不允许复习检测内容，如果孩子一回家立即开始测试，就容易达成目的了。

第四步，对识别出的未掌握的部分进行再度学习。

这时候，复习的内容就聚焦了。以往每次检测，都要过一个单元或两个单元，这时候就要一次复习多个单元了。在这里，也有两个要点：一是思考为什么会错，找出原因；二是在单元内错了的地方打上一个星号（下次检测未过关，就再打一个星号），把错了的字圈出来。重复以上程序，复习就越来越轻松，越来越简单了。

二、常见问题及方法背后的原则

刚才介绍的方法，可以有许多种变化，但重点是体会变化背后的原则。

可能有些老师或家长会有一些疑问。例如：

1. 考试时的名句填空，往往是语境填空，不是直接默写。怎么办?

初次过关时，不能用语境填空的办法，因为必须确保内容的正确和可掌握。否则，就起不到过关的作用。只有过了这一关，彻底掌握默写后，才可以加入语境练习。语境练习的原则与此类似。

2. 出现回生现象，怎么办?

所谓的回生，就是第一次测试时顺利过关了，但后面又不会了。一般的回生，是因为初次测试是热测试，放了一段时间后，孩子就忘记了。之所以要间隔24小时后冷测试，就是为了避免这种情况。要避免回生，可以在下一个单元测试时，植入上一个单元中的内容，虽然孩子答对了，但我们认为可能出错的情形，相当于一个抽测。如果抽测没问题就过，有问题，就要再次用全覆盖的方式来测试。

我们把这种方法用于平时的话，单元过关了，期中过关了，期末再过关，实际上回生现象就成了小概率事件。这种方法，当然也可以用于多音字、形近字等知识的检测。生字教学更不必说，只是生字教学不适用上述的编码方法（因为生字数量多），而是筛选出易错生字表，直接过关，逐渐减少生字数量，直至消灭。

这种办法，也可以用于计算过关。在计算过关中，20以内的加减法，是计算的核心基础，可以利用软件来完成，也可以用卡片来完成。那么，怎么做呢？在可能的情况下，你不妨列出20以内加减法的全部组合，打乱后编辑成若干个训练单元，每个单元题目数量固定，口算时间固定。然后，一个训练单元一个训练单元地过关，每张卡片上一道题，每道题出示时间大约为1秒，要求不假思索的反应。只要孩子迟疑一下，就算没过关。这样过一两次，孩子所有的问题就被识别出来了。

然后，可以研究为什么孩子会迟疑，是理解问题，还是熟练度的问题？如此逐渐消灭。一旦发现建构有问题，就要补充教学。在这里的关键是什么？是穷尽所有组合！一旦到了四则混合运算，无法穷尽组合怎么办？就穷尽类型，或者穷尽易错点。类似的方法，也适用于更复杂的学习。例如应用题，可以穷尽模型，找出哪类模型容易出现问题。

现在孩子学习的问题之一，就是盲目练习、大量做题，结果不是科学地排查问题，导致了大量无效训练。用这种方法，能大大地节约孩子的时间。

如果把这种方法应用于平时的教学，效果也很明显。这样，单元清与学期清结合起来，就不会导致问题持续累积了。把这种办法教给学生，再与思维导图结合起来，孩子就明白应该如何自学，如何自我排查问题了。

怎么利用在家学习让孩子获得卓越发展

怎么和孩子树立基本规则，确保学习和生活的秩序感和节奏感？我们跟孩子的关系有三种：民主型、控制型、权威型。我们知道，这三种关系中，最好的模式是权威型。

一、亲子关系最好的模式是权威型

为什么不是控制型？因为控制型很难培养出独立的人。棍棒底下出孝子，但是，出不了有独立人格的顶天立地的大人。在控制型的关系中，被控制者会认为自己是没有价值的，也缺乏做决策的能力，只有服从才能得到奖赏，并确立自己的价值。控制不仅出奴隶，而且出奴才，就是维护控制的人：“我妈妈打我是应该的，她是为我好。”

为什么不是民主型？因为民主是以民主的能力为前提的，最根本的民主能力，就是拥有理性。你可以让小学一年级的孩子自由决策，但是，他的决策能力或者说判断能力，以及资源拥有量都是有限的。因此，他的决策会容易受到情境或本能的影响。哪怕到了中学，有的孩子也会说，我打游戏怎么了？我将来考不上大学是我自己的事，你凭什么管我？所以，真正的民主，是成熟人格的产物，宪法规定达到18岁才拥有选举权和被选举权。那是不是说不应该对孩子民主呢？当然不是。而是说，成人前的儿童，享受的是有限民主，是在学习民主，以便为进入民主的社会做准备。

为什么权威型是最好的？权威、控制、民主的区别在哪里？权威不是拿着鞭子说你必须听我的，也不是像空气一样不存在，你爱怎么就怎么，你是自由的。权威的本质是影响力。影响力是什么意思？就是说，你自由地选择了听从。一个品牌的影响力，不是说商家利用警察来强迫你购物，而是说，你明明知道商品价格很高，但你自愿付费购买，这就是影响力。它完成了控制，你听我的；它也完成了民主，你是经过自由选择后听我的。

家长或老师要成为权威，这意味着我们运用经验在帮助孩子少走弯路。在这样的教育过程中，孩子既是主动的，他是自己决定听父母或老师的；孩子也是被动的，父母和老师影响了他的选择。

有的家长是控制型，有的家长是民主型，有的家长是权威型，但是，更多的家长是没有型的，他们和孩子一样，冲动、易怒、喜怒无常，这往往是家庭冲突的根源。或者说，多数家长，是缺乏关于怎么做父母的自觉意识的。因为无论是哪种类型，都有内在一致性，孩子对父母的行为，是有预期的。但是没有型的话，孩子对父母的行为缺乏预期，这样就会导致不安全感和博弈模式的产生。因此，家长形成稳定的养育风格是特别重要的。

二、一个家庭要好，必须规则与价值观一致

就像一个国家要长治久安，就必须依赖法律和道德一样，一个家庭要母慈子孝，也必须依赖规则与价值观。规则与价值观的意义，就在于确保了一致性，从而确保了自由。控制无法带来自由，是因为控制是不讲规则与价值观的。控制的本质是我说了算，所以得看控制者的脸色。

在这里，我们要分清三个东西：程序、规则与原则/价值观。

举个例子，你要在路上开车，就同时涉及程序、规则与原则/价值观。你到了高速路口，要领取卡片，然后到出口，要交还卡片并缴费，这是程序。你违规了，交警处理你也有一套程序。程序就是一件事先做什么，再做什么的秩序。红灯停，绿灯行。不能超速，否则扣分罚款。这些都是规则。规则就是关于什么能做，什么不能做的规定。

什么叫原则或价值观？原则或价值观，就是秩序与规则的目的。比如说，程序与规则的目的，是为了确保安全，这是原则。但是原则不只有一条，原则往往有两条或多条。那么规则往往是多条原则之间的平衡。例如如果按照安全原则，那么车速越慢越好，但是高速公路的目的，或者说汽车的目的，就是为了快速，因此，安全是原则，效率也是原则。怎么在安

全与效率之间保持平衡？我们在限制车速的时候，既不能太快，也不能太慢，这就确保了安全与效率的平衡。而车速的限制，就是不同原则之间的平衡。原则就是关于什么是对什么是错的判断。

另外，原则是高于规则的。例如，救护车来了，其他车就得让路，而且它还可以闯红灯。原则或者说价值观，也能确定哪些规则是好规则，哪些规则是坏规则。

只有秩序简洁、规则合理、原则鲜明的情况下，司机才是自由的，才能够从心所欲不逾矩。如果公路由交警控制而不是维护，处理问题看交警心情，规则由交警随意解释，那么，司机就没有安全感。

三、我们的目的是让孩子既朝向快乐，又朝向强大

要确保家庭和睦，第一件事，就是要让孩子在家学习变得有秩序感，让孩子感觉到安全、自由又高效。这意味着，在家学习，要依据一定的原则或价值观，要和孩子一起建立基本的秩序与规则。

价值观为什么是重要的？使命、愿景、价值观，三位一体，我这次不加区分。为什么要帮助孩子寻找人生的意义？为什么要鼓励孩子树立自己的内在原则？这些问题，可以说绝大多数家长都没有真正地思考过。

因为价值观能够确保本质的一致性，避免生活陷入相互冲突之中。就像北极星，能够让航船在任何风浪中都不迷失方向。

孩子要打游戏，你不让打，这就起了冲突。你可以强迫他不打，他也以放弃学习来回报你，消极抵抗。你没得办法，只好跟他妥协，然后开始约定打游戏的时间，如此反复，这是博弈。这种情况无休无止，因为你在跟他的本能作对。更好的办法是你要和他达成一致，形成共同的价值观。

无论是寒暑假，还是在家学习，最聪明且有效的办法，是和孩子讨论使命、愿景、价值观。例如：我们的愿景是什么？是穿越这段岁月，让自己不但更快乐，而且更强大。孩子会问：我为什么要学习？人生的意义到底在哪里？这些问题的讨论，也会加强价值观引导。

就以刚才所说的为例，“快乐”和“强大”就是我们所要坚持的原则，也可以说成是价值观，是衡量一切的尺度。换一句话说，只快乐，不强大，

那是猪；只强大，不快乐，那是机器。我们的目的是让孩子的生活，既朝向快乐，又朝向强大。很多的冲突，是孩子想快乐，父母想让孩子强大，结果就冲突了。关键是在安排时，对这两个原则进行协调。这两个原则在表层是相互冲突的，就像安全与效率，但深处是一致的。把它们结合起来的，就是发展经济学，或者叫成长经济学。

四、首要的是和孩子一起对生活进行编程

一旦跟孩子达成一致，就可以共同做一件事，建立基本的秩序，就是我们所说的程序。

生活中程序是非常多的，几乎每一个角落，都可以建立起更高效的程序。举个例子，我每周的生活非常忙，那么，我做五件事，一周就很忙，但是做十件事、二十件事呢？有无可能？有的。怎么做？就是对这十件事、二十件事进行编程。然后，不但能够顺利完成，而且不影响休息娱乐。最忌讳的是像无头苍蝇一样，忙得要死，但是不出活。有经验的家庭主妇，都知道在厨房里怎么有效编程，在尽可能短的时间内，做出尽可能多且可口的饭菜。

程序是为了确保效率，降低浪费。因此，家长首要的事，是和孩子一起对生活进行编程。通常是需要孩子不断地自我编程，并不断地进步。但是，关键程序仍然需要家长协助编写，并确保程序运转正常。

那么最重要的程序是什么？是作息时间表。作息时间表的关键有两个：一是作息时间表要合理，二是作息时间表要落实。

思考作息时间表时，要考虑两个因素：是否符合孩子的需要，是否最大限度地利用了时间。作息时间表的安排，就是两个因素之间的平衡。只考虑孩子的需要，最好别学习了；只考虑充分利用时间，最好别睡觉了。那么，平衡点在哪儿？教育的智慧或者说经验，就表现在掌握分寸感。绝对不能把一个所谓客观的作息时间表，套用在任何一个孩子身上。

请问，孩子的需要是什么？1. 充足的睡眠；2. 合理的饮食；3. 运动需要；4. 游戏需要（不是打游戏，而是指娱乐需要，包括玩，看电影，看电视，网上漫游，也包括打游戏）；5. 交往需要（亲子、同伴之间的交流）。

这些需要应被满足，但是，当需要变成欲望则要限制，我们称之为“满足需要，但不助长欲望”。比如，必须吃饱，这是满足需要，但暴饮暴食，就是欲望泛滥。关键的问题是：如何区分需要与欲望？

注意，孩子表达的往往是欲望，而不是需要。因此，父母要对欲望进行限制，但是不能剥夺需要。举个例子，睡眠是需要。那么，睡多久合适？要让孩子自然醒，那么可能就睡到十二点了，这并不代表他真的需要这么多的睡眠。应该睡多久和实际睡多久，不是一个概念。这就需要进行探索，怎么探索？你要参照科学标准，即儿童睡眠常数，与自己的孩子对睡眠的实际需求进行判断，最终形成自己孩子的睡眠节奏。

午睡也是如此。午睡太久不行，那么，午睡的最佳时长是多少？研究有数据结论，但是，到你孩子身上，还需要有一个微调。甚至，你的孩子未必需要午睡。

但是，孩子的睡眠需要，还要和社会化要求进行协调。什么叫社会化要求？从睡眠风格上讲，有的孩子是百灵鸟型的，早睡早起，有的孩子是猫头鹰型的，晚睡晚起。但是，学校的作息时间表不考虑你是什么类型的，因此，你的作息要与学校的作息时间表进行协调，并适应它。

小结一下：1. 要探索睡眠（包括午睡）的长度，找出最佳值；2. 要将睡眠安排与学校的作息要求进行协调。

同理，孩子有运动的需要，游戏的需要，交往的需要，这些需要往往交织在一起，多数情况下属于社会化需要。和睡眠一样，这些需要和学习时间进行编织，以形成节奏。

五、最重要的是要确保睡眠时间

作息时间表要合理，最重要的是要确保睡眠时间。

关键点是：1. 确定上床时间，固定下来，并确保环境支持睡眠；2. 上床后，远离手机等电子产品，睡不着只允许看书，而且是稍有难度的书籍。3. 确定一个起床截止时间，用闹钟提醒，训练不依赖于闹钟的自然醒。

睡眠时间确定后，再确定下述时间：1. 运动时间和娱乐时间，2. 可以使用手机的时间。

手机使用抓住几个关键点就可以了：1. 设置自动开关机和静音。2. 禁用手机时间，手机放在客厅指定位置。

这样，我们就生成了一个作息时间表，运行中可以不断地微调，直到孩子彻底适应。

我们整理一下刚才的讨论：

1. 早晨6点30分起床（程序）。

2. 中午1点上床午休（程序）。

3. 下午4点30分至7点自由安排（含活动、作业、晚餐）（程序）。

4. 每天晚上10点上床，准备睡觉（程序）。

这是一天的作息程序，可以做得更细致一些。

再说规则：

1. 以下时段不允许使用手机，要将手机放在客厅并一次性做好设置——午饭前、午休（1点）至下午放学（4点30分）、晚上10点以后。

2. 上课不允许迟到，迟到要对父母说明情况。

六、增加孩子的违规成本

做到这些是不是很难？对有些孩子来说不难，对有些孩子来说很难。毕竟，对有些家长来说，跟孩子的关系已经很紧张了。大一点的孩子房间家长都不敢随便进，进去就激化矛盾，所以这些规定，就有点像天方夜谭了。

为什么我要说这些？比如我说怎么让孩子练就强健的身体，你说讲这些没用，我娃已经很弱了，你那些动作根本做不了。问题是，今天你娃的情况是长期和你互动出来的一个结果。我必须先讲清楚强健的身体到底是怎么练成的，然后我们才能讨论如果已经病了怎么办。

所以，我们先要讨论健康的孩子，或者刚开始准备进入训练的孩子。具体怎么落实呢？

把握三个原则：1. 向孩子解释清楚程序与规则，达成一致。2. 温和而坚定地落实，杜绝例外。3. 万一有例外，必须得到补偿，或符合更高的原则。

我们再暂停一下。似乎很简单的三条原则，却是多数家长无法做到的。

这么说吧，如果家长不自律，要培养出自律的孩子就非常困难。我们说不自律的家长想要培养出自律的孩子，困难在哪里？

困难并不只是在于无法以身作则，还在于他没有体验过自律，就很难把握住自律的关键。因此，在与孩子互动的过程中，就很难做出恰当的反馈。这是不是说，不自律的家长，就培养不出自律的孩子？当然不是。只要家长真正用心，不断学习，不断地自我修正，依然可以培养出自律的孩子。

落实这几条原则，我有下列建议——

1. 设立学习期，即用一到两周的缓冲期，以帮助孩子过渡。过渡期间不批评或惩罚，但帮孩子不断地总结。

举个例子，如果你跟孩子约定了第二天开始早上六点半起床，如果起不来，就要有相应的惩罚，例如取消玩手机时间等。孩子答应了，甚至兴高采烈地尝试。结果第二天，孩子就起不来，赖在床上不想动。这时候你生气不生气？“你同意的规则，第一天就无法坚持了？你有什么毅力啊？说话不算数，这样下去怎么能考个好大学？”

这样说，就容易产生冲突。家长的问题在哪儿呢？

首先，你把孩子放在了你的对立面：你要做到什么，做不到我就怎么怎么样。家长忘记了，你的角色是帮助者、监督者，是以监督的方式提供帮助，要学会站在孩子的立场帮孩子做到按时起床。

其次，孩子刚开始按规则来执行时，是最困难的。前三天还好，接下来违规的概率就增加了。对孩子来说，这是最艰难的时刻，是习惯成自然之前的刻意练习。这时孩子处于什么状态呢？孩子的内心，小红人和小黑人正在激烈斗争。小红人知道应该起床，小黑人不同意。有时候，小黑人的力量处于压倒性优势。你真正应该做的，是帮助小红人打败小黑人。而你一旦指责孩子，小红人就不干了：“我这么辛苦地对抗小黑人，你还在背后捅刀子。”小红人就会转过来变成小黑人对付你。你正确的回应应该是：没关系，让我们看看哪里出问题了，明天继续挑战。

如果设置了闹钟，你应该让闹钟叫醒他，而不是你。你可以在一开始闹钟没叫醒他时叫醒他，但不能一直如此。你只是一个支架，不能一直支撑他。你无须指责孩子，而是要和孩子一起讨论问题在哪儿。昨晚睡得太晚了吗？那么解决睡得太晚的问题。计划设置有问题吗？那么修改计划（不要轻易修改）。意志力的问题吗？那么明天继续。

这些问题，可以在学习期消化。学习期，就是允许犯错的时期。

2. 为每一个关键节点提供反馈，帮助孩子做到杜绝例外，毫不动摇。

这里的关键，一是反馈到位。说了手机晚上10点以后放在客厅，就必须如此，天天检查，先坚持一个月再说。最忌讳的是留下太多的空当，让孩子钻了空子。结果孩子的违规行为，有时候得到了反馈，有时候得不到反馈，这就麻烦了。二是杜绝例外。举个例子，如果孩子的作业拖延到晚上10点还没完成，怎么办？很简单，立刻上床，睡不着就看书，就是不能做作业。老师批评怎么办？家长出面和老师沟通，作业第二天再做，孩子可以次日早起半小时来做，做不完，用他第二天的娱乐时间再做。

如果家长做不到按时反馈，经常忘记呢？写下来贴在墙上，或者用提醒软件、设置闹钟都行。如果家长因为不可抗拒因素无法监督呢？客厅装监控；用表格做管理；每天定时通电话；结果控制…… 一句话，让孩子违规变困难。

七、早晨醒来为什么不能玩手机

早晨醒来为什么不能玩手机？午睡醒来为什么不能玩手机？要给孩子解释清楚。如果是6点30分起床，但是孩子6点钟就醒来了呢？孩子是不是有权利玩30分钟手机呢？不能。

因为早晨醒来和午睡醒来后的时间，是黄金时间，这时候大脑经过了充分休息，状态特别好。因此，这时候应该去完成有价值的任务，而不应该去让别的东西分神。这里最重要的是精力管理。只有当精力消散、注意力不集中的时候，才可以碰手机。除非你能够高度驾驭手机。如果孩子醒来后玩会儿手机再起床，实际上说明他的生命缺乏紧张感，他是被动地学习，而不是主动地学习。因为主动的学习者会非常在乎自己的注意力。

那么周末怎么办？1. 保持和平时一样的作息。2. 增加大块休息或娱乐时间。

保持和平时一样的作息是什么意思呢？主要是指睡眠的规律性不要破坏。

有人说，难道周末也不能睡个懒觉吗？周末为什么要睡懒觉？周末睡懒觉的前提是平时缺觉。如果平时睡眠充足，周末为什么要增加睡眠时间呢？如果周末要增加睡眠时间，应该将入睡时间提前，而不是延迟起床。

增加大块休息和娱乐时间比较好理解。例如：周五晚上是大块的娱乐时间，打游戏、玩手机、看电影都可以，晚上10点前结束，绝不允许延长时间甚至通宵。周六和周日上午，至少10点以前要深度地投入学习，尤其是高品质的学习。到10点以后及下午、晚上，可以安排玩、做作业或其他事情，相对自由。如果要出去玩，也是9点或10点出去。这样，出去之前已经经历了一些深度的学习。一句话，先要榨取一部分脑力，然后，再让自己放松。如果是中学生，那么下午至少也要有两三小时的学习。

八、怎么确保网课学习高效呢

怎么确保孩子学习的高效？父母需要知道哪些关键点以及可以做哪些支持工作？俗话说“要致富，先修路”，上面讲的作息时间表，只是修路。怎么确保学习的高效呢？

先思考几个问题：1. 网络学习更自然，还是更不自然？效率更高，还是更低？ 2. 网络学习与在校学习的区别究竟在哪儿？

可以说，学校学习是不自然的，属于刻意练习，而网络学习将是孩子持续一生的学习方式。因此，网络学习更自然，本质上效率更高。

网络学习与在校学习的区别在哪儿？区别很多，但有两个本质的区别：网络学习是学习者在控制学习进程，并且非常方便获取资源。

我们今天的问题在于，学生不是在进行网络学习，而是在进行网课学习。因为网络学习本质上是任务驱动的，问题解决式的，而网课学习在很大程度上复制了学校学习，是学校学习的线上版。这样，网课学习就可能丧失了学校学习的优势，也丧失了网络学习的优势。

因此，网课学习，要尽可能地结合网络学习和学校学习的优势。但是，全国这么多网课，都没做到这一点。为什么？因为你哪怕知道要怎么做，这么短的时间，教学模式也根本调整不过来。

那么，目前这种网课模式，会带来什么问题？ 1. 老师不知道学生是否在听课，学生可能在挂网聊天或打游戏，逃离了监控模式，什么都可能发生。2. 互动受到了阻碍，成本增加，效益变低，无形中降低了课堂效率。3. 作业提交和反馈变得困难。尤其是催作业成了一件很困难的事情。

怎么解决这个问题？我讲教师如何解决这个问题，对家长来说没有意义，因为你不可能让老师改变教学模式，因此我们能讨论的，只是在目前处境下，家庭可以做哪些工作？

糟糕的方式是监视。孩子在上课，家长不放心，过一会儿就偷偷看一下，结果导致了亲子冲突，孩子觉得不被信任，家长觉得如果不查看就会失控，而且这种情况确实有可能发生。

更好的方式，是把握住三条原则：1. 规则约束。2. 环境控制。3. 结果反馈。

规则约束，就是要和孩子约定关于上网课的基本规则，这个规则视家里的环境而定。例如：1. 必须遵守规则，按时上课。2. 上课过程中，不能做与学习无关的事，例如与同学或陌生人聊天，打游戏、听音乐等。3. 作业必须按时完成。

环境控制，是指消除环境中的不利因素，减少孩子意志力的消耗，提高违规成本。环境控制要解决的问题有：1. 学习场所的规定。举个例子，孩子应该在自己房间里学习，还是应该在客厅里学习？让孩子远离床和沙发，必须坐在桌子前学习。学习环境是封闭的、半封闭的，还是开放的？（这涉及是否置于监督之下）在诸如谷歌这样的大公司里，办公空间是开放的，主要是为了有利于交流，以及营造一种文化。2. 电子产品的放置与使用。电脑屏幕朝向什么方向？ 3. 零食的问题。

每个家庭情况不同，因此，关键的问题不在于死板的规则，而在于对背后活的原则上的把握。这个活的原则，就是走出“信任 — 不信任”的怪圈。你要监督他，他说你不信任他；你不监督他，他违规是高概率的。要明白，信任不是放任。必要的监督，恰恰是保护信任关系。保护的方法，就是约定监督的边界。这不仅是父母的需要，也是孩子的需要。

监督为什么是必须的？如果没有监督，孩子就要独自面对自己的本能，这会大大地消耗孩子的意志力，而且导致违规的可能性增加。违规的可能性增加后，孩子就会自我贬低，自我定义为一个意志力不坚定的人。所以，监督不是限制孩子，而是帮助孩子。

但如果处处监督，就会产生另外的问题。因此，重点不是要不要监督，而是明确边界。这个边界的目的是最大限度地降低孩子对意志力的消耗，也确保孩子必要的自由。

然后，你要跟孩子进行一次或几次深度谈话。谈话的目的，是帮孩子理解规则，以及确保孩子能够遵守规则。谈话的要点是什么呢？1. 将网课视为孩子的挑战，家庭的挑战，共同的挑战。同时，鼓励孩子迎接这一挑战。2. 表达父母的期待，就是三条规则。3. 跟孩子讨论可能遭遇的困难（内部的和外部的），讨论解决方案，尤其是多听孩子的意见和建议。4. 达成一些可操作的约定，并记录下来。

九、怎么让孩子高效学到东西

以上仍然是道路工程。那么，路修好了，怎么确保孩子就真的高效地学到东西了呢？孩子有没有学到东西，自己也是不知道的，并且经常出现自己不知道的情形。哪怕是课也认真听了都不代表真的掌握了。

如果只让我给一条建议，我会建议抓作业。抓作业就是抓学习结果。然后，通过学习结果，去反思调整学习过程。抓作业具体包括：1. 抓过关，主要是背诵与默写。2. 抓作业，主要是抓书写、完成率和正确率。3. 抓测评，测评的试卷分析。4. 抓作品，作文等作品的水平。

简单地说，就是要做到日日清、周周清。日日清，就是当天的问题当天解决掉。周周清，就是说这一周的事绝不拖到下一周。

这个清，不是简单地说把作业做完，而是指把问题解决。把问题解决就是通过作业，找出理解不到位的地方，重新学习并重新过关。

现在我们停下来，想一想问题可能在哪里。

1. 首先，今天听课的家长，可能从小学一年级直到高中学生的家长都有。一个小学低段学生和一个高中学生，这差距是非常大的，怎么可能用同一种方法？

2. 其次，家长未必有时间抓作业，也未必有能力抓作业，甚至未必敢抓孩子的作业。

所以，我们只是讲原则。至于具体的做法，可能是家长直接抓、直接反馈，尤其是孩子比较小的前提下。也可能是家长跟孩子沟通，由孩子自我完成。我只想指出一个通常的弊端，我们过于关注孩子的听课状态，而不是听课结果。在关注结果的时候，我们过于关注孩子的学习成绩，而不是知识结构。

十、怎么解决亲子沟通中的问题

我今天想再次跟大家讨论一下，亲子沟通问题究竟在哪里：1. 我们总怕孩子输。2. 我们看到孩子的问题，忍不住就想要指出来并加以批评，期待孩子接受批评，不断地自我改正。

这两点是有因果关系的。因为我们怕孩子输，所以我们看到孩子的问题，总是忍不住指出来并加以批评，结果往往导致了冲突。因为孩子受到批评，正常的反应绝不是“我错了，我马上改”，而是自我辩护，逃避或对抗，这是生命自然而然的反应。

当然，家长的反应也是本能的。问题在于我们要成为成熟的家长，就必须让自己的反应超越本能，成为自由的反应——1. 输了也没关系。2. 帮孩子努力做到最好。

输了也没有关系并不是放弃孩子，也不是不要对孩子高期待。一方面要对孩子保持高期待，一方面也告诉孩子“输了也没关系”，这两者是同时发生的。保持高期待，是相信孩子的生命自然拥有自己独特的价值，鼓励孩子迎接各种挑战，尽最大努力做到最好。输了也没关系，是说不要在乎一时得失，也不要太在乎是输是赢，放下焦虑，尽力就好。合起来，就有点尽人事以听天命的意思。这样的态度，有助于孩子更好地发挥。

“输了也没关系”是一种理解、接纳的态度，让孩子放松，不用担心来自你的责备。“帮孩子努力做到最好”是一种关注、支持的行为。

听上去挺美，可是做不到。为什么？因为看到孩子一些很糟糕的行为，例如，沉迷于手机、打游戏，或者不认真做作业，诸如此类，我们就会启动一个反应链：你明明不行，还不努力？

亲子关系的基础，不是道理，而是感受。家长只是功利地计算，但孩子是个活生生的人，他有感觉。他会不喜欢学习，你说得天花乱坠，不喜欢就是不喜欢。他可以忍一时，忍不了一世。因此，如果你要做出强烈的反应，包括批评、指责，必须基于孩子明显地违反了双方的约定，而不能根据孩子此刻的状态来反应。因为这样的话，你的依据仍然是“我感觉”“我认为”，孩子并没有真正地被倾听和理解。

只有底线情况才做出强烈的反应，另外的情况不做反应，或者顶多有提醒和建议。这样，孩子就拥有了自我发展的空间，在这个空间中，他是可以犯错误的。只有他是可以犯错误的，他才可能真正地成长。

十一、家长怎么帮孩子

要多问问孩子：你遇到什么问题了？

这是一种需要修炼的思维方式。一个孩子在不恰当的时间打游戏，你会很生气，觉得他不应该打游戏。你会批评孩子。这时候，你觉得“孩子才是问题”，这就是症结所在。而实际上，你要改变问题的思考方式，问一问，孩子遇到什么问题了？

可能是学业遇到了问题，借着打游戏来逃避；可能是自我管理能力太差，控制不了打游戏的冲动；可能是朋友邀请，拒绝不了诱惑……这些，都是孩子遇到的问题。弄清楚这些问题，再帮孩子一起解决问题。

孩子喜欢打游戏怎么办？这是一个很复杂的话题。

在孩子成瘾之前，家长要和孩子达成共识，将游戏控制在一定的范围之内。一句话，防患于未然。如果孩子已经有了玩游戏的习惯，尤其是游戏成瘾，那么，这就成了一个复杂的过程。寄希望于简单的方法，肯定行不通。举个例子，如果孩子打游戏已经到了父母根本不敢管的程度，这时候就没有简单的方案。你可以把他的网断了，电脑摔了，但对一个成瘾的孩子来说，这些冲突非常危险，有可能导致孩子的极端行为，例如离家出走、自残甚至自杀。

所以，现在只是一个一般性质的建议，不能解决复杂情况。

1. 家长必须了解，打游戏不是坏事情，游戏成瘾才是坏事情。我们要改变对游戏的偏见，把游戏看成是现代生活的一部分。要处理的不是游戏，而是虚拟世界与现实世界的平衡问题。换句话说，游戏带来的并不完全是坏事。要解决的问题不是打游戏的问题，而是游戏与生活的平衡问题。

2. 要寻找或创造一个一家人在一起能够畅所欲言的时机。这甚至可以有意识地设计，例如一次短途山中旅游，手机信号都未必有。父母一方是主谈话方，另一方是润滑剂或调节方，经常站在孩子的立场说话。然后表达一个意思，父母不想起冲突，只想弄清楚情况，看怎么帮助孩子更好地平衡，以便更幸福，并且朝向更好的未来。和孩子一起讨论游戏的好处和坏处，一定不要只讨论坏处，要尊重孩子从游戏中获得的快乐感。然后谋求共识，这个共识实际上是父母早就拟好了的，虽然在对话中可能需要调整。

如果不方便面谈，也可以用书信或微信留言的方式，注意心平气和，也给孩子缓冲的空间。如果交谈中起了冲突或有起冲突的可能，可以中止谈话，改日再谈。也可以通过互联网，去研究一下谈话技术。总之，你要和孩子一起面对问题，让孩子说出他真实的想法。

通常，孩子知道什么是正确的，什么是不正确的，但他做不到。而当父母问责的时候，孩子又会用对抗的方式来自我保护，通过避免对话甚至不惜发生冲突，来保护自己从游戏中获得的快乐。

一旦跟孩子达成共识，孩子的游戏时间有保证，孩子玩游戏的时候，就不再有内疚感和提防心。同时，家长对孩子的游戏时间也有预期。

3. 最终形成的方案，是孩子和家长反复推敲过，并确保可执行的。然后，试运行一段时间（两周或一个月）确定下来。

方案要确保：具体；可监督或反馈，而不依赖于自觉；定期总结（及时调整方案）或奖赏（例如奖励游戏日或旅游）。最重要的，是不要相互抱怨，而变成一个彼此理解、妥协、共同解决问题的过程。

上面讲的是消极层面。从积极层面来看，孩子面临的问题是什么？1. 厌恶学习。2. 社交障碍。3. 亲子之间缺乏有意义的共同生活。

帮孩子重新找到生命的意义，找到学习的乐趣，找到构筑关系的途径，这才是终极的解决之道。毕竟，现实世界也可以像游戏世界一样有意思，甚至更有意义。

怎么和孩子度过一个有意义的假期

我知道有些父母很忙，顾不上孩子。有些父母很重视孩子，但是高度焦虑。无论如何，我们的孩子还在小学阶段，许多事情还来得及做，一旦初中毕业，就真的来不及了。而所有的故事都曾经发生过，父母的学习很重要，尽量避免别人踩过的坑。

今天我们交流的话题是怎么和孩子一起度过一个有意义的假期。

这个话题分为两部分。1. 假期里，应该让孩子干什么？上网课？进补习班？做作业？大量读书？做家务？任其自然？ 2. 假期里，应该怎样管孩子？怎么确保他不沉溺在手机或电子游戏里？怎么让他假期过得充实？怎么确保他学业持续进步？怎么跟他能够好好沟通而不至于亲子关系紧张？如果父母上班不在家，怎么管孩子？

每到假期，无非这两个问题。因为时间关系，我们重点放在第一个问题上。因为家长通常更希望知道怎么办，而对我来讲，关键的问题，永远是做什么和为什么做。

一、传统的寒暑假作业，到底错在哪儿了

为什么会有寒假和暑假？这是清朝末年，在学制改革时，向西方学过来的。国外的学生利用假期做的事，大体包括：

1. 打工。以服务业为主，例如在加油站、快餐店、超市等打工。中小学生，则是以一些简单的家务劳动和服务业为主，例如帮助父母擦汽车、为邻居剪草坪、在社区内送报纸等。

2. 做义工。包括去救助中心为无家可归的人做饭、去不发达国家支教等。美国等国家越来越多的公立学校要求，学生在高中毕业之前必须完成

规定时间的社区服务，否则不能毕业。

3. 学习技能。例如日本大学生，往往是“考驾照+做兼职+游玩”三者结合。韩国等国家的学生，也热衷于利用假期充电，例如学习外语。钱少的去菲律宾学习，钱多的去澳大利亚学习。

4. 旅游。例如，法国近来兴起工业旅游，学生实地参观葡萄酒厂，并亲手参与酿制。德国学生喜欢去农庄亲近自然。

那么，我们应该让孩子干些什么？首先声明，高中生、初中生、小学生，假期的安排有着本质的不同。那么，小学生的假期，应该如何度过？我建议，假期应该把重点放在三件事情上：学习，发展兴趣，承担劳动任务。贯穿这三者的，是训练孩子的自我管理能力。

学习仍然是假期的首要任务。但是，假期的学习和在学校期间的学习有着本质的不同。学校里的学习，是以浅学习为主，因为班级授课制以及按铃声上课的设计，要求所有学生统一步调，这样，学习必然是相对机械的。但是假期里，孩子可以自己安排学习内容和学习时间，这就让深度学习成为可能。因此，假期是深度学习最好的机会，而深度学习，能够让孩子步入良性循环，最终大幅度地提升学习成绩和自身能力。

顺便说一句，浅学习会降低孩子的学习兴趣和学习成绩，会伤害孩子的思维品质，甚至会影响孩子对生命意义的认识。举个例子，本来《西游记》是一本很好的书，但是，我们现在把它变成提取信息、摘录好词好句、写读后感，完全地浅化它，结果是什么？

深度学习，在小学、初中和高中含义完全不同。那么在小学阶段，文化课学习重点应该抓什么？

首先，是抓阅读和写作。

读写能力是孩子终身受用的能力，这个能力在小学阶段，培养的途径主要是大量读写。而平时学生时间有限，大量读写的最佳时间，就是假期。

小学低段，我强烈建议：(1）让孩子大量阅读，从绘本、桥梁书到初阶童书。桥梁书和初阶童书，可以用大声朗读的方法；(2）同时，根据老师要求，增加一定数量的长文挑战的训练，以孩子能接受的程度为宜；(3）最后，可以考虑让孩子录一定数量达到作品级别的讲故事视频，要求要脱稿。

小学中段，我强烈建议：(1）把海量阅读作为重中之重，挑战300万字

（约30本中等水平的童书）；（2）加强自由写作练习，每周至少一篇，最好2—3天一篇，甚至可以挑战每天一篇，每篇不少于300字。

小学高段，我强烈建议：（1）如果阅读量不够，就先保持足够的阅读量，读中高阶童书，把获奖的小说系列扫读一下；如果阅读量足够了，那么，开始向经典转移，尝试挑战阅读《西游记》原本或《水浒传》；（2）可以选择一本传记来读，例如《居里夫人传》或《海伦·凯勒传》。如果孩子喜欢艺术或体育，可以量身选择，例如《梵高传》《乔丹传》之类；（3）仍然要加强写作量。每周2篇是底线，也可以不断挑战，甚至每天挑战。字数以500字为底线。

其次，是抓英语的输入量。

为什么要抓英语的输入量？英语和语文一样，输入量是学习的关键，而不是做题。输入量不够，做再多的题目也是白搭。而假期，是增加输入量的最佳时期，能够极大地提升孩子的英语水平。英语和语文又不一样，语文是母语，重在训练思维能力；英语是外语，重在训练交际能力。这意味着英语在学科教学中，是对智力要求最低的，英语学习更依赖于外部的积累和激励，是时间堆积出来的。换句话说，只要努力，就能学好外语。

那么，为什么要在小学阶段，尤其是五六年级加强外语学习呢？有两个原因：一是语言学习靠积累，如果语文和英语在小学不强，到了中学很难弥补，这跟数理化还不一样；二是英语学习因为重在训练交际能力，所以，对智力要求不是很高，如果早期占据了优势，例如班里的优等生，就能够步入良性循环。反之，到中学要补，就会事倍而功半，越学越痛苦。而小学学好了，到了中学，信心大增，顺风顺水，特别有利于保护孩子的自尊心。

有一种传统的错误做法，就是发给孩子一堆题去做，例如寒暑假作业。寒暑假作业的意义在哪儿？有人想当然地说：复习、巩固、深化……可是，这些不应该在学期内完成吗？期末复习那么长时间，不就是完成这个任务的吗？期末考试结束，理论上讲，一学期的教学工作就完成了，怎么突然就冒出来一个寒暑假作业呢？几十年来，鲜有人认真地思考过这个问题。

理论上讲，寒暑假作业，不应该再复习上学期学习内容，这纯粹是为了填充假期而做的无用功，实际上，学生也很讨厌。但是，在三种情况下，寒暑假作业可以与学期内教学发生关联。

第一类情况，学期内教学没达成的内容，假期需要继续学习。（这还涉及我们如何看待测评的事）如果孩子在读一年级，到了假期，家长要问：这一学期语文教材上要求掌握的生字词都掌握了吗？要求默写的内容能够完全默写正确吗？数学的口算过关或者说达到自动化了吗？如果没有，假期就要继续学习。如果假期没有继续学习，问题就会被带到下学期。但是，这种继续学习，不可能通过寒暑假作业来完成。

因为继续学习的前提，是把问题识别出来。举个例子，家长可以在放假后几天内把一学期的生字词重新听写一遍，然后把孩子写错的生字词记录下来，让孩子重新学习和练习。在假期中，设置几个检测点，不断地减少不会的生字词的数量，到开学前，确保全部过关。这样，孩子下学期就可以轻装上阵，不至于把错误一直带到后面的学习中去。否则有些错误，小学毕业乃至终生都不会被纠正。

第二类情况，是为了下学期课程而进行的准备性学习，通常听老师的安排就可以了。例如，下学期要开设《西游记》课程，假期需要提前阅读全书，就属于这种情况。有时候老师也会布置一些预习工作，比如把下学期教材要求的必背古诗词，利用假期提前自学并背诵，都是有可能的。

第三类情况，则是属于专题性的加深学习。例如在假期，布置一定数量的数学挑战题，这是一种加深。如果作文差，针对作文进行专项训练，这也是一种加深。（当然，作文训练班我是不支持的。）

发展兴趣是什么意思？干老师写过一篇文章，叫《暑假是用来拉开差异的》。注意，是差异不是差距。为什么暑假主要是用来拉开差异而不是差距？实际上这是一种强调。暑假当然也是用来拉开差距的，否则就不会强调语言学习的输入量了。暑假拉开差距，主要靠的是打好地基，增加学习的宽度和深度。

为什么要强调暑假拉开差异呢？

无论学校里开设多少社团、兴趣班、校队，多么地强调学生的个性发展，通常都不要过于相信和依赖。为什么？因为学校的本质属性，仍然是提供标准化的公共教育服务，社团、兴趣班、校队，更多的时候是为有这方面特长的学生提供舞台，而不是训练。私立学校可能会提供一些标准化以外的东西，但也没有办法从根本处解决问题，因为会影响公共教育服务的质量。所以，在公共教育服务之外的部分，是由家庭组织和承担的。学校可以开设音乐课，学习基本的乐理，但是，学校一般不会开设钢琴课、小提琴课。

那为什么要发展兴趣？首先，不是为应试，不是为高考加分，不是为做艺体特长生，何况兴趣也不限于艺体，而是因为生命需要。如果孩子有某方面的天赋或兴趣（天赋不一定有兴趣，兴趣不一定有天赋），那么，在这方面进行拓展，就是孩子内在的需要，是生命的需要，是孩子的自尊和幸福的重要源泉，不是高考加分，是谈恋爱加分。发展兴趣要持之以恒，但是假期肯定是最佳的时段。

其次，兴趣会是孩子未来发展的第二曲线。你不能想象孩子将来只拥有考试能力吧？而且还不一定比别人强。因此，第二曲线让人生充满了弹性，充满了可能。

为什么我要强调承担劳动任务呢？

承担劳动任务包括哪些内容？做家务是最重要的。承担一些工作也是一项劳动任务，例如帮助父母完成一些工作任务，尤其是个体工商户，可以让孩子在某个时间段帮忙、体验。也可以鼓励孩子去做一些义工。

当然，也可以去学习一项技能。常见的技能有做饭（能做家常饭、能烧几道菜）、家政（专业地研究家务）、手机摄影（这和兴趣已经没办法区分了）……

我举一个例子，许多孩子没有理财的概念，甚至弄不清楚100元意味着什么。我女儿现在读研究生了，并且本科和研究生一直学的是金融，也没有。原因是什么？是家里从来没有给过她理财的概念。那么，理财的概念从什么时候应该教给孩子呢？从小学就应该给。当然，前提是家长也要有理财的概念。许多家长没有理财概念，网购成瘾，买了许多不应该买的东西，最终弄得自己还很紧张。我自己也有这种情形，工作太忙，就容易报复性消费。

没有理财的概念，结果是容易走极端。要么孩子觉得家里有花不完的钱，大手大脚，根本不在意；要么孩子觉得家里没有多少钱，在同学面前自觉低人一等，有内在的贫穷感。实际情况是，家庭与家庭之间财富差别巨大。但是，当家庭年收入达到一个水平线时，收入与幸福之间的关系就降低了。而绝大多数家庭的收入都在水平线以上。觉得自己穷，是心理因素和攀比的结果，而不是实际收入低的缘故；把自己弄得财务紧张，则是缺乏财务意识的结果。而财务管理的本质，就是用很少的钱，满足自己的主要需要，甚至活出高级感。这个过程，是要让孩子学习甚至参与的。

要跟孩子经常交流这些。例如，我们尽可能少买反季节蔬菜，而是什么季节吃什么菜，这样既节约成本，又确保了健康。几乎我们的一切需要都能得到满足，想吃的都能吃到，但是，没有必要支付额外的成本。想想看，如果假期里把筹划买菜的任务交给孩子会如何？

为什么要强调做家务和承担工作？因为这里所讲的和前面所说的兴趣是有区别的，是相对枯燥的，更多的基于义务而不是兴趣。

也就是说，这项任务与前面所有任务的最大的区别是，这项任务，不是以孩子为中心的，而是强调了为他人服务。为他人服务，能训练孩子的责任感，并为将来的职业做好准备，还有许多附带的效益。例如，通过这些练习，孩子对自己的生活会加强掌控感；孩子对怎么有头有尾地做一件事会形成相应的经验，内化为一种可迁移的形式结构；孩子容易走出自我中心，将自己的需要和别人的需要加以协调；孩子会更具有同理心和同情心。

你总不可能照顾孩子一辈子。替孩子做得太多，往往并不是真正为了孩子好，而是为了安放我们无处安放的爱。我们通过爱孩子来证明自己的价值，甚至是通过剥夺孩子的成长机会来证明自己的价值。

现在家校之间的模式是这样的："我会照顾好你的，但你要听话，按我的要求来做，因为这样对你最好。"这个模式是不健康的。健康的模式是这样的："我们各自承担自己的责任，但我会引导你、帮助你、纠正你。"

如果没有小学阶段的长期训练，那么，孩子到了青春期，乃至于成人后，你很可能要面对一个巨婴，不要说照料别人了，他甚至无法照料自己。

二、怎样管孩子，首先不是一个方法问题

多数家庭，要么不管，要么管不住，要么管死了。真正地实现“以帮代管”，而且亲子关系和谐的确实不多。问题出在哪儿？

我想先问一句：亲子关系不容易和谐，夫妻关系就容易和谐了吗？疫情期间，据说离婚率普遍上升，可见无论是和孩子在一起，还是和配偶在一起，都是一个挑战。婚姻真正的杀手，或者说离婚真正的原因，从来不是婚外恋，而是一天天的柴米油盐。各自上班还好，都在家里冲突的概率就大大地增加了。

关系为什么这么难处？因为，我们都既渴望对方，又惧怕对方。既想返乡，又想离乡。或者说，我们对家庭、对所爱的人都有一种矛盾心理。既想在一起，又怕在一起。如果因为疫情必须朝夕相处，那么，最好也保持合适的距离。所谓合适的距离，既指身体距离，也指心理距离，后者更为重要。

孔子有一句话，叫“唯女子与小人为难养也，近之则不孙，远之则怨”。这句话对女人很不友好，但是这句话里的“小人”，不是指贬义词的小人，也不是指小孩，而是指普通人，是与君子相对的人。就是说，普通人是很难相处的：太近不行，就失了分寸；太远也不行，就会产生怨恨。把女人也牵扯进来，是因为女人相对来讲不够独立，依附性较强。

我们来讨论一下，为什么近了不行，远了也不行。人与人之间，既不能离得太近，又不能离得太远，核心的原因，是人有两种相互对立的需求，对关系的需求和对自主性的需求。换句话说，我们既渴望在一起，又渴望独立。既要生活在一个家里，又要有自己独立的房间。我们的生活，总是在这两种需求之间切换。那么，怎么平衡和处理好这种需求呢？

我用两句话来概括：1.确立边界。2.提供价值。

“确立边界”是什么意思？

首先是说，要尊重每个人的独立空间。独立空间意味着什么？独立空间本质上是自主空间，就是哪些事情，是可以我做主，而不必受到干预的。

举些例子：

1. 我有一个空间，比如一个单独的房间，这是属于我的。如果你对这个空间的布置，甚至每一个细节都指手画脚，那么，就是对我的粗暴干涉，或者说，就是一种入侵，而入侵必定引发反抗。

2. 有一些时间是属于我的，不要随意介入我的时间。我想用这些时间来做什么，这是我的事情。如果侵占了这些时间，或者对我对时间的使用评头论足，那么，就是对我的粗暴干涉，或者说，就是一种入侵，而入侵必定引发反抗。

3. 有一些事情，是我可以决定的，无论我的决定是好是坏。如果在我的决定范围内，我的决定被干预、被评判，那么，就是对我的粗暴干涉。或者说，就是一种入侵，而入侵必定引发反抗。

其次是说，在公共空间里，要有公认的游戏规则。公共空间包括了哪些内容？（1）物理上的公共空间：厨房、卫生间、客厅。（2）时间上的公共空间：一家人在一起相处的时间。（3）决策上的公共空间：需要共同决策的事情。

不用我多说，大家可以想象，关系中的绝大多数冲突，是越界导致的。我举几个例子——

冲突场景1：

父母：你看你的房间，乱成什么样子了？你是猪吗？

孩子：这是我的房间，关你什么事？

冲突场景2：

父母：都几点了，还不睡觉？还在看手机？

孩子：现在放假了，我晚睡一会儿不行吗？

冲突场景3：

父母：你看你买的这件衣服，要多难看有多难看！

孩子：我买什么衣服都要你管，是我穿，不是你穿，好吧?!

冲突场景4：

父母：洗碗去，不要只知道吃！

孩子：凭什么我洗？那我不吃饭行不行？

前三个场景，都涉及私人领域；后一个场景，涉及“公共领域”。

提供价值意味着什么呢？作为父母，我们能够为孩子提供哪些价值？

第一类，我们能提供生活价值或生存价值，换句话说，为孩子提供基本的生活资料。第二类，我们能提供情感价值或情绪价值，换句话说，我们能让孩子感觉到被爱。第三类，我们能提供指导价值或智力价值，换句话说，我们能为孩子的人生提供指导。

这是三种不同的爱。第一类，动物都会。第二类，哺乳动物才会。第三类，只有人才会。我们经常把第三类爱，分为母性之爱和父性之爱。孩子生活得幸福不幸福，在很大程度上取决于母性之爱，孩子有没有成就，在很大程度上取决于父性之爱。缺爱的孩子不容易幸福，缺指导的孩子不容易成功。

现在我们重新回到主题：假期里，应该怎样管孩子？

我们已经讲了原则，就是“确立边界，提供价值”。显然，我这里所说的价值，主要是指第三类价值，就是指导价值。但是如果没有以“确立边界”为前提，孩子不会接受你的指导。

那么，怎么“确立边界”呢？“确立边界”难在哪儿？首先难在我们的深层观念上，我们总以“我这是为你好”作为名义，对孩子进行没有边界的控制。并且，让孩子无路可逃。

确立边界的原则是什么？确立边界，有三条原则。

原则一：属于私人领域的，孩子做主；属于公共领域的，确立规则。原则二：界定不清楚的，以说理的方式来裁决；裁决不下的，父母说了算。原则三：在执行中，既要坚持原则，又要保持必要的弹性。

为什么要把终裁权放在父母这里？这是要跟孩子经常讲清楚的。因为从法律上讲，父母是你的监护人。因此，你的一切民主自由，都是有尺度有边界的。你只有彻底成人，从年龄和经济上独立自主了，才拥有完全的自由。背后的原理，就是对等原则，自由必须以理性为前提。

我举个例子，在假期里，孩子必须完成的任务或必须履行的义务包括：

1. 完成学校老师布置的学习任务。（这没得商量，可以搬出《中华人民共和国义务教育法》跟孩子讲。）2. 完成和父母约定的学习任务（比如课外班，以及额外的挑战）。是否可以有部分父母强制的任务？可以，但是要慎重，而且要讲明白。3. 在规定的时间范围内，必须处于学习状态。（这实际上是训练孩子的精力管理）4. 在规定的时间内，不能接触手机或其他电子产品。5. 承担约定的家务。（主要是洗碗、清洁、倒垃圾等无价值纯义务劳动，甚至可以对家务细节做出规定。）

作为孩子，享受的权利包括：1. 我的房间，我做主；2. 约定之外的时间，由我支配；3. 可以使用手机、电子产品的时段，父母不得干预。

边界确立好了以后，提供价值，本质上就是提供支持。举个例子，如果孩子的房间很乱，怎么办？你可以给孩子一些建议，这就是“提供价值”。但最后是不是收拾房间，是他的事情。而且，你不必经常为他收拾房间，甚至不必为他收拾房间，除非约定的家庭大扫除。

事情显然没有我说得这么简单。那么，复杂在哪里？

复杂在边界是流动的，我们和孩子都控制不住越界的冲动。而且，许多事情是说不清楚的。问题在于这是好事，还是坏事。其实，正是这些说不清楚的事情，弄不清楚边界的地带，才是我们和孩子共同学习的空间。当我们希望通过一些简单的技巧来控制孩子的时候，我们的控制欲才是问题的根源。

仍然以收拾房间为例。如果孩子长期不收拾房间，那么，你没必要指责他。当你指责孩子的时候，你以为你是为他好，根本不是这样的，你只是在发泄自己的情绪，是一种本能反应。觉得为他好，只是这种本能反应的事后解释，以便使你的本能反应合理化。但这样做并不具有合理性。

你可以跟他说：

1. 我刚才路过，看到你房间里非常乱，地上都是垃圾，桌子上摆满了碗，床上堆了不少衣服，鞋子也到处都是。（描述现象，不带情绪。）

2. 这样的话，就会降低你的学习效率，降低你的生活品质，更重要的是，会潜意识里影响你的自尊。毕竟，我们和环境是相互影响的。（描述可能的后果，建立因果关系。）

3. 我建议，你可以为自己的房间规定一个尺度。除了定期收拾（可以请我协助），养成几个小习惯：垃圾扔到垃圾桶里，满了就倒；偶尔一穿的衣服随手挂在柜子里；鞋子始终放在门口；吃完饭立刻把碗放回厨房。（给出建议。）

4. 如果需要我提供监督，我很乐意。（提供帮助。）

孩子可能会说：这是我的房间，你管不着。你需要非常有耐心地说，的确如此，所以妈妈刚才跟你说的话，不是要求或命令，而是建议，你能听出分别吗？如果听不出来，以后可以直接问我：妈妈，这是要求呢，还是建议？要求意味着必须听，建议意味着可以不听。

还以收拾房间为例。如果房间里果皮纸屑长期堆积发出难闻的气味呢？这时候就要跟孩子讲，当你的房间里发出臭味，这就不是你个人的问题了，而成了一个公共问题。所以，你必须处理它，并养成习惯。

注意，孩子能不能收拾清爽房间，不是问题的关键。毕竟，多数孩子平时就没有收拾房间的习惯，这也没有什么大不了的，不必耿耿于怀。重要的，是这种澄清和交流的过程。

如果孩子拒不履行应该他完成的任务呢，家长要守住底线，温和而坚定地坚持。温和是指坚持原则，不能以严重的亲子冲突为代价，不能以损害孩子的面子为代价。坚定是指要竭尽所能地达到目标。

怎么办？一是尽可能不用惩罚，而用说服。二是惩罚尽可能对等，不动情绪。尽量避免“你今天非把这个活干了不可，不然我跟你没完”这样的博弈心态，而要退让一步：“你现在可能忙，或者心情不好，那么，你给个时间，什么时候完成它？”因为孩子往往只是不满你附带的情绪，并不是事情本身有多难。

一定要惩罚时，就要说理在先：“你本来应该如何，结果你没有。我反复提醒过你，但是问题仍然没有得到解决。为了公平起见，本来我打算让你如何，现在也取消了。但是，不会影响其他承诺的事情。”

这是一个我们的个性与孩子的个性相互适应的磨合过程。最终，不是谁压倒谁，而是达成一个双方都觉得舒服的边界，以及相处模式。这里面的技巧，是逐步和孩子一起摸索的。例如，在约定的学习时间内，电子产品放在哪儿，要不要放在客厅里，都要达成共识。

如果平时父母上班，孩子一个人在家里呢，怎么办？可以采用结果控制，即父母回家后，直接检查白天你一个人在家时的作业。多跟孩子分享管理电子产品的必要性和技巧。如果孩子不自律，自己也知道不自律，则实行手机管控。极端的情况，可以在客厅安装监控，然后孩子在客厅里学习。只要和孩子约定好，没有什么不可以的。

说了这么多，重点是把边界意识变成一种习惯。而这是一个漫长的过程，在这个过程中，浪费与冲突不可避免。

先试着彻底地根除（当然不是一次完成的）两个想法："你要听我的话！"——想要控制孩子的想法；"有什么办法能让孩子听话？"——企图用某个招数达到目的的想法。

同时，要树立两个思想：哪怕一个假期浪费了也没关系，天塌不下来；既然决心帮助孩子过好假期生活，我就要尽可能地投入时间。

根除两个想法，树立两个思想后，不妨把每一个假期都当成一个学习过程，直到形成健康的交往模型，以及与孩子达成了默契。这种默契，会让孩子受益终身。如果今天只是寻求技巧，那么，根本就没办法解决问题。（将对错与感受协调起来，才是管理的艺术）

三、追问：我们究竟要建设怎样的家庭生活

我们讨论了假期应该让孩子干什么，讨论了假期里应该怎样管孩子，但是，有一个问题经常会被忽略，那就是我们究竟想要建设怎样的家庭生活？

回顾人类历史，家庭是伴随着私有制的产生而形成的，本质上是一个经济共同体，以抵御风险。过去之所以盛行大家庭，动辄几世同堂，就是因为船大了，在那个社会中行驶就会变得稳定。因此，夫妻感情是不重要的，门当户对主要是出于经济学的考虑，不要说父母之命，甚至可以指腹为婚。确保这条船持续航行是最重要的，所以，"不孝有三，无后为大"。

到了现代社会，因为经济结构的变化，年轻人在经济结构中开始居于主导地位，这导致了大家庭的解体，同时，基于爱情而建立的婚姻和家庭也成为潮流。原来老年人是居家庭的主导地位的，像《红楼梦》里面的贾母，贾政那么大的官，在她跟前唯唯诺诺。但到了现代社会，尤其是像美国这样的社会，老年人的孤独已经成了一个普遍现象。

也就是说，当父母与子女构成一个家庭的金三角时，老人是居于从属地位的，是发挥余热的，例如带带小孩之类。这时候，年轻父母的压力就会特别大，特别焦虑。除了生存压力，例如工作、买房等，还有教育压力，即怎么让自己的孩子出人头地。我们所谓的社会分层，就是在这个背景下

形成的，而中间层，往往是最焦虑的。

在这个过程中发生了许多事情，例如农村人口向城市的大量转移，或者说城市化进程加快。还有网络时代，尤其是电商时代的来临，整个社会在激烈地重组，并且这似乎已经成为常态。或者说，压力大大增加是常态。同时，整个社会物质空前富足，也是一个事实。今天绝大多数家庭，至少可以保证成员衣食无忧。

换一句话说，在我父母的年代，活下来是关键。能养活一堆孩子活下来，就是胜利。因为那是一个匮乏时代。在匮乏时代，竞争是惨烈的。然而现在是一个富足时代，如果仍然延续匮乏时代的思维，是否合适，这是一个值得思考的问题。

如果说“吃得苦中苦，方为人上人”是那个时代的教育写照，那么，我们这个时代呢？或许“各美其美，美美与共”，才应该成为写照。一句话：我们更应该发展一种生态化的教育观。在这种教育观中，健康的竞争，与健康的合作应该被平衡起来。

我们对孩子的期待应该是——充分地发展自身的可能性；与他人充分合作，尽可能地帮助他人，欣赏他人的成就并积极学习；发展自我省察能力，不断地完善自我，并追求生命意义。

“充分地发展自身的可能性”包括两个层面：一是核心能力的发展，像我们所谓的读写能力就是核心能力；二是个性的发展，就是发展自己的独一无二性。

“与他人充分合作，尽可能地帮助他人，欣赏他人的成就并积极学习”，就是说，不要让他人成为自己的诅咒，或者自己成为他人的诅咒。

举个例子，孩子回家说：“妈，我们班那个谁谁谁数学可厉害了，很难的题目都能做出来，每次都考100分。”请问，你怎么反应？

你可以说——你也好好努力，争取超过他。他数学确实不错，但是宝贝，你的语文比他强呀。

这两种反应，都是建立在比较之上，容易导致三种结果：自卑、自大、逃避。并且，这样形成的人格，往往同时具备这三种反应模式。

你可以问——那么难的题目他也能做出来，而且数学考试每次稳定得100分，你有没有思考过或者问过他，他是怎么做到的？你觉得你要做到每次100分，需要做哪些调整？

孩子的认知有时候很有意思，比如，他们可能会说："我觉得他比我聪明。"或者说："我觉得我比他用功，可是成绩不如他。"

我们跟孩子讨论的时候，有一条核心的原则，就是要让所有的指导，朝向成长型思维。例如，我们可以说——

"是的。有时候看上去，有些人比另外一些人聪明一些。比如，他可能在数学上比你聪明一些，你可能在语文上比他聪明一些。但是，这"一些"是微不足道的，因为真正决定他的成绩的，是他的热爱和努力。很多时候，正是因为他的热爱和努力，让他在面对数学的时候显得比别人更轻松，从而加深了别人觉得他聪明的印象。"

事实是，任何领域，只要我们有足够的热爱和投入，都能够达到极高的水平。如果你热爱数学，你就应该以他为榜样，像他一样付出热爱与努力。但你的努力不是为了打败他，而且，因为他一直在努力，你还不一定能打败他，你的努力，是为了成全你对数学的热爱，以及成全你更为遥远的梦想。所以，你要对他表示敬意，能成为朋友是最好的，并且，学习他身上有价值的部分。

如果这样定义的话，对孩子来说，失败意味着放弃，而只要不放弃，人生永远没有失败可言。这样，别人也不会成为自己焦虑的源泉，反而会成为自己奋斗的动力。

"发展自我省察能力，不断地完善自我，并追求生命意义。"就是说，我们不但要教孩子怎么达到目标，而且要帮助孩子不断地完成认知升级，即对自己的学习方式、生命态度、价值观和人生意义，不断地进行省察。这样，孩子就会不断地自我调整，持续地迈向人生的幸福。

▶ 生活篇：

父母怎样帮孩子正确生活

孩子打架了，家长怎么办

打架分两种情况：一种是校园欺凌，这就比较严重了，需要老师和家长介入，以保护学生为出发点，进行严肃处理；一种是日常的冲突，往往也不严重，就是三言两语不合，或者有一些积怨，彼此看不惯对方，就动了手，通常也不会有什么肢体上的伤害，或者说伤害主要是心理层面的。这里说的主要是后一种情况。

一、怎么定义孩子间的肢体冲突

校园欺凌会给孩子的生命留下阴影，有时候可能是不可逆转的，这要特别注意。但一般的冲突，却是孩子发展的一部分。换句话说，这是一种非常自然的社会化学习。从一个方面看，它是消极的，毕竟是问题，在一段时间内会影响到孩子的人际关系、心理状态甚至学业；但从另一个方面看，它是积极的，孩子正是通过这些冲突来理解周围的人、理解自身，以及理解彼此的关系。

孩子处理这些冲突的方式，尤其是对冲突本身的理解，将会对孩子以后走上社会产生潜在的且深远的意义。（值得提醒家长的是，孩子往往对一般冲突会有强烈的反应，但是对欺凌却容易保持沉默。）

一般冲突的起因，在成人看来往往都无关紧要。它可能源于因物品所有权发生的冲突，不恰当的玩笑或语言中伤，小团队中因为亲疏远近引发的孤立，意外碰撞，求助受挫，未被关注导致的愤恨、嫉妒……

在小学高段和中学（尤其是初中），这种冲突会大量增加。这种冲突与自我发展有关，涉及孩子或孩子之间潜在的权力之争、自我认同（自我同一性）、社交焦虑等问题。最核心的潜意识诉求，就是求权力、求关注、求意义。有时候，我们会把这些问题称之为“青春期问题”。

一般的老师，面对这种不稳定状态，自然而然地会习惯于“维稳”。哪怕在小学，涉及六年级的学生管理，也会自然而然地倾向于“稳定压倒一切”。一般的家长，或者倾向于“维稳”，觉得这没多大的事儿，要么就不分青红皂白地介入孩子之间的争执，甚至将这件事演变为家长之间的争斗。因为在丛林法则里不吃亏是一条重要原则。大家似乎没有意识到，这些冲突，不仅仅是麻烦，换个角度讲，正是可以利用的教育资源。如果孩子经由这些资源而进行体验式学习，那么，对孩子未来解决问题，将产生多么大的价值啊。

二、冲突的一般过程

一般来讲，孩子打架了，双方往往都有责任。如果有一方完全没有任何责任，要么是很深的误会，要么就是典型的欺凌。

冲突总有一个起因，我们可以称之为第一推动力。假设两个男生在踢球的时候发生了肢体冲撞，从而导致了赛后的打架事件，那么，这个肢体冲撞，就打破了原先彼此关系的稳定状态。孩子们怎么处理这种不稳定状态，让它恢复平衡，就是一个关键问题。

在这里，孩子往往会经历从情感到认知的不断循环的反应链：1. 情感——感觉很不舒服；2. 认知——对方一定是故意的；3. 情感——生气、愤怒；4. 认知——他必须向我道歉，或者我要让他知道我不是好惹的。

这只是表面上的反应链，潜意识里，则还有一个自我认同的问题。就是通过这件事，“他人如何看待自己”以及“我如何看待自己”的问题。我被人如此欺负，是表示我是个无足轻重的人吗？孩子原有的自我认知会失去平衡，他会以某种方式寻找平衡。

然而，冲突是双方的，每一个孩子的反应链，都在与冲突另一方的反应链相互纠缠。这种纠缠可能导致冲突平复，也可能导致冲突升级甚至形成蝴蝶效应，小事情演变成大冲突。

另一个孩子可能意识到在冲突中，自己是主动方，对方是被冲撞方，然后用道歉来解决问题，平息对方的愤怒。而道歉这种行为，平衡了对方的自我认知（“他是如何看待我的”），从而引向了和解。但也有可能，作为冲撞方，对方并没有采取道歉行为，反而进行了回击。这里有两种情况：一种情况是，对方意识到自己是冲撞方，有责任，但对方不接受你的情绪，所以采取了对抗的方式，一旦对方采取对抗的方式，就会在认知层面转向自我辩护，例如：“球场上怎么可能没有冲撞？你也有责任，因为……”。另一种情况，是对方并不觉得自己有错，因为两个人对冲撞的理解有非常大的差异。在对方看来，这只是“技术犯规”，而你的反应过激了，是蛮不讲理。于是，各执一词，冲突就可能相互叠加而加深。

对孩子来说（其实成人也是如此），情绪先于认知，总是先有情绪反应，再试图在认知层面证明情绪的合法性（这是自我同一性的需求），这往往让冲突成为死结，让和解变得不可能。

显然，这不是老师想要的结果（或许是有些家长想要的结果）。因为这归根结底变成了权力之争，权力之争总是你输我赢。然而，谁能保证你的孩子一直赢呢？而且，这也是一种缺乏安全感的赢。

三、老师和家长常犯的错误

老师和家长在处理孩子冲突问题时，容易犯哪些错误呢？

先请大家思考一个问题，作为成人，在介入孩子的冲突时，我们的角色究竟是什么？我们如何认识这些冲突的性质？孩子之间的冲突，是麻烦，还是契机？我们的角色，是警察，还是牧师？孩子的错误应对，究竟是个态度问题，还是个能力问题？我们最终的目标，是惩罚孩子以减少问题，还是鼓励孩子自己承担责任？最重要的是，解决问题的主体是成人，还是孩子？

老师和家长在面对冲突时，第一反应往往是试图判断谁对谁错（就是警察思维），事实当然需要澄清，真相当然需要探索，但是单一维度地寻找肇事者，会引发太多的问题。很多时候各执一词，讲不清楚，最终总有一方不满意，或双方都不满意。

伴随着谁对谁错而来的，是对犯错者的指责。这种指责会引发两种可能的反应：一种是内疚或自我谴责甚至自我贬低，一种是更强烈的对抗尤其是心理对抗。而以后一种更为倔，你让我道歉可以，写检讨书也可以，罚站也可以，但我心里就是不服。

警察思维，有时候还会将孩子之间的冲突，上升为家长之间的冲突。有些家长深信丛林法则，总怕孩子吃亏，所以不遗余力地介入，充当孩子的保护伞。问题是你能保护他一辈子吗？相反的，有些家长却觉得多大点儿事，至于这么大动干戈吗？就教育孩子要宽容，宰相肚里能撑船，不要动不动就与别人冲突。但对孩子来讲，你认为的小事，可能是天大的事，稀泥抹光墙，但问题没有被解决，只是被搁置了。

最重要的是，我们试图解决孩子之间的问题，而不是鼓励和协助他们自己解决自己的问题。结果，孩子丧失了一次潜在的深度学习机会。

四、孩子打架了，家长怎么办

再次重申，这里不涉及校园欺凌和严重冲突（例如产生了身体伤害，可能涉及法律问题），仅指孩子之间的一般冲突。

孩子打架了，家长怎么办？

这里要讨论两个层面：一是观念层面，二是操作层面。

在观念层面，我们要形成一些共识：孩子之间的冲突有必然性，它既是麻烦，更是提升孩子社会化水平的契机，要利用它来让孩子经历深度学习；解决问题的主体应该是孩子而不是家长，家长扮演的是支持者的角色，包括心理支持与技术支持；家长的支持，应该既着眼于问题的解决，更着眼于孩子解决问题能力的培养。

在操作层面，以下建议仅供参考。

第一步：问孩子，你自己能解决吗？是否需要父母的协助？

如果孩子认为自己能够解决，家长就不要介入。哪怕孩子解决方案有诸多问题甚至是完全错误的，孩子也可能通过自然后果来反思，不要自作聪明地给孩子非常细节的建议。孩子解决问题的能力，必须从他们自身内部生长出来。

然而，许多孩子不会告诉父母这些，他们倾向于自己解决问题，是因为告诉父母的结果，或者是父母大惊小怪，或者是自己倍受指责。这意味着与父母的信任关系没有建立起来，原有的模式存在问题。那么，父母可能需要长期做出调整，重新赢得孩子的敞开心扉。当然，这很难，因为有一批家长是焦虑型的，倾向于控制孩子。哪怕认识到了危害，也无法改变。

第二步：如果孩子告诉你发生了冲突，那么，首要的是尽可能获取更多的信息。

防止出现这些反应：立即责怪孩子；立即责怪老师或对方孩子（甚至包括对方家长）。因为人都是自我中心主义者，孩子对冲突的描述一定是变形的，代表了他的一个心理故事，而在冲突的另外一方那里，这个故事一定是另一个版本。我们的目的是尽可能地寻找或还原第三个版本（旁观者版本）。

在这里至关重要的是防止产生情绪和评判，而应该通过提问不断地修正故事。提问的过程，也是帮孩子修正故事的过程。

第三步：在充分倾听后，与孩子讨论冲突。

对冲突的讨论，通常涉及几个方面：

1. 事实是什么或可能是什么？

我们可能忽略了什么？如果我们是冲突的另一方，我们对事实的理解可能会有什么差异？对方的理解合理吗？差异是怎么产生的？

2. 我为什么会有这样的感受？对方可能有什么样的感受？双方的感受来源于哪里，差异是怎么形成的？

3. 我是如何认识这个问题的？对方是如何认识这个问题的？这个问题还可以怎样认识？

4. 这个问题有多少种解决方法？这些解决方法各自的优缺点是什么？怎样的解决方案是最适合的？如何将短期后果与长远后果结合起来思考？

第四步：鼓励孩子制作解决方案并付诸实施，并在实施过程中给予指导。

所有的方案都是一厢情愿的，因为你不知道对方的反应。所以，需要不断地观察对方的反应并进行调整。如果孩子觉得需要，可以不断地与孩子在过程中进行讨论。对我来说，这本身就是一个极好的训练过程，至于问题解决的程度，并不是最重要的。

第五步：如果孩子解决不了而问题又必须被解决，则家长介入。这种介入，包括与老师以及对方家长的沟通。

五、写在最后

真实的生活当然并没有这么简单，但我们仍然可以逐渐地形成一个问题解决的框架。这种框架，或许是孩子一生成就的重要基石。

最后，还要补充说明几句。有教养的家庭，会为孩子的言行树立底线（底线就是可以不断解释，但必须遵守的东西）。例如：

1. 在任何情况下，不说脏话。

2. 非暴力原则。即不用打架的方式解决问题，哪怕是对方犯错。这种原则有例外，就是可以正当防卫，以及在遭遇欺凌的情况下使用武力。

要注意一种情形，就是自己的孩子特别容易跟别人起冲突，而每次都认为是别人的错。那么，这往往跟孩子的认知模式有关，而且这种认知模式伴随着情感体验。严重的情形，会形成一种“眼镜蛇”型人格（无贬义，仅指生命类型）。这则需要长期进行矫正。而能否矫正到可以接受的范围内，跟成人与孩子的相处模式息息相关。

另外，对一所学校来讲，要将培养学生解决冲突的能力当成重要的能力来培养。这需要对教师进行相关的培训，对家长和学生进行相应的指导。

孩子要住校了，当妈的一百个不放心

母子一场，实际上就是一个不断“目送”的过程，其核心是分离。分娩是一次分离，断奶是一次分离，分床是一次分离，寄宿是一次分离，青春是一次分离，成家是一次分离。为什么要分离？

因为孩子必须到广阔的世界里去，去生存、交往、创造，去发展生命之种种可能性。拒绝分离的家长，往往会培养出各种类型的“巨婴”。以为孩子好的名义，不恰当地干涉孩子的校园生活、人际交往、职业选择乃至于择偶，这样真的好吗？支持与干涉，是完全不同的两种方式。

先不说这些，迫在眉睫的是孩子要住校了，父母怎么办？

有一些流传甚广的鸡汤文，讲寄宿的危害谬误多多，将开学时期的关键定位于寄宿还是不寄宿，甚为滑稽，以后再批驳。今天跟大家说说，孩子确定要住校了，孩子和父母，怎么顺利地完成这个过渡。

一、孩子要住校了，会怎么想

每一次成长，都伴随着疼痛；每一次分离，都伴随着焦虑。疼痛和焦虑，并不都是不好的东西。

孩子的焦虑和退缩，是在分离面前的本能反应。在成人看来，这或许只是一次普通的变化，从家里住到了学校里。但对孩子来说，这却可能是一场“英雄的旅程”。

虽然，有的孩子选择了主动上路（妈妈，我今晚就想住到学校），有的孩子选择了被动上路，但无论哪种情况，都意味着孩子离开了熟悉的王国，要踏上一段冒险的旅程，并最终打败内外的敌人，建立起自己的王国。于是，小狮子王加冕，成为国王，直到下一次流浪……

显然，只要上路，就会遇到…… 你以为是“隆重的庆典”？《犟龟》看多了吧？只要上路，就会遇到“可怕的巫婆”！

孩子首先遭遇的，是安全感的丧失。在重新建立安全感之前，孩子必然是恐惧的、焦虑的。问题的严重之处在于，这种恐惧与焦虑，绝大多数情况是潜意识的、本能的，孩子能够用全部的生命感受到，却无法用语言向成人传达，除非你能解读它。

注意，“巫婆”已在路上，危险即将来临。那个说“妈妈，我今晚就想住到学校”的孩子，很快就会打电话给你：“妈妈，马上过来接我回家！”

二、轻而易举的小事都可能给孩子造成困难

在继续往下讲之前，我先讲最近听到的一个小故事。

学校在入学测试的时候，有一个孩子拿笔一直在手臂上画，老师过去问：“你是不是没有草稿纸了？”孩子点点头，老师拿了草稿纸给他。

在成年人看来有点不可思议，要一张草稿纸有什么难的？但孩子宁可在手臂上密密麻麻地演算，也因恐惧而无法张开嘴。这个故事之所以让我印象深刻，是因为我仿佛看到了童年的我。一直在学校待了多年，考试的时候，我都尽可能地节约纸张，避免向老师提出请求。什么意思呢？成人觉得无足轻重轻而易举的小事，都可能对住校的孩子造成困难，“巫婆”不只是事实，更可能是孩子心造的幻影。做老师的，谁没经历过这样的对话？

“你为什么不做作业？”

“铅笔断了。”

“为什么不自己削？”

“忘记带削笔刀了。”

“为什么不向同学借？”

……

许多孩子的反应就是呆呆地坐在这里，甚至是习得性无助。那么，在宿舍，孩子可能会遇到哪些问题？

1. 生活问题。

洗漱、如厕、生病（感冒或肠胃不适）…… 有时候甚至是不会使用生活设施，或没听清楚老师的叮嘱，都可能是孩子遇到的问题。当孩子想上厕所时，有人在洗澡；或者准备上厕所，发现妈妈没准备手纸；或者已经上了厕所，发现没提前拿出手纸。这些时候，有的孩子的内心就是绝望的。如果还有尿床等问题呢，孩子的内心必然是崩溃的。

2. 交往问题。

如果不加指导，那么，在宿舍和教室里，将很快出现领导者与顺从者。在极端的情形下，还会出现施虐者与受虐者的组合。所有的这一切，都极有可能在一年级就开始出现。人际交往是一门必须加以指导的功课，大多数学校教不了，而且意识不到要教这个，这是家庭应该重点介入的。

一般来讲，孩子总会有轻度的社交恐惧症。再加上一群自我中心主义的孩子生活在一个狭小的空间里，必然像不同王国的国王面临资源争夺一样。谁先洗漱？谁先如厕？各种问题层出不穷，虽然在大人乃至于生活老师看来，都是些鸡毛蒜皮。但正是在这样的鸡毛蒜皮中，孩子在形成自己应对世界的模型，这将在很大程度上决定孩子未来是什么样的人。

总之，此刻他们只是遇到了形形色色的人，来自不同的“国家”。然后，“鳄鱼怕怕”“牙医怕怕”…… 面对危险，战，还是逃？孩子的第一反应多半是逃。“妈妈，我要回家！”

三、什么是帮孩子适应住校生活的正确姿势

孩子的焦虑传染给了父母，父母也焦虑不安。

在焦虑不安的状态下，父母很容易采取两类措施：一是频繁地接孩子回家，结果孩子养成了依赖，不断地以逃避住宿的方式应对住宿问题；二是一狠心，扔进学校，随他哭喊，反正这是一个必然的适应期，他慢慢就适应了。

的确，你只要不顾孩子的意志，让他无路可走，就像把一个不情愿的小动物扔进斗兽场，他也会慢慢地活下来，并逐渐适应。但这里存在两个问题：一是你放弃了一次指导他学习的机会；二是他很有可能形成了一种有害的适应模型。哪所学校没有从家里拿东西贿赂同学的孩子？

那么，什么是帮孩子适应住校生活的正确姿势？好吧，现在坐端正，打开书，看看童话里是怎么讲的。

几乎所有的成长童话中，都至少有一个帮助者。可能是一个好女巫，可能是一个智慧的老人或动物，可能是留下来的锦囊或父母的幽灵……然而，所有的童话都在暗示孩子，路必须自己走，困难必须自己克服，帮助者是为了支持你，而不是为了代替你。因为代替你，成长就无从谈起。

帮助者有两个类型：一类帮助者，给你安全感，抚慰你，在你饥渴的时候给你食物与水，以及一张舒服的床，告诉你没有关系；一类帮助者给你方向，引导你、激励你，告诉你要有战胜困难的勇气。

很显然，这代表了成长中的两股力量，其原型是母性之爱与父性之爱。这也意味着作为父母，我们要给予孩子两类帮助：接纳他，发展他。智慧的父母，就是要在这两股力量之间保持平衡。否则，孩子的小船说翻就翻。

当然，班主任和生活老师，也是十分重要的帮助者。不过，那是另一个话题。毕竟，大多数学校，班主任或生活老师意识不到这些问题，父母不补位，谁补位呢？

四、父母要协助孩子策划宿舍生活

那么，父母如何成为一个合格乃至出色的帮助者？

注意，我要画重点了——不要只做救火队员，而要协助孩子策划宿舍生活。

第一步：进行住宿生活策划

可以使用一些工具、思维导图或者清单，小学一年级新生都可以使用。清单需要考虑如下问题：

要适应宿舍生活，我需要购买哪些基本的生活物品？一旦遇到麻烦，我怎么跟生活老师、班主任以及家长进行沟通？和同学住在一起可能会遭遇哪些问题，我应该如何应对？

（这些问题中的任何一个，都可以独立写成文章，以后会写，为节约篇幅，在此不赘述。毕竟，这篇文章重点是帮家长理解自身的角色，而不是提供细致的方法技巧。）

策划的过程，是通过漫长的讨论（你可以花很多天，每天花点时间），来帮助孩子一点一点地完善思维。你可能习惯于包办，给孩子一次准备好，可是，为什么不把住宿这件事转变为一个学习过程呢？

而且，在这个过程中，要有意识地尊重孩子的选择权。有些选择，例如书包的颜色之类，何苦一定要代替孩子？

列清单。讨论。完善清单。执行。

第二步：与老师沟通

尽可能分别与班主任、生活老师进行沟通。沟通的目的有两个：1. 了解必要的信息；2. 提出合理的请求。

必要的信息，除了作息时间表及设施情况，还要了解一下洗漱、如厕、饮水、医疗等细节。然后重点是：1. 加生活老师微信并留下联系方式；2. 了解是否允许孩子带手机，什么时候可以使用手机，如果不带手机的话孩子在什么时间段可以与家长联系等信息。

这主要是为了保持渠道畅通，是解决问题的基础。

然后，你可以提出一些请求：1. 孩子遇到任何问题，请最好同步告知家长；2. 孩子每周在学校的情况，在住校的开始一段时间内，请让家长知情。

第三步：与孩子沟通

已经协助孩子准备好了必要的物品，也帮孩子熟悉了流程。与孩子最后的沟通，其实就是一些叮嘱吧。

核心是遇到问题找谁解决，怎么解决。

1. 和同学相处要注意哪些事项？（列举）2. 遇到问题怎么向老师求助？3. 在什么情况下可以考虑联系爸爸妈妈？ 4. 在什么时间，如何联系爸爸妈妈？ 5. 紧急情况怎么办？

孩子了解了可能面对的困难，并且有了相应的指导，遇到问题第一反应找父母的可能性就大大地降低了，而且孩子还会特别有成就感。

完成了上述几步，孩子或者说“年轻的国王”，就相当于拥有了魔法、工具或军队，他会变得更加自信，更有勇气踏上战场，去赢取胜利。

五、怎么安抚孩子的情绪

良好的准备，能够避免大多数不必要的麻烦。但是，仍然有解决不了的问题。例如，孩子哭闹着说：“我要回家！我不要住校！”家长怎么办？

不要试图说服孩子，首先接纳他的情绪。不但要耐心地听孩子说，而且要通过提问的方式引导他尽可能地说，帮助他把焦虑和不安宣泄掉一部分。有些时候，孩子只是需要有人倾听，自己慢慢就安静了，问题就解决了。试图说服孩子，会进一步地激发他的负面情绪，从而让他变得更紧张。

等孩子安静下来后，跟孩子讨论现状。可能孩子无法安静下来，也至少要等到稍微平静一些的时候再讨论。父母要搞清楚的是，孩子不愿意住校的关键究竟是什么，或者是什么诱发了这种行为？

如果并没有什么特殊的事件，只是一种分离焦虑，那么，就需要跟孩子来讨论：

1. 哪些事情或原因让你不想住在学校？（帮孩子自我澄清）

2. 还有没有其他解决问题的方案？例如，跟老师进行沟通？

3. 父母现在接你很不方便，你觉得自己能坚持到周末吗？

如果没有特殊的原因，孩子又十分固执，则可以根据情况考虑是否进行谈判：

1. 你今晚挑战一下，如果到明天，你觉得还是很难适应必须回家，那么，明晚我接你回家好吗？

2. 如果我今晚接你回家，那么，明晚一直到周末，你都必须待在学校里，可以吗？

3. 如果你今晚能坚持下来，一直坚持到周末，我就带你去……

如果种种招数用尽也没办法，那还是接回来吧。尤其是孩子如果伴随着肚子疼等疾病（实际上是心理压力所致，并非疾病），那么更要接回来，重新学习适应。

安抚好孩子后，要及时与老师保持沟通。其实无论孩子是否被安抚好了，都要事后与老师进行沟通。沟通的目的很简单：孩子需要更多的关注。同时，也需要积极反馈。

如果孩子能够经常被关注，被嘘寒问暖，那么，他就会减少分离焦虑，更快地融入；如果孩子的每一分坚持都能被看到并被激励，那么，孩子就有了更多的坚持下去的勇气。

遗憾的是，会闹的孩子有糖吃，老师的注意力往往被熊孩子吸引，而无法做到关注每一个孩子，尤其是内向的胆怯的孩子。那么，家长经常地沟通和介入，就会帮孩子赢得关注。

慢慢地，孩子适应了，宿舍不再是他乡，而成了他的领地的一部分。这从本质上意味着他已经能够扩大原来的疆域，在家庭之外重建生活。当然，这一切并没有结束。孩子现在开始需要学习高级技巧。毕竟，之前只是为了“活下来”，现在得考虑怎么活得更好，把宿舍创造成一个有意义的地方。不过，这已经是另一个话题了。

开学了，怎么正确叫孩子起床

“小宝啊，该起床了。”“乖，赶紧起来啊。”“小宝，小宝，体谅一下妈妈，我一会儿也得上班呢。”“小宝！赶紧起来，你都不看看现在几点了！”“小宝，你不起来我可走了啊?”“小宝，每天早上你都这样磨磨蹭蹭，是你上学，还是我上学?”“小宝，我是你妈，不是保姆！整天供你吃供你喝，我不拿工资还要受你气，你有良心没有啊你?”“小宝，我数十下，再不起床，我就不客气了！”……

只要娃上学了，起床，就是一天中最早开演的生活连续剧。

“每天早晨叫醒我的不是闹钟，是梦想！”——这是别人家的孩子吧?

一、咱家的娃，为啥起不了床

偶尔起不了床不在讨论之列，如果是习惯性地为起床跟父母斗争，除极罕见的生理性原因外，通常逃不出三大原因。

1. 起床是父母的事。

在亲子的相处模式中，父母反应不当，就会导致孩子的一种解释模型：我是在为父母学习。所以你应当照顾好我，否则本尊一不高兴就不学了；你应当给我奖赏，不然我凭什么要为你学习；你应当叫我起床，我本来就是为你学啊。

陷入这种模式的父母，很恼火是不是?“我娃咋就这么想问题呢?”

且慢！他所想的，正是你所期待的。内心深处，你一直将孩子视为你的私有财产或附庸，而抗拒真正意义上的健康的“分离”。道理你都明白，但潜意识里你放不下这种共生关系。

因此，孩子不会在清晨保持警觉，因为起床不是他的事，反正父母会叫他：你叫我一下我就会起床？你声音不够大我会起床？

他知道，父母是不会让他迟到的。

2. 作息乱了。

孩子的睡眠时间是相对恒定的，虽然有个体差异，但对具体的孩子，每天睡多少小时是比较稳定的。如果睡不够，就会导致起不来。

晚上孩子是几点睡的？晚睡是因为打游戏，还是刷手机？

如果作息乱成了习惯，那么，你怎么指望他按时起床呢？即使按时起来了，那上课效率也可想而知。

3. 我不想上学。

你有没有见过这样的情形？一旦第二天要郊游，孩子不但晚上激动得很难入睡，而且第二天往往很早就起床，不一会儿就问："几点了？天亮了吗？"

总是不想起床的孩子和总是迟到的孩子，还有一种十分普遍的可能，他讨厌学校，讨厌学习，惧怕老师，或某个欺负他的同学。这种潜意识中的逃避，是磨蹭的一个源泉。

如果一个孩子长期讨厌学校，长期讨厌自己的某个老师，或者长期面临各种潜在的暴力威胁（多数是未付诸肢体动作的威胁，包括语言暴力），那么，这阴影该有多深？

对初入学校的孩子来说，当安全感尚未建立起来时，也可能会出现这样的一个时期。

二、怎样正确叫孩子起床

想要正确地叫孩子起床，一定记着做好三件事。

第一件事：经常创造倾听孩子心声的机会

千万别对孩子说："来，我们谈谈吧。"

他会说："妈，我最近很乖，没干啥坏事啊！"

在亲子关系中，多数情况下，因为父母总想要改变孩子，所以孩子通常处于防御状态。在防御状态，你是听不到孩子心声的，你只能听到选择性陈述、欺骗、自我辩护、反抗……因为焦虑，中国的父母多数是警察，全副武装，高度戒备，晚上睡觉也不卸下。因此，你必须隐藏目的。不，你应该原本就没有目的。最佳的倾听机会，应该与以下场景高度关联——吃晚饭、讲故事或亲子共读。

既然是倾听者，那么，你要严格地守着一条规则，在全部的对话中，你的发言时间不能超过总时间的三分之一（给孩子读书当然例外，毕竟那是你代替作者发言）。

越小的孩子，陪伴越重要。如果实在很忙，那么，周末一定要创造至少半天的亲子时光。不是傻傻地跟孩子坐在那里聊天，而是融入一项有助于沟通的活动中，例如爬山。在这个过程中，如果孩子在学校生活中存在一些问题，会自然而然地显现出来，这就需要家长介入加以解决了。

第二件事：塑造规律的作息习惯

要让起床变得容易起来，作息首先要规律。

哪些因素会影响孩子晚上休息，你就去除哪些因素。例如：

1. 尽量不要让孩子接触电视。万一接触了，也要保证9点以前关闭，并且除了极少数例外（特别有益的节目），要严格地执行，让孩子觉得这是不可通融的。

2. 不要让孩子在晚上9点以后接触电子产品（某个年龄之前，就不应该拥有电子产品，除非有特别的需要，关于电子产品的问题，另文论述）。

孩子对电子产品是不太可能有自制力的。因此，隔离是最好的策略。例如，晚上9点后，电子产品必须放在父母房间或客厅且处于关闭状态。如果是中学生，不愿意这样，则要求设置关机和开机时间，并明确表示父母会监督。例如，在关机时间突然打电话，或请好友给自己孩子打电话（应对孩子针对父母的来电设置）。

中学生有时候因为要写作业的缘故，可能要晚上10点、11点，甚至12点才能睡觉，但原理是类似的。

3. 多数孩子有午睡习惯，要坚持，但午睡时间不要超过30分钟。

唯一的例外，是阅读。睡不着？请读书。读书是最好的催眠方法之一。如果读得兴奋了，晚睡了，也没问题。天天读得兴奋和晚睡？恭喜你，孩子可能是个天才。当然，不能让孩子在这个时间段接触某些没营养的刺激性读物。

第三件事：鼓励孩子在没有家长协助的情况下起床

最好的状态，是在没有任何协助的情况下自然醒来。这是做得到的，本人绝大多数时候，会在清晨5点至6点之间自然醒来，好多年都没用过闹钟了。

需要一个闹钟。但闹钟的作用，只是以防万一。

如果孩子能准时上床睡觉，起床的难度应该不大，如果仍然起不来，往往并不是需要更多的睡眠，而是因为赖床。如果是不想上学导致的赖床，家长要敏感并逐渐协助消除原因，但如果只是习惯不好导致的赖床呢，则要帮助孩子形成良好的习惯。

良好的习惯，无法靠讲道理或喋喋不休的说教来完成，而是需要创建一个“习惯回路”。这个“习惯回路”，由三部分构成：暗示、惯常行为、奖赏。

一个闹钟，就是一个暗示。然而睡醒了，睁开眼，同样是一个暗示。看一眼闹钟，是不是在起床的时间区间内，这是对暗示的一个确认，因为孩子也可能凌晨3点醒来。

惯常行为，则由起床、穿衣、洗脸、刷牙等一系列行为构成，并且这一系列的行为在日复一日的调整中已经变得极其简捷。（以后会介绍这方面的技巧，即将行为总时长控制在一定时间内。）

奖赏，是指积极反馈，这是形成习惯的核心部分。

不要消极反馈！如果孩子起来晚了或赖床，叫醒他。但不要带任何负面情绪，不要加入任何评价，只处理这一件事情。万一迟到了，你别批评他（反正老师会批评）。

而一旦孩子按时起床了，则给予正面评价。按时起床成了习惯，立即取消正面评价，使之成为无须评价的习惯性行为。

如果遇到困难（疑难杂症），则可以申请老师协助，或者运用起床量表。这是另一个话题，一般还不至于吧？限于篇幅就不展开了。

最后，我想说，良好的作息对于孩子未来的成功和幸福极其重要。成功并非奇迹般一击而中，而是无数个好习惯的累积。而平庸的人生，也是无数个坏习惯累积而成的。所以，可别小看起床这件事啊。

不吃亏是一种过时的价值观

他们用心良苦地想帮着子女往上爬，但是他们的见识形成了子女头顶的又一层天花板。

——引自网络

新闻很简单：从中国飞往美国洛杉矶的航班上，一个中国熊孩子不断骚扰邻座日本籍华裔小哥。小哥建议熊父母管管孩子，一边的父母不但不阻止，还辱骂小哥，之后演变为肢体冲突。飞机落地后，等待熊孩子一家三口的是早已等候的FBI、海关执法人员。这一家子被直接遣返回中国，计划好的完美旅行泡了汤。

——引自网络

大家的议论也十分一致，用一个词概括就是“活该”！用一句话来概括就是：“孩子缺的教养，总有一天会狠狠报复在你身上！”

一、我们都是熊孩子或者“熊成人”的受害者

为什么大家会如此一致？因为在许多场合，我们都是这种熊孩子或“熊成人”的受害者。计较吧，成本太高，后果不可控，不值得；不计较吧，又确实让人很不舒服。有美国海关替我们教训熊族中的一员，吃瓜群众容易有很强的心理代入感。太解气了！

然而，解气又如何？舆论就是这样，一窝蜂地扑向一个目标，形成一个热点，再一窝蜂地扑向另一个目标，形成另一个热点。反正，总有热闹可看，但事情都跟吃瓜群众无关。

可能我们忽略了，许多人（我不好意思说多数人）和熊族的区别，是五十步与一百步的区别。

因为，我们正处于一个热气腾腾的时代：一方面是经济高速发展，一方面是教养普遍缺失。而教养普遍缺失的原因，并不是我们缺乏必要的教育技术，而在于我们还缺乏教养形成的价值观土壤。因为教养的核心，是对他人（而不限于熟人）的尊重，是主动地将自身的利益与他人的利益加以协调的意愿和能力。而无教养社会，有一种价值观横扫一切，这种价值观或价值哲学，用一个词通俗地来概括，就是不吃亏。

小结一下：熊孩子事件就像喷发的火山，但包括吃瓜群众在内的所有人，可能都是运动着的地壳，而地壳运动的根本原因则是板块冲突（价值观）。因此，只要板块冲突不停止，那么，就会不断地出现火山喷发，再多的消防队员也解决不了它。

二、某种意义上，不吃亏才是“核心价值观”

在某种意义上，不吃亏才是“文革”结束到现在中国人的“核心价值观”。我们在各种场合，都很容易一触即发，进入一种争先恐后的状态。抢座位、闯红灯、抢盐……乃至为了一些蝇头微利争得你死我活，这些都源自不吃亏的冲动，怕吃亏的恐慌。

在这种斗争哲学的指引下，自然会有形形色色的成功者和失败者，以及笑到和没笑到最后的人。因此，人们又经常宣称吃亏是福。这实际上是弱者的避祸之道和取利策略，其背后的价值观仍然是不吃亏。

当不吃亏深入人心，乃至深入潜意识，就成了一种习惯，或者叫路径依赖。

有这样一个故事：有一只蝎子想要过河，但蝎子不会游泳，只好向路过的青蛙求助，希望青蛙能背它过河。青蛙当然知道蝎子是有毒的，青蛙就说：“我要是背你过河，你蜇我怎么办？”蝎子说：“不会的，蜇了你，我也会落水淹死的。”青蛙想了想觉得也对，就答应背蝎子过河。可是就快到岸边的时候，蝎子蜇了青蛙一下。于是，它们两个一起落到水里。

临死前，青蛙问：“你明知道蜇了我你也会死掉的，为什么还要蜇？”

蝎子说：“对不起，我实在忍不住了……”

明明没有好结果，仍然要蜇对方，这就是长期的斗争哲学形成的习惯，无目的的路径依赖。明明没有急事，仍然要闯红灯；明明争夺眼前这点小利会损害长久的声誉，仍然要争夺。

三、唯恐孩子吃亏的家长，是在把孩子逼进死胡同

中国人为什么追求不吃亏？这跟20世纪中国人的生存环境息息相关，包括新中国成立后至80年代初的这段时间。当资源极其紧张，温饱问题尚未解决，争夺有限的资源，就成了处境中的最优选择。因此，几代中国人，尤其是五六十年代出生的人，因为童年饥饿记忆深刻，通常便将全部的智慧聚焦于此。

我出生于70年代，小时候见惯了街坊邻里以及妯娌之间，在油盐酱醋的争夺战中耗尽了人际智慧，无论是语言，还是面部肌肉都训练得炉火纯青。极端的善良与极端的自私，以一种光怪陆离或者说扭曲的方式组合在一起。

物质逐渐富足之后，人却已经形成了“蝎性”，形成了路径依赖。见到便宜就想占，尤其是“公家的”。一个人的“本事”，竟能够很大程度上将公家的东西转变为自己的，小到一支笔，大到贪污腐败。并且，这种“蝎性”会以家教的方式传承。有多少孩子是因为不愿意跟人争抢或抢慢了被父母骂“没眼色”或“不机灵”？

我小时候，连当班干部都会被许多父母认为是很傻的行为，因为会影响自己的学习。父母会对你在学校里的人际关系等做很多指导，这些指导，确实十分有效地在塑造一个孩子，直到今天。

如果不总是抡起道德的大棒的话，我们可以发现，不吃亏在资源匮乏时代，是一种必然的选择，也是一种生存智慧。类似张贤亮的《绿化树》这样的小说中，记录了许多类似的智慧。但是，我想问一个问题：适合资源匮乏时代的生存智慧，适合于一个物质丰富的时代吗？

答案是显然的。我们这个时代，必须发展适合我们这个时代的生存智慧，而“不吃亏”是非常糟糕的一种低级策略。今天我们不再期待一个孩

子学习的全部目的是端上铁饭碗，确保能够优先生存下来，而是期待一个孩子能够抵达他的可能性的顶峰，成为创造者以及领导人。

而对一个希望成为领导者的孩子来讲，最重要的品格是什么？（顺便说一句，在这个时代，领导力是所有人应该具备的一种素质，而不是少数成为所谓领导的人才应该具备的素质。）不是如何管理别人，而是如何管理自己。不是怎么能够不吃亏，而是如何赢得别人的信任与追随。

成为出色的领导者，需要具备许多品格。而其中最核心和重要的是慷慨。一个不能顾及同伴利益的人，一个在紧要关头缺乏牺牲精神的人，永远无法成为真正的领导者，尤其是我们这个时代。哪怕在《水浒》所描绘的时代，要成为领导者，也必须首先是别人的“及时雨”。

那些唯恐孩子吃亏的家长，自以为在帮孩子赢得未来，实际上，是在把孩子逼进人际的死胡同、人生的死胡同。拼了全部力量，培养出一个讨厌的人，就像新闻中这个熊孩子。

四、未来教养社会必将来临

这些道理，熊孩子的家长知道吗？正在老去的父母们知道吗？

他们未必不知道，但是已经丧失了对另一种可能性的体验。有些父母，已经永远不会相信合作、公益、自我实现……经过特殊年代的洗礼，他们的认知已经变得很窄，直至无法理解人生还有另外的逻辑，以及更高的幸福。他们不相信那些。

他们不会再被这篇文章打动，他们会报以过来人知晓一切、洞悉一切的冷笑。

然而对整个社会来说，要走出无教养社会，在很大程度上，依赖的不是说服，而是整个社会的自然进化，是一代人退出历史舞台。我们必须相信，更年轻的一代，在摆脱了物质的压力后，会更懂得思考，会追求有一种有意义的生活。到那时候，一个教养社会已经准备好了，并且必将来临。

替孩子背书包是在替他背负人生

送孩子上学时，替孩子背书包，已经成了许多家长的习惯，而让父母为自己背书包，也成了许多孩子的习惯。

然而这并不是一个好习惯。甚至，并不是一件无足轻重的小事。

“孩子年龄还小，书包太沉了，对身体发育不好……”

背个书包，而且就那么一会儿，就会影响发育？一个书包都背不了的孩子，将来怎么背负更为沉重的人生？如果是书包本身设计不合理，可以选择更好的书包；如果书包太重，可以选择有拉杆的。实际上，这并不是真正的原因。

一、你负责学习，我负责生活——中国式父母的潜在逻辑

在中国父母看来，这是一种天经地义的分工。

我们可以想象，在漫长的古代社会，“万般皆下品，唯有读书高”，集全家之力供养一个有希望考中功名的孩子，就成了一个家族在发展过程中的最优策略。虽然也有可能失败，但是一旦投资成功，就是“一人得道，鸡犬升天”，家族的命运从此就改变了。

而在一个千军万马过独木桥的时代里，父母节衣缩食，替孩子打点好一切以便他们不要分心，因为高考确实能够改变一个人的命运。

然而今天，高考已经无法改变命运，顶多是影响命运的一支重要力量。今天的孩子，如果不能学会生活，将很难应对未来的挑战。

在一个知识中心主义的时代里，孩子需要记忆尽可能多的知识，以便被拣选；而在一个以人为中心的时代里，孩子则需要通过全方位的复杂性学习，成为一个能主宰自己命运的有创造精神的人。

如果一个人的学习不只是为自己，而同时担负着一个家族的使命（科举时代），或者成为一个家庭的希望（养儿防老），那么，孩子自然而然地就会认为，我不只是在为自己学习。而当家长习惯于替孩子包办一切时，那种原来还较为健康的对家族或家庭的使命感，就堕落为一种可怕的潜意识：我是在为你学习，因此你照顾我是应该的。

因此，不是“你负责学习，我负责生活”，而是“请你担负起自己的人生，我是你的引导者和支持者”，这才是真正健康理智的父母之爱。因为生活本身就是学习的内容之一，而且是十分根本的内容。

因此，从你孩子进入一年级，踏入校园的那一刻起，无时无刻不在学习，自己背书包，就是学习的一个重要起点。

二、你是我的，我爱你——中国式的亲子关系

替孩子背书包，还是中国式父母表达感情的方式。

这不仅体现在背书包的问题上，还体现在早餐上，乃至一切衣食住行上。父母们竭尽全力地照料自己的孩子，孩子的一举一动也牵动着父母的心。

我们怕孩子累着，我们怕孩子饿着，我们怕孩子冻着，我们怕孩子热着，我们怕孩子生病，我们怕孩子受委屈……

我们很少问自己一个问题：究竟是孩子需要我们，还是我们需要孩子？

成人热爱体制的襁褓，然后，我们又试图把孩子变成长不大的婴儿。我们制造了许多孩子并不需要的需要，然后使之成为双方的习惯。在这种关系中，又常常指责对方不知感恩。

例如，孩子并不需要我们替他们背书包，但我们将它变成了习惯，最终变成了孩子的需要。直到有一天，孩子大学毕业了：“爸爸妈妈，请帮我找一份工作吧！”

许多父母是没有事业的，只有职业。因此，他们无法在工作中找到意义，就将意义寄托在家庭中，尤其寄托在亲子关系和夫妻关系中，这是许多亲子问题和夫妻问题的根源。

亲子之爱有两种：一种是我爱你，我要抱紧你，给你安全感；一种是

我爱你，我要放开你，给你自由。

真正健康的爱，是在这两者之间保持平衡。而爱的艺术，就是体会内在原则，寻找最适合的边界。所以，如果你爱孩子，现在请将他的书包还给他，未来请将他的人生还给他。

三、可是，我的孩子不想背书包呀

孩子不想自己背书包，只是长期（例如幼儿园甚至更早）错误的亲子关系模型的结果，而不是原因。

因为一切生命，都包含着两种根本的和永恒的冲动：一种是想要回到母亲的怀抱，一种是想要挣脱母亲的怀抱。而真正的成长，是两种冲动朝向分离的过程。在这个过程中，亲子互动的关键是让孩子一天天地意识到，父母只是必要的支持者，他必须自己决定自己，从背负书包直至背负人生。

这个过程不能是蛮横的："这是你的书包，你不背谁背啊！我供你吃供你穿还不够？还要给你背书包？我是老妈不是仆人！"而应该是充满激励的："你能自己背书包吗？真棒。"

不要说我残忍，哪怕孩子生病了，我也不会主动替她背书包，而会问："自己背书包没问题吧？如果需要帮忙就告诉我。"

您先别生气，我不是狼爸，我只是想说，站在孩子身边，但不要替他行动，是否需要帮助，不要代替孩子来判断，但做好随时帮助他的准备。

你可以做得极端一些，无论孩子今天上学（或户外）带的东西有多少，只要是他的，就坚持让他大包小包地提着背着，直到他不得不求助为止。

四、孩子喜欢自己背书包，这才是真相

我们总以为人性只是好逸恶劳的，孩子也一样。

实际上不是这样的，孩子喜欢自己背书包，这才是真相。这也是作为教育者的我最晚领会的道理之一。而最晚领会的，往往可能是最重要的。

为什么喜欢自己背书包？因为一切生命，包括动物和植物，无论有无意识都倾向于主宰自己的命运，哪怕是一粒种子。

生命本质上是倾向于自我组织的，对于人类来说，我们称之为自由。唯有自由，才能赋予人以尊严与意义。

任何生命，总是在追求自由与逃避自由之间犹豫不决。生命为什么要追求自由？因为自由意味着自我肯定，它是一个人活着的根本意义和终极价值。那么生命又为什么要逃避自由？因为自由意味着肩负起自己的责任，这又是一种负担，需要有足够的勇气，当一个人缺乏足够的勇气或惧怕失败时，他就倾向于以逃避自由的方式来逃避责任，从而逃避失败。而父母作为引导者，要帮助孩子发展自由的勇气与能力。

这种发展，不是讲道理给孩子，孩子也不可能在未来某一天忽然就获得了，而是有赖于无数小事的训练。

今天你要替孩子背书包，明天你可能会替孩子挑专业，后天你可能会替孩子找单位，接下来你可能会替孩子选爱人，最后你可能会替孩子照料他的孩子……就这样，不知不觉地，你替他背负了一生。

没错，你很伟大，愿意付出自己的一生来成全他。只是，请你回答我——他为什么要在这世上来一遭呢？

孩子攀比，父母怎么办

人是社会性动物，习惯于借助他人来定义自身，这是必要的社会化。然而，这种定义是无法真正客观的，总会产生种种变形。例如，我们有时候会神化他人，或觉得不过如此。还有一些时候，我们的比较会非常狭隘，以己之短比人之长，或以己之长比人之短。骄傲、自卑、嫉妒、逃避都常常是各种比较的结果。这原本是人之常情，谁不是经常在暗中经常与别人比较呢？或沾沾自喜，或顾影自怜。这件事谈不上好坏，有时候它是动力的源泉，我们因此调集起生命能量，投入一场又一场想要赢取胜利证明自己的战斗，有时候它又让我们行动迟缓、丧失斗志。

然而，凡事都有一个限度，超出了一定的限度，就成了一种不良习惯，例如攀比。中国是个人情社会，历来用在攀比上的投入是惊人的，中国人的焦虑，也经常与此相关，例如唯恐孩子输给别人，以成功而不是幸福作为教育的尺度，或者直接地粗暴地将成功等同于幸福。

本文要讲的是让部分家长焦虑的孩子之间的攀比问题。首先想说明的是，攀比乃是人性，无处不在。因此，只要在合理的可接受的范围内，不必在意。只有当攀比对孩子或家长造成了困扰，它才是一个问题。

一、攀比则是指以错误的方式追求优越感

孩子总会追求优越感，这是天性，也是动力，无可厚非。攀比则是指以错误的方式追求优越感。而要解决攀比问题，不能是简单地阻止攀比，而是要鼓励孩子以正确的方式追求优越感，乃至超越优越感。

在解决这个问题之前，先跟大家澄清两组经常会用到的概念。

第一组是“需要”与“欲望”

饥则食，渴则饮，这是需要；暴饮暴食，铺张浪费，则是欲望。希望穿干净暖和的衣服，这是需要；衣必名牌，华服满柜，这是欲望。需要应该尽量满足，这是父母的义务；欲望则应进行控制，这是父母的责任。需要与欲望当然没有绝对的界限，家庭条件好了，自然食不厌精，脍不厌细，衣服也就上档次了。但这仍然不是欲望，而是品位或格调。欲望乃是心理贫穷的表征。

第二组是“尊敬”与“羡慕/嫉妒”

我们尊敬一个人，往往是因为他的优秀，例如我们会因一个人的才华、学识、教养、情怀、责任感、能力等而尊敬他，并油然而生向往之心。但我们“羡慕/嫉妒”一个人，往往是因为他所拥有的东西，例如权力、财富、美貌、出众的爱人、有出息的孩子，等等。“秦始皇帝游会稽，渡浙江，梁与籍俱观。籍曰：‘彼可取而代也！’”这显然是“羡慕/嫉妒”，而不是尊敬。其结果，或是渴望同样拥有，或是成为争夺对象取而代之，得不到的话，也往往“眼见他起高楼，眼见他宴宾客，眼见他楼塌了”。中国人“仇恨/谄媚”权力者、富人，往往就是因为他们并不是值得尊敬的对象，而只是一个“羡慕/嫉妒”的对象。

当孩子开始过度注重装扮，频繁地索要更好的衣服、更好的手机、更贵的文具，并频繁与同学聚餐，或大办生日宴会时，他就可能是在以错误的方式追求优越感。有些时候，父母也在助长这种行为，例如在生日宴会的问题上对孩子的过度迁就。一旦觉得孩子过火了，尤其是成绩因此开始下降时，父母就会变得焦虑，并采取行动（批评、财物限制），结果导致亲子关系不断恶化。但是，在焦虑或采取这些常规行动之前，为什么不问一下自己：孩子为什么会以错误的方式追求优越感？

一定要牢牢地记住：人类无法忍受被忽视，总会以不同的方式寻求关注，包括各种结盟。学习成绩好，能够获得关注。万一成绩不好呢？我可以是打游戏的高手，在“游戏界”获得极大的认可。万一打游戏也不行呢？我长得好看呀，我可以靠外貌吸引别人。我长得也一般怎么办呢？我家里有钱呀，我可以请大家吃饭，让别人知道我家多有钱，开的什么车，住多大的房子。我家要是也没钱呢？没钱也不能丢人，跟父母要。追求优越感可以出现在课堂上、操场上、舞台上，当然也可以出现在餐桌上、服装上、脸上。甚至，我可以以说脏话，穿奇装异服来展示我的个性。

为什么许多孩子不是选择努力学习，而是选择以炫耀等方式来追求优越感？因为这是最短的路。而如果想要通过成绩展示优越感，需要付出巨大的努力，而且不一定成功。

孩子可能也知道，这是饮鸩止渴，但是，眼前的对优越感的需求是压倒一切的。这会令父母生气，然而，孩子需要的是帮助，而不是指责或简单的限制，因为那会将他们越推越远，甚至逼着他们孤注一掷。

二、不要把孩子频繁引向比较

父母常犯的错误主要有两个：一是倾向于指责孩子（指责无法令一个人改变），二是希望一下子解决问题，而意识不到转变需要一个漫长的过程（人都喜欢捷径，却不知道那是最长的路，并且永远无法抵达）。

我是反对“比成绩”的，别人的优秀或落后，只是你的参照，不应该成为你骄傲或自卑的源泉。我们要激励孩子尽最大努力去学习，去理解知识的内在逻辑，而不要把孩子频繁地引向比较。对一个热爱知识的孩子来说，考第几名并不是那么重要。他的欣喜或回报，应该来源于领会知识那一刹那的豁然。因此，陷入攀比的孩子，他的注意力的焦点可能已经转移到了学习之外，父母要做的，是将他的注意力重新拉回来。拉回来的办法，不是跟他讲，你应该认真学习，不应该攀比，毕竟讲道理基本上没什么太大的作用，而是应该实实在在地帮助孩子获得进步。例如，鼓励或陪伴孩子，促使他去打败知识之旅上的一个个拦路虎，通过一系列小小的成就逐步恢复自信，直到学习成为主要焦点。

只要父母不扮演指责者、评判者，而是扮演支持者、帮助者，孩子总会一点一点地回到正常的轨道上来。

至于衣食住行之类，如前所述，尽可能满足孩子的需要，但是不要助长孩子的欲望。完全没有必要抽象地跟孩子讲，你不要与别人攀比，这等于在给孩子下定义，说你就是一个“攀比者”（不好的人）。父母要做的，是在一件一件具体的事情上守住阵地，一点一点地澄清。例如，孩子要钱，父母要弄明白用途，孩子要买奢侈品，要跟孩子讨论是否有必要。这个讨论的过程，就是一个遏制虚荣和培养品位的过程。

面对比较严重的情形，也没有必要跟孩子对立。一是守着底线不妥协，二是表达自己的感受和理解。例如，父母希望你未来是一个令别人尊敬的人，而不是让别人觉得是一个金玉其外、败絮其中的人。在无法沟通的时候，可以用写信的方式留言，这样能避免当面可能发生的冲突。

三、如何增强孩子对攀比的免疫力

当班级出现攀比现象，自己又是工薪阶层，孩子因此产生自卑感怎么办呢？有的父母，希望班级不要有攀比现象，这当然好，但问题在于孩子一生都不会面临一个纯洁无瑕的环境，攀比是一种无法根除的文化现象，与其奢望一个好的环境，不如借此锻炼孩子的理解和应对能力。

所以问题的关键是，如何增强孩子对攀比的免疫力。

笔者从小就无嫉妒心（但自卑是有的），至今如此。可能跟我从小成绩好有关系，无须嫉妒别人，但我总觉得这不是主要原因，因为我从小也是争强好胜之人。我觉得可能跟我母亲的教养方式有关。我母亲出身地主之家，又是书香门第，嫁给了贫下中农，我小时候，家里在村里是最穷的。但我母亲跟我讲得最多的，就是人穷志不穷。而且她持家的方式是高自尊的。穷，但不邋遢，相反十分整洁，家里收拾得井井有条。我从小就穿别人穿过的衣服，但被重新收拾得很是个样子。家里吃得很朴素，但味道很好，有一种精致在里面。所以，虽然家里穷，但是心里是不穷的。

而现在的许多孩子，家里有钱，但心里空虚，心理贫穷。这取决于父母与孩子交流时一贯的解释系统，当然也取决于父母本人的生活态度。父母心里穷了才可怕，会陷入“羡慕/嫉妒”的循环。实际上，要过上幸福生活，当然要有物质基础，但物质达到一定的程度后，幸福与物质就不再正相关了。而几乎所有的孩子，未来都注定是衣食无忧的，幸福将越来越与高自尊、与创造相关联，不能用过去年代的思维，去理解未来的世界。

所以，父母可以跟孩子经常讨论：那些攀比的孩子，他们为什么会这样？如果我们家十分有钱，你会那样做吗？你觉得做一个令人尊敬的人好，还是做一个令人羡慕的人好？如果总有人在你面前炫耀，或嘲笑你，你有几种回应方式？你觉得哪种回应方式最好？

四、太多指责会让教育生态变更糟

一些父母习惯指责老师。无论是学习成绩，宿舍生活，或者同学之间的小摩擦，家长动辄归咎老师，觉得老师没有照顾好自己的孩子。

老师需要为自己所犯的错误承担责任，这并没有错。但什么是老师所犯的错误，什么是正常出现的问题？这边界要搞清楚。老师在高压力下工作，现代社会尤其如此，实在不应该再承受太多的指责，尤其是新闻导致的教师妖魔化，而忘记了大家都是善良的普通人。太多的指责会让老师转入防御状态，让教育生态变得更糟糕。

守着彼此的底线，在底线之上，成为老师的合作者、支持者，这是特别重要的。我经常讲，彼此要释放善意，就是如此。孩子的成长，并不存在一个无菌的环境，真正无菌的环境，也培养不出健康的孩子来。孩子总是要通过解决一系列的问题才得到成长的，不要只看到问题的消极面，同样要看到问题的积极面。孩子有一段时间因为各种原因迷失或痛苦，只要在一定的界限内，这些经历就能够成为他生命丰富的营养，成为他未来理解自我及他人的基础。现在对孩子的过度保护、过度关注，会培养太多缺乏问题解决能力的傻白甜，而不是自由的有个性的成熟的负责任的人。

所以，遇到攀比问题，不妨与老师沟通。充分谅解，同时表达自己的观察与感受，评估问题的程度，并与老师达成一致且联手解决。

总有一些孩子，虚荣与嫉妒会成为他一生的底色或标签，成为他的阿喀琉斯之踵，就像童话《白雪公主》所喻示的那样。为什么会如此？部分地来自基因（而且十分强大），部分地来自童年经验，后者是在与环境的无数次互动中逐渐形成的。教育，无论是家庭教育或学校教育，都必须做必要的矫正或调整，但不要试图根除它，也不可能根除。

只要我们不心存一个特定的社会标准，无论怎样的生命都是好的，这样的生命也不例外。而我们之所以通过施加影响希望孩子有必要的调整，是因为如果不调整到一定的范围内，孩子的人生之路会平添一些荆棘。

暑假了，怎么帮孩子管理好手机

1. 这是家长们头疼的问题，但是，首先要以正确的方式提问。问题不是“怎么才能让孩子在暑假不沉迷于手机”，问题是“怎么帮孩子管理好手机”。对象是“手机”，不是“孩子”。并不是孩子想玩手机，而是手机“绑架”了孩子。这种“绑架”，有时候我们称之为“杏仁核绑架”。如何正确地使用手机，是家长和孩子共同面临的问题。

2. 手机是如何“绑架”孩子的？凡是喜欢乃至令人沉迷的东西，都包含了奖赏，即让人愉悦的东西。例如食物与性，坏的东西还包含了毒品，中性的如咖啡、茶等。之所以如此，是因为我们大脑中有一种神经递质叫多巴胺。当人类体验或尝试新奇的事物时，多巴胺浓度就会增加，伴随着兴奋。这种兴奋，又促使人进一步去寻找奖励带来的快感。电子产品，尤其是手机的出现，提供了丰富的即时的刺激，让多巴胺的分泌变得特别频繁。了解这些知识很重要，最好也能让孩子了解。

3. 智能手机带来三种不同的奖赏：猎奇，即新信息不断涌现带来的奖赏；认可，例如他人的点赞或关注带来的成就感；归属，即通过社交网络形成的圈子带来的归属感。一句话，我们都惧怕孤独，渴望刺激以及他人的认可。因此，当手机铃声响起的那一刻，多巴胺浓度立刻就上升了：有新闻？谁在呼唤我？

4. 生命是一片田野，不长庄稼，必生野草。因此，在考虑手机管理前，首先要问：怎样为孩子提供有意义的学习任务，这些任务能够提供有价值的刺激，以取代孩子对手机的迷恋？换句话说，需要帮孩子安排好假期学习，其中的关键是准备好有价值的任务，以及合理安排时间。除了老师布置的作业，有价值的任务还包括阅读，尤其是经典研读、艺术与体育、户外运动、优秀电影…… 而合理安排时间，重要的不是长度，而是合理，确保精力最充沛的时候，做最有价值的事情。这两点很重要，但不是这份清单的任务。

5. 知道怎么种庄稼后，就要考虑怎么除草了。手机有利有弊，并不是洪水猛兽，需要驾驭，而不能一收了之。与孩子制订手机使用的规则，达成默契，就能既满足孩子的需要，又不助长孩子的欲望。需要说明的是，最好不要将规则强加给孩子，而是双方达成共识。

6. 将手机使用时间和使用内容数据化，是手机管理的前提。有的手机（例如我在使用的华为）有“手机使用统计”功能，每天统计当天手机使用情况，一目了然。如果没有或找不到，也可以下载相关的App，让孩子（也可以包括家长）清楚每天的手机使用情况。我在使用了这一功能后，目前每天手机使用时间在1至2小时之间。

7. 约定一个或几个绝对不碰手机的时段。例如早晨10点以前，这主要是改变清晨玩手机的习惯，特别要防止一睁眼，第一时间就翻手机的习惯。再例如下午2点至5点，在学习时间内，也可以设为绝对不碰手机的时间段，每天以设置两个时间段为宜。在设定绝对不碰手机的时段，可以采取一些措施，例如：手机关机且远离；手机交由父母保管，到时间索要，形成默契；若必须接听来电，则这段时间断网。家长可以根据需要与孩子协商。

8. 非约定时间内，孩子如果频繁玩手机，不宜粗暴制止，或者以为孩子好的名义喋喋不休，这会让孩子感觉到自己并不自由。可以由孩子决定怎么做，也可以提醒，但提醒的同时，让孩子明白这只是善意提醒，并不是干涉。最好的做法，就是安排有意义的活动来转移孩子的注意力，例如亲子共读或看电影。

9. 如果家长暑假要上班，没有人陪着孩子，则可以充分利用手机使用统计功能，每天晚上设一个时间点，例如晚上8点，让孩子将当日手机使用截图发给自己，或亲眼看一看。建议以不超过2小时为宜，若超过了，则约定次日手机没收，隔日上班前给孩子就行。

10. 怎么防止夜间玩手机？规定一个时间，例如每晚9点，手机关机并交由父母保管。要允许孩子为手机设置密码，家长没有必要窥探孩子的隐私。

11. 规则不是死的，总有例外。孩子有时候需要使用手机，包括查阅资料，或者与别人有约定，等等。特殊情况，一定要有特别的许可，包括来不及征求许可的事后说明。

12. 最终，是希望孩子对手机收放自如，而不是交由父母管理。在条件成熟的情况下，可以建议孩子设置自动开关机的时间，并严格自我控制。

13. 那么，最重要的建议来了：我们要求孩子管理好手机，我们自己呢？在家里，在和孩子在一起的时候，尽量远离手机，多谈心，多读书，身教胜过言传。若有外出旅行，不妨将图书作为必带物品，自己也读，也鼓励孩子读，哪怕是假装，装久了就成习惯了。

14. 手机也是学习工具，如何利用手机学习？网络上有不少好的建议，可以利用一些闲暇时间和孩子交流探索。

15. 如果孩子是重度手机依赖者，则以上建议不适用。

▸ 亲子篇：

为什么我们很难和孩子深度沟通

我们为什么很难和孩子深度沟通

孔子讲过一句让许多人不舒服的话:“唯女子与小人为难养也,近之则不逊,远之则怨。”这话听上去让人很不舒服。咋啦?当妈的和娃最难养?有这么欺负人的吗?

其实孔子不是这个意思。《论语》中的“小人”,是与“大人(君子)”相对的一个概念。君子是拥有自身原则的人,用今天的话来说,就是拥有自己核心价值观的人,不会因为你对他远了近了而患得患失。故“君子之交淡如水”。而“小人”,则实际上是指芸芸众生。芸芸众生的特点,是比较情绪化,关系好点,说话做事就没了分寸,容易忘形。关系远点,则容易有被忽略甚至抛弃的怨愤感:咱俩啥关系?你怎么可以这样对待我呢?

不过,用“近之则不逊,远之则怨”来解释亲子关系,尤其是母亲与孩子的关系,还是挺贴切的。这句话可以重新翻译为:唯当妈的与亲娃是很难相处的。溺爱一点吧,娃就熊得没个教养,让人生气;你忙得顾不上他,或没揣摩到他的心思,他就一肚子怨气,仿佛你欠他十辈子似的。

当然,也可以翻译为:唯亲妈和娃是很难相处的。跟她掏心窝子说话吧,她就没个底线地干涉你,恨不得你是一个牵线木偶;跟她疏远一点吧,她就跟个怨妇似的,整天唠唠叨叨觉得自己养了个白眼狼。

所以,站在当妈的角度来看,她在办公室说话一套一套的,大家一团和气。这一下班,不是堵车,就是赌气。

一、为什么亲子关系中很难有尊重

为什么我们总能和同事甚至陌生人很好地交流,却很难和自己的孩子深度沟通?核心原因,仍然是界限感。

与同事或陌生人交往时，我们有很强的界限感。我们知道捍卫自己的边界，哪怕我的喝水杯子，别人也知道不能碰；我们也知道尊重别人的边界，不会鲁莽地介入别人的私生活。在交集处，我们不自觉地寻求整体利益最大化，因为多数时候，我们知道要达成自己的利益最大化，就必须尊重别人的利益。这样，大家心理上是轻松的。

但是在自己家里不行，界限感很容易模糊："我的是我的，你的还是我的。"缺乏界限感的结果，是在亲子关系中往往交织着"不逊"和"怨"，很难真正地尊重对方。

为什么亲子关系中很难有尊重？因为亲子关系的核心是爱，而且是无原则无理由无边界的爱，一切尊重都有一个前提，就是必须是两个独立的有边界感的人。在没有边界的情况下，我们对于对方的期待是多重的：你应该是我肚子里的蛔虫，我不说你也知道，不然，你就不爱我；你应该是我的垃圾桶，任由我发泄，不然，你就不爱我；当我需要你时，你应该随时出现，不然，你就不爱我。

因此，我们才会看到当着班主任的面训斥自己孩子，甚至动手打自己孩子的家长，全然不顾孩子的自尊；因此，我们才会看到不顾及父母面子，在公共场合胡搅蛮缠的熊孩子，全然不管父母有多难堪。

所以，成熟的父母，会在自己与孩子之间保持界限感：不翻看孩子的私人物品；不随意进入孩子的房间；尊重孩子的朋友；尊重孩子的感情；提供帮助，但不代替孩子学习；提供意见，但不代替孩子做重大选择……

同时，成熟的父母，也会通过沟通，让孩子学习尊重父母：不随意翻看父母的私人物品；不随意打听父母的隐私；尊重父母的独处时间；尊重父母的工作时间；明白父母是监护人，有权知道有些信息；明白父母是帮助者，不无限制地提出各种要求……

这一切，都是通过不断地沟通和互动得来的。可惜，在亲密关系中，保持界限感很难。父母很容易溺爱孩子，更容易忽冷忽热，这是一种不成熟的爱，只是借溺爱孩子来肯定和表达自身，向世界宣告："我有孩子，我能爱他。"孩子很容易喜怒无常，这也是一种不成熟的爱："你爱我？那么证明给我看，证明无论我多么蛮不讲理，你仍然爱我！"

这种纠缠有时候很甜蜜，双方都获得了肯定和安全感；但有时候，就会无谓地消耗人的精力，乃至消耗人的创造性。到了危急时刻，就可能会出现极端行为。

我这次就不去管你，看你怎么办？怎么办？我离家出走啊，我自虐啊，看谁斗得过谁？

二、边界消失的地方，情绪的野草必然丛生

有了界限感，才能够相互成全而不是相互纠缠。

我见过绝望的父母，工作真的很忙，领导那边催得要死，焦头烂额。然而，孩子在学校里电话一个接一个："我不想上学了，你们马上接我回家!"

接，还是不接？多数时候是父母妥协，孩子潜意识地知道父母的软肋在哪里。或者往死里哭，或者躲猫猫，甚至各种威胁。等接到了家里或者外面餐馆，你气得要死，他拿瓶饮料，安安静静地坐在那里喝。怎么解决？无法解决，冰冻三尺，非一日之寒。这些行为都是从关系模式的土壤中生长出来的，除了改良土壤，别无他法。

在亲子关系中，所有的"怨"和"不逊"背后，都有一种潜在的中国式逻辑：我所做的一切，都是为你好。而实际上，更成熟的逻辑应该是：我所做的一切，都是为了让你自由。也就是说，父母要清晰地意识到，让孩子明白两个关键很重要：你必须过好你的人生，我们始终是你强有力的支持者。

在亲密关系中，许多悲剧的原因，都是以"爱"的名义，企图主宰别人的命运，或者企图让别人承担自己的命运。结果双方都感觉到了"生命中不能承受之重"。

边界消失的地方，情绪的野草必然丛生。草丛里藏着的，是熊孩子和幽怨的父母。

三、怎么帮孩子成为独立自主又心怀爱和感激的人

要建构孩子的理解模式，帮孩子成为一个独立自主，又心怀爱和感激

的人，主要路径不是讲道理，而是改变对待孩子的方式，用行动来塑造孩子的认知。

你的书包，你必须自己背上。你的房间，你必须自己打扫。你的作业，你必须按时完成。你的承诺，你必须认真遵守。

孩子会抗拒，不会那么听话，重要的是家长要温柔地坚持，温和而坚定。这坚定不是一种伤害孩子的蛮横：这是你的事，你今天非做了不可！不做我就……

这不是教育，不是培养独立性，这叫跟孩子杠上了，进入了权力之争。

不要想着毕其功于一役，要懂得审时度势，有必要的妥协。所有这些方面，都要给孩子以合理延缓期，甚至不妨“结硬寨，打呆仗”。学会讲理、谈判，以积极的方式沟通，而不要以威胁的方式达成当下目标。

举个例子，孩子不想住校，你不得不让孩子住校，或者你觉得应该有适度的分离让孩子学会独立生活，摆脱对你的依赖，你就不能一下子地“断舍离”，而要和孩子谈判，逐渐地减少接回家的次数，同时伴随着另外的补偿，直到孩子适应为止。

在这个过程中激励、肯定，对孩子的任何进步予以正面的解释和鼓励，对孩子的任何退缩保持必要的接纳和宽容，都是比指责甚至威胁更高明的方法。

权力之争的逻辑：我要你怎么着，你今天必须怎么着，不然就会怎么着！问题解决的逻辑：我们共同面对一个难题，它让你怎么着，让我怎么着，但我们必须联手解决它。

做有原则的父母很难，做能够清晰知道边界感并能守住边界的父母很难，毕竟，我们（包括我）都是芸芸众生中的一员，都是孔子所谓的“小人”，我们每天都处于情绪的洪流中，循着本能与孩子互动且不断地上演爱恨情仇。然而，我们仍然拥有一种自由，就是从彼此的关系中学习，从彼此的关系中练习，这不但能让我们更好地帮助孩子，也能让我们成为一个更好的自己。

当心成功姐姐的背后
有一个充满失败感的弟弟

关于出生顺序对孩子的影响，已经有许多的研究资料，比如资源稀释理论、汇合模型论等。实际上，除了出生顺序，间隔年份和性别，也是极其重要的影响因素（想象一下在一个重男轻女的社会里，可能会发生什么情形）。这些自然的和社会的因素交织在一起，形成了几类常见的模式，“成功的姐姐+充满失败感的弟弟”的模式，只是其中之一。也有其他模式，例如“作为牺牲品的姐姐+成功的弟弟”。

怎么理解“成功的姐姐+充满失败感的弟弟”这种模型呢？

一、为什么兄弟姐妹的性格往往差异极大？

先引入一个概念，叫生态位。什么叫生态位？就是说，在一个生态系统中，不同的种群或个体，拥有不同的位置（就是获取资源的方式互补）。处于同一生态位的植物或动物，就有可能相互竞争，所谓一山不能容二虎，除非一公和一母。自然界中，你吃鲜肉，我吃腐肉，他专门对付骨头，就不容易发生冲突，都能够生存下来。你看《西游记》中，师徒四人就是互补的，处于不同的生态位。如果出现两个唐僧或两个孙悟空，就得死掉一个。

大家可能注意到，同样的家庭环境中，兄弟姐妹的性格往往差异极大，为什么？这就是在生态位中相互博弈的结果，最终实现差异化生存。而这个过程充满了斗争。前段时间有个新闻，有个女孩用试图割腕的方式，成功地阻止了母亲生二胎。你看，这还没生出来呢，就已经杠上了。为什么孩子太早上学往往不好，就是因为一年级是原始丛林呀，年龄小，心智上不占优势，容易在竞争中落败，从而输在起点上。而那些心智占优势的孩子，则未来更可能成功，尤其是更可能成为领导者。这方面，已经有了不少研究资料可以证实。起点处的微小差异，最终形成了终点处的巨大差别。

在姐弟关系中，姐姐往往更聪明（有人认为弟弟更聪明，是误解了聪明的含义）、更主动。除了姐姐有一段时间独享父母的照料这一原因，更重要的是，姐姐占了年龄优势，在姐弟关系中承担了更重要的责任，因此也更主动，拥有更多的训练机会，且较少有偷懒或寻找借口的机会。也因为如此，她便无形中剥夺了弟弟的一些成长经验，将弟弟推向了生态位的另一端。

以我和姐姐的关系为例，我姐姐从小就很优秀，而且，外向而主动，敢作敢当。我的成绩也很好，但是，我的性格就较为内向和懦弱，做事犹豫不决，也相对懒惰，能逃避就逃避。在童年，面对姐姐，我就是一个充满失败感的弟弟。当然最终并不是失败者，许多弟弟也都不是失败者，充满失败感和失败是两回事。无论如何，这些性格，都是在长期的共同生活中逐渐形成的，而生态位一旦形成，改变便不容易，会对一生的性格和事业产生影响。

二、将孩子与孩子比较是万恶之源

以上讲的是自然状态。

父母的教育介入，可以极大地改变自然状态，形成一种文化状态。例如，如果父母是一个重度的重男轻女者，会如何？那么，他们会人为地干涉自然状态，从而通过剥夺和提供机会，促使姐弟间形成新的生态位。例如，剥夺姐姐求学机会，无论你多优秀，打工去吧，嫁人去吧，机会要留给弟弟，姐姐就这么给牺牲掉了，也不鲜见。还有更极端的，出嫁了也要为弟弟承担本不应该承担的过度责任。

我们不讨论这种情况，毕竟现在大多数父母，哪怕偏爱男孩，也能够做到大体持平。我们要讨论的是，父母怎样的教育，加重了姐弟之间的差异，从而造就了成功的姐姐和充满失败感的弟弟，或者就是失败的弟弟，从而影响了他们的人生？

方法只有一个：通过表扬姐姐，打击弟弟，从而成功地将弟弟封闭在失败者的城堡里。

父母的愿望是好的，希望通过姐姐的榜样作用来教育弟弟。

但是结果往往十分糟糕。因为弟弟通常会想：大家都认为我不如姐姐；看来我确实不如姐姐；我做的一件件事，我一次次的考试成绩，也不断地证明这一点；既然我无论怎么做都赶不上姐姐，我为什么要努力呢，这不是更丢人吗？

反正，我就是一个失败者，一个不如姐姐的人。就这样，姐姐成了弟弟的诅咒。

更可怕的是，好心的姐姐，也经常会加入指责弟弟的行列中来，哀其不幸，怒其不争。我小时候差不多就是这样一个好心的哥哥，差点就毁掉一个不爱学习的妹妹。姐姐总会把弟弟的落后看成是不努力的结果，然而这种不努力其实才是结果。

岂止姐弟之间如此，在多少间教室里，那些好学生，正在成为其他孩子的诅咒？什么？没有姐姐？放心，还有别人家的孩子呢，我们从不缺乏教育孩子的榜样。

如何让姐姐成为弟弟的真正的榜样和支持者，而不是诅咒，确实是家庭教育中的一个重大课题，尤其是在多胎时代来临的时候。

将孩子与孩子比较，在不同的生命类型之间依据某种奇怪的社会标准一定要分出一个高下，是万恶之源。而懂得接纳孩子，欣赏每一个生命的独特之处，鼓励每一个孩子都竭尽所能地朝向自我实现，是救赎之道。

但我们的社会、我们的家庭，距离这一天还有比较遥远的距离。

看脸的时代，孩子相貌平平怎么办

事情正在起变化。曾经，我们心中理想的孩子，应该是善良的、乖巧的、隐忍的、朴素的。长大以后嘛，女生就应该像以前电视剧《渴望》中的女主人公刘慧芳一样贤惠，男生就应该像《贫嘴张大民的幸福生活》中的张大民一样朴实。这些曾经万人空巷的记忆还未彻底褪去，“无肉不欢”的看脸时代迅速到来。“村里”曾经“有个姑娘小芳”，但现在霸屏的是小花和小鲜肉。

校园里也在起变化。现在成为校园主角的，未必就是三好学生，很可能是小萝莉和小正太。何止孩子，现在许多学生评价老师的重要尺度就是颜值。可以说，许多相貌平平的孩子，可能会感觉到某种压力。如果还没有感受到，那往往只是个时间问题。那么，看脸的时代，孩子相貌平平怎么办？

一、父母要以正确的方式教孩子提高吸引力

一个人在这个世界上要生活得幸福，只要他不是鲁宾孙，就要重视自己在别人心目中的价值。巴尔扎克是典型的矮胖矬，但是人家有生花妙笔呀；霍金基本上就像个植物，但是人家大脑灵光呀。孩子当然可以在学业上不断地精进，哪怕女孩子，也可以一直读到博士后。但是，我们对别人的价值分两种：工具价值和内在价值。

所谓的工具价值，就是我们能给别人带来什么好处。你是个女汉子、女强人，能为公司创造利润，这就是你的工具价值。但是，在谈恋爱的时候，这些工具价值顶多相当于高考中的特长加分，重要的，还是剥离了你的工具价值后你自身的价值，或者说魅力、吸引力。哪怕在红色年代，看

特务片，对那些充满小资产阶级情调的堕落的女特务，我们的思想和身体也很难保持一致，因为她们在工具上是无价值和负价值的，但是自身是有价值的，她们熟谙吸引力法则，根正苗红的贫下中农，也不敢确保不被吸引。

实际上，作为社会动物，孩子总在潜意识里修炼吸引力。因为他们渴望受人重视，被人喜爱甚至追求，至少不被当成空气。哪怕表现得很高冷，那也是一种格调。你看我这么卖力地写文章，不也是希望对别人构成吸引力吗？我也不乏高冷，那只是筛选读者以提升吸引品位呀。这就像比武招亲，呼啦啦围上来一群人，多是多呀，全是丐帮弟子，不反而成了羞辱？穆姑娘与西夏公主都来了这一出，但实在不是一个层次的。

咦？跑偏了，咱再一路小跑回来。

那么，父母要做的，不是教孩子清心寡欲，树立“万般皆下品，唯有读书高”的思想，而是以正确的方式提高吸引力。

今天的讨论侧重于女孩子，原因你懂的。

二、对女孩子来讲，邋遢才是真正的大敌

貌美如花，当然很容易吸引力爆棚。但是不知道有多少小萝莉，却并没有过上幸福的生活，因为你美是美，你也得有驾驭得了这份美丽的思想与能力，驾驭不了，就容易演变为悲剧，不过这不是今天要讨论的，我甚至都没有讨论的兴趣。

我们再应用一下问题解决技术。

变漂亮不是目标，目标是有吸引力。具体地说，我们都希望孩子能够被人（同学、同事、朋友）喜爱、信赖和尊重，希望孩子在恋爱季也能够吸引异性，并且是西夏公主式的。就是说，你是什么格调的姑娘，就吸引什么格调的男生，这跟朋友圈的原理类似。

那么，我们可以列举三个关键要素：身体、性格、成就。（男生反过来读）

对女生来说，脸蛋与身材的确是基础性的。但是，性格却是核心的。而成就能够极大地提升一个人的自尊，甚至让人光芒四射。在这里，性格

培养肯定是核心部分，因为关乎成功，关乎幸福。人生的绝大多数悲剧，你以为是成败的悲剧，实际上是性格悲剧。同样是文学家，贾谊早早死了，苏东坡活得风生水起，性格才是主因。在女生培养上，许多母亲难辞其咎。你想想看，女生令人最讨厌的品格是什么？咱真的就习惯了别人讨论什么就塑造孩子什么品格吗？

不过，讨论性格不是这篇的主题。今天要讨论的，恰恰是身体部分，即脸蛋儿与身材。

因为许多孩子，在学校里被评头论足，受了孤立，本能的反应，是求助于衣服、化妆，甚至整容。

如果没有成人的引导，孩子很难正确地理解和对待衣服、化妆甚至整容，更不用说关于头发的种种战役了。

举个例子，浑身名牌，天天换衣服，化个花妆，再一身香水，真的很好吗？如果你天天换衣服，别人关注的是你的衣服，而不是你。如果说引发羡慕和嫉妒的话，也是你家真有钱，而不是你有多好。不恰当的装饰，恰恰掩盖了你想要突出的东西，这就是所谓的虚荣。但是，为了去除虚荣，在经济许可的条件下，让孩子穿质地很差的衣服也不是一个好选择。

在这里，有两个选择：得体、格调。显然，无论是得体，还是格调，都跟审美相关，而且主要不是一个钱的问题，而取决于一个家庭的审美素养。

一方面，这包括了父母怎么给孩子买衣服或进行相关的指导；另一方面，更重要的是，父母要培养孩子的审美能力。这不能靠偶尔读读公众号文章，而需要一种系统的学习和修炼。孩子慢慢地也要懂得一些色彩搭配原理之类，这些家庭教育，对孩子一生的塑造都是有价值的。而且，真正的得体与格调，恰恰用不着花很多时间。

另外，学生是不宜化妆的，这道理十分显豁。但是，可以用护肤性的，例如防晒霜之类。

在这方面，最重要的训练不是化好妆，而是保持洁净。并且，从很小的时候就要开始不厌其烦地进行基础训练：怎么洗脸，怎么洗头发，怎么刷牙，洗澡与洗脚的频率，剪指甲的问题……一个干干净净的没有味道的孩子，才是身体的真正基础。对女孩子来讲，邋遢才是真正的大敌。我一直觉得学校教育，尤其是住宿学校，应该把这些纳入训练中。可惜，在应试背景下，所有人都觉得这是不重要的。

三、女孩子没有必要物化自己取悦别人

我是很反对整容的。只有不自然、不正常的情况，才需要整容。例如先天缺陷或畸形，后天意外（如火灾），或为了确保身体健康不得不进行的一些手术。一般普遍可以接受的例如牙齿矫正、祛除雀斑等，在技术成熟的情况下，都是一种自然而然的矫正。

但另外的情况就有些问题了，例如觉得鼻子不够高，要垫一垫，觉得单眼皮不够美，要割一割。这还是浅的，其他的就不举例了。

超出了某种限度的整容，包含了一些十分微妙的问题，核心是自我问题，得问一下：你为什么不接受你自己？

我的相貌是我父母给的，我以此自豪。现在无论以哪位男星的相貌来交换，我也不会愿意的。这不仅仅是一个不想撞脸的问题，更重要的是，这就是我，这才是我。我珍惜并捍卫这份独一无二性，并且我相信也会有人欣赏。这倒不是身体发肤，受之父母，丝毫不敢毁伤，而是因为这就是我的标识。

或许现在这个社会，更欣赏另一张脸，但在个人与社会的微妙的张力中，我也要抗拒被它吸收，最终成为丧失自我的牺牲品。如果必须以此为代价才能讨好他人，我宁可他人不喜欢我，哪怕整容以后他们喜欢了，喜欢的也不是真正的我。姑且不说整容的风险。

我跟女儿探讨过这个问题，她问了我一个尖锐的问题：难道你不喜欢美女？我说，在性取向正常的情况下，男人都会喜欢美女。但是在这种由相貌决定的喜欢中，美女本身是被物化的，或者说商品化、工具化的，和摆在橱窗里的衣服没有什么区别。许多明星，包括小鲜肉，热衷于化妆和整容，是因为他们的职业决定了他们相貌的商业属性，他们当然要以种种方式提升其商业价值。那个行业看的就是脸，这样当然不足为奇。而一个

女孩子，只要不是投身于这样十分特殊的行业，就没有必要以把自己物化的方式来取悦别人，这本质上也是一种生命的异化。何必把自己变成商品？

吸引别人，但不要取悦别人。这就是美与媚的区别。前者是自我在审美意义上的舒展，是自由的表现，后者则是在关系中的一种取悦行为，是一种自愿商品化的表现。因为求媚，便会自觉不自觉地寻找捷径，依赖于衣服、化妆品甚至整容，在广告或低俗文学的推波助澜下，有些人陷入其中不能自拔。

四、任何孩子都可以通过学习重塑身体

任何孩子都可以通过学习重塑身体。而且，许多相貌平平的女孩，却嫁给了十分优秀的男人，这也是十分有趣的现象。有人以为这是一种错置，我不这样看，从经济学角度讲，可能十分公平。

为什么呢？因为好看的皮囊下，不一定藏着有趣的灵魂（想想王小波和李银河）。有些女孩子，活得只剩下那张脸了，那就是她的全部财产。而这财产可不像银行里的存款，存久了还有利息。

好性格和有成就肯定极端重要，但还是回到身体。

作为父母，要注意什么？你猜对了——要重视对身体的训练。在今天，死学的孩子是没有前途的。未来的就业岗位，更需要关系型人才，即十分重视人与人之间的沟通和问题解决。因为凡是一个人闷头完成的，大半可以用人工智能取代。而在人与人的关系中，吸引力就显得十分重要。许多孩子埋头苦学，佝偻个腰，一脸苦相，这真的是你想要的孩子吗？

就是说，任何孩子，都可以通过学习重塑身体，而不是通过整容。

这包括了舞蹈、健美操以及形形色色的体育锻炼，也包括了饮食控制、戏剧表演、瑜伽等。这种持久的身体训练，再辅之以艺术特长，将会塑造出有吸引力的孩子。（当然，现在外面那些辅导班，值得上的就太少了。）

当然，前提是你不要总想着考级、比赛，把针对自我的训练活生生地

变成另类应试。针对自我的训练无他，就是生命本身的自然舒展，而真正的内在精神，也随着身体的舒展而自然流溢。在这种自我训练或者说自我学习过程中，孩子同时在学习自律、解决问题，并且更容易拥有健康阳光的心态，成为有吸引力的人。

孩子，你遇到什么问题了

作为父母，很容易为自己的孩子焦虑，觉得跟别人家的孩子相比，这里有漏洞，那里有问题。作为老师，很容易觉得“这届学生不行”。很难说服这样的父母和老师，因为他们觉得触目所及，全都是“不行”的事实啊。你跟他们讲“高期待”，讲实际上孩子比我们想象中要好，他们会说，这不是事实啊，这不是骗孩子吗？

他们对自己看到的所谓事实深信不疑，很难意识到那只是看法，不，是偏见。

一、学生的变化，就是从真正开始相信他们开始的

某一年，我带了一个由一群家境好但学习不甚用功的学生组成的班。之前在县中，已经适应了那种由一群嗷嗷叫的优等生组成的班，对比之下，很明显“这届学生不行”。

当然，学生是需要鼓励的，你总不能对他们说“你不行”吧？何况，我是谁呀？我是鼎鼎大名的铁皮鼓，戴着光环来拯救你们的。我不缺努力，醒着的时候都在工作。我找你谈话，给你写信，你过生日，我还买书送给你。在理想之光的照耀下，我做了大量在普通学校里老师根本不会做的事，不计成本。

但是，我失败了。纪律乱得一塌糊涂，期中考试大面积作弊。更重要的是，不作弊的同学还被孤立。你脑补一下我的心情吧！愤怒。怨恨。无力感。自我怀疑。我面临选择：战或逃。逃肯定不是选项，这多伤自尊啊，还是一生的污点，还是“战”吧。套用那句鸡汤：凡是打不死你的，必将让你更强大！

今天我们会用“英雄的旅程”来解释，总在某一刻，困境逼我们不得不上路，直至成为英雄。最终，我拥有了一个光明的结局。

我这才意识到，自己当初的偏见有多深。我的问题在哪儿？显然，面对生命，我缺少必要的谦卑。当你以“救世主”的面貌出现时，整个世界在你的眼里都会是哀鸿遍野。

你不行。不行，你还不努力？我是个很行的老师，前来拯救你的。我咋就救不起你呢？那是因为你太不行了。不行也就罢了，还不听我的话。

我当然懂得欣赏学生，知道好学生是夸出来的，你有一点点进步，我不就赶紧在表扬吗？可你倒是给我进步一点点呀！问题在于，无论我多真诚，无论我多努力，多么苦口婆心，我浑身的每一个细胞都写满了三个字：你不行。那段经历，我最深刻的教育学领悟就是：当你觉得一个（群）学生不行的话，你就无法影响他（们），哪怕你是真心为他（们）好。

哪怕你在表扬学生的时候，他们首先接触到的也不是你所谓的表扬，而是表扬背后，你对他们生命整体的态度。一旦他们觉察到你认为他们不行，他们就会对你关上大门，你所有的语言和行为，将很难真正地对他们发挥作用。

于是，我们经常会看到气急败坏的恨铁不成钢的老师和麻木不仁甚至心怀怨恨的学生。这种关系，是教育中广泛存在的。而神奇的是，学生的变化，就是从我真正开始相信他们开始的。

二、相信孩子，可能是教育中最难的事情

这场景又重演了一次，不过这次对象不是学生，是自己的女儿。因为频繁转学等缘故，女儿小学的成绩一直不是很好。在父母看来，这简直不可思议——这么简单的题目你都不会？你根本就是心不在焉！你不行你倒是认真学呀！不行你还偷懒？你竟然还撒谎？

实际上，女儿已经很自卑了，我还在火上浇油，生怕她认识不到这一点（你也中枪了吧）。

后来意识到了，就改鼓励了：在爸妈这里，你永远是最棒的！咱不跟别人比，跟自己比！等女儿不在跟前了，我跟爱人就嘀咕：孩子智力没问

题吧？咱俩的遗传应该没问题呀，是不是跟我喜欢喝酒有关系？

实际上，女儿内心深处也不是很相信我们真的认为她很好，有一次她直接就说了："我知道你们是在鼓励我，内心深处并不真的认为我好。"就像那个班有一个学生很激动地给我回信："你刚来讲的那些话，我当时就知道是假的，现在，露馅了吧？"

好在女儿在小学高段的时候，我们就开始逐渐意识到她的一些优势。到中学阶段，我们眼中的女儿，和她的老师眼中的这个学生，根本就是两个人。有时候我们真想跟她的某个老师讲："你错了，你压根就不了解坐在你教室里的这个学生！"我觉得，今天许多家长，也应该这样告诉自己孩子的老师。

后来，我女儿渐渐也成了"别人家的孩子"。现在回想起来，当初要摧毁她多容易啊。而且，她被摧毁后，还证明了我的预言。

相信一个学生，相信一个孩子，可能是教育中最难的事情。我指的不是理智层面的相信，而是存在层面的领会。当你真正地相信一个学生或你的孩子的时候，你的整个状态将完全不同。

你看到他的时候，浑身将洋溢着欢喜，焕发着一种光彩。

他进步的时候，你欢喜："就知道你行！"

他失败的时候，你相信："所有伟大的故事都必然经历挫折。"

他堕落的时候，你生气："你怎么能辜负这么好的你？！"

三、别人眼中最差的孩子，我也常觉得充满了希望

没有足够的经历、足够的领会，很难培育起真正的相信。因为你总会想：他明明没有那么好啊？我怎么相信他？我骗得了他，骗不了我自己呀。

不能把事实与看法区分开来，是普遍存在的谬误。

我们觉得学生或孩子"不行"的背后，总有一种参照系。当我们把他们放在一个尺度下加以排序的时候，自然有一些是不行的。而且，在这所学校很行的孩子，换所学校也就不行了。实际上，孩子还是那个孩子。而所有的参照系，在一定意义上都是相对的。

你今天还在照常上班，这背后就有着一种相信。你相信公司不会明天

就倒闭，你相信太阳明天会照常升起……但是，这些相信都不是确定无疑的事实。你有没有真正地想象过，地球只是茫茫的宇宙中一粒尘埃，随时会被吹散？支撑你的是一种信念。

因为包含了大脑进化偏好等一系列原因，我们总是对问题更敏感，更倾向于看到孩子有问题的一面，并且以此定义他们。

我们很难意识到，每一个生命都是如此神奇，如此独一无二。而今天的教育，实际上在一点一点、一天一天地扼杀这种可能性。因为我们不断地让孩子意识到“我不行”，从而让生命处于沉睡而非觉醒状态。

经过这么多年以后，我经常能够从哪怕一年级学生身上，看到生命本身的顽强不屈，看到一种堪称高贵的自由意志。对学生无休止的评判与指责，实际上是在将高贵的生命逐渐物化，最终变成可操作的平庸之辈。

哪怕那些在别人眼中最差的孩子，我也经常觉得他们充满了希望。这是一种十分真实的感受。

四、相信种子，相信岁月

我想说什么呢？作为教师，我们是问题解决者；作为父母，我们是成长护航人。我们必须去敬畏每一个生命，以及其所蕴含的无限可能性，发自内心相信他可能抵达的成就。孩子总会犯错，生命往往是经历错误才得以成长的。你可以苛刻地对待孩子的错误，但必须以对生命的肯定和相信作为前提。

许多老师或父母，在孩子犯错误或缺乏进取心之际，往往会这样反应：你错了，你要改正错误。而更好的反应模式是：你遇到了一个问题？我帮你，让我们来一起面对吧！

你能分清这两者的区别吗？你很难通过指责一个人，来让他进步。你唯有通过热爱一个人、帮助一个人，才能让他成为更好的自己。

然而理解容易，做到并不容易。毕竟，不是说把“你真行”像念阿弥陀佛一样每天念一百遍就能起效果，这是一个痛苦的过程。你要忍受，你要等待，直到你和学生或孩子共同穿越黑暗，迎来黎明。此之谓“相信种子，相信岁月”。

如何对待早恋问题

关于早恋，许多父母的思维方式很近似：

你现在还在学习阶段，面临着中考或高考的压力，早恋会影响你的学业，为了恋爱而耽误了自己的前程，不值得；等你考上了更好的大学，会接触到更出色的一群人，那时候选择的余地就很大了；而且现在谈恋爱，离结婚时间还早，最终多半都分手了，浪费了时间，何必呢……

这种思维方式很熟悉，其中的模式是：为了未来的……必须牺牲现在的……

今天，咱们来说说这个问题吧。

一、高价值目标，与一生的幸福息息相关

"为了未来的……必须牺牲现在的……"这句话有好多种版本。传统的版本是"吃得苦中苦，方为人上人"。现在心理学上也有一个版本，叫"延迟满足"。

我是很赞同的。生命有限，你今天畏惧挑战，无所事事，总想享乐，不思学习，将来当然会付出代价。但是，如果变成了"万般皆下品，唯有读书高"，就可能有那么一点点问题了。

因为"延迟满足"的目的，是节约生命能量，聚焦高价值目标，但对有些父母来说，变成了为了聚焦考试这一目标，放弃其他一切目标，这就成问题了。因为上大学本质上也只是手段，而不是目的，更长远的目的，乃是一生的幸福。而一生的幸福有多个维度，远不是考一个好大学那么简单。

例如，下列目标可能未必就应放弃：阅读、艺术与体育、健康的爱好、优质的社交、恋爱。

很遗憾，这些被放弃的目标，恰恰就是高价值目标。

你觉得这些目标加进来，会影响学业成绩？从概率的角度讲，这里的每一个目标，都可能促进学业成绩。因为生命不是机器，如果无法获得一些核心满足，整个系统就会出现问题，遑论考试成绩。更何况，这些高价值目标，与一生的幸福息息相关。

二、阻止早恋，在很大程度上只是家长的一厢情愿

如果孩子因为父母的警告或指示，不与异性交往或不懂得与异性交往，那么，孩子会成为怎样的人？会成为一个缺乏吸引力的人，甚至是一个在未来不受欢迎的人。

幼儿期（3到6岁）是一个非常重要的社交敏感期，交往受阻或不足会导致社会化障碍，因此与同伴的游戏对这一时期的儿童十分重要。青春期是另一个非常重要的社交敏感期，并且与异性的交往，在这个敏感期内是特别重要的。一个孩子，在不断的兴奋与受挫中，会逐渐使自己趋向成为一个受欢迎的人，一个能对异性产生吸引力的人。

同时应该承认，不是所有孩子，都会强烈地被异性吸引。有些孩子会被另外的东西吸引，包括学业。这与其说是一个自制力的问题，不如说是一个生命类型的问题。

阻止早恋，在很大程度上只是家长的一厢情愿。多数情况下，该发生的自然会发生。因为早恋有如此深厚的生物学和心理学基础，哪里是理智能够随意控制的？

不要剥夺孩子的学习机会。不一定跟他结婚，谈恋爱就是一种浪费？

老一代在恋爱问题上相当奉行实用主义，那么，我可以说他们其实不懂得爱情吗？

对很多人来讲，第一场恋爱往往以失败告终，因为人在第一次恋爱的时候，爱的只是爱本身。经历了第一次后，就变得成熟多了，所以第二次及以后，进入婚姻的概率就比较高了。

在我的朋友中，有不少先同学后夫妻的情况，而且这种婚姻大都很幸福，也经得起各种冲击。——我指的是中学同学，甚至有一例是小学同学。

那么重点来了：为什么和中学同学结婚，婚姻普遍会比较幸福稳定呢？这就是“人生若只如初见”啊！

因为中学是性成熟之后，世俗化之前的黄金时期。就是说，孩子已经有了爱的需要，但眼睛还没有被世俗的东西沾染。总之，是相信爱情的。这一时期的爱情带有刻写性质，更容易念念不忘。

一旦进入社会（现在是大学），爱情会更多地受到两样东西的影响：身体和附着在身体上的东西（权力、金钱等）。实际上，这更多的是婚姻而非爱情，而婚姻本质上是一种结盟，而要结盟，你得有结盟的资本。（实际上，人际关系也是如此，例如同学、战友，就比一般关系要稳固。）

很可能出现这样的情况：你棒打了鸳鸯，但孩子进入大学，却发现别人已经有过恋爱经验，越是优秀和受欢迎的人，越可能已经有了意中人。到了一定的年龄，你又不得不逼婚，甚至逼着他去相亲，去见一个个陌生人……何苦呢？

三、孩子们经过恋爱会得到深刻的成长

我好像在说恋爱的百般好处，实际上，我只是在讲，恋爱是一种很自然的现象。而且，在健全的社会中，孩子们经过恋爱会得到深刻的成长。

恋爱当然有风险，但这不是严防死守的理由。

换句话说，孩子们需要的不是大棒或苦口婆心，孩子们需要的是真正的帮助与指导。

在这里，要区分两种不在讨论之列的情况。

一种是对异性的好感以及由此而来的亲近，这不是恋爱，只是成人太那个，会轻易地将之定义为早恋，孩子们中间，也会传言“谁和谁好上了”之类。

一种是性早熟，以及受媒体影响与性有关的一些行为，例如观看传播不良片段、窥探隐私、讲荤段子、说脏话……这些是不文明行为，是网络兴起后童年逐渐消逝的副产品，也不在讨论之列。

一旦聚焦真正意义上的恋爱行为，也会发现有许多所谓的恋爱，本质上并不是纯真的爱，而是孩子生命在受到忽视或伤害后的反应。而这种反

应，会加深他受到的伤害。

例如，孩子在父母或同伴那里受到了创伤（离异、忽略、长期控制或否定等），会很容易受到异性的引诱或从异性那里寻找安全与认同。有时候，老师会看到挺漂亮的一个女生，怎么就喜欢上班里那个什么都不好又流里流气的渣男呢？大半就是类似这种情况。

尤其是，孩子在学业落后，又长期被否定时，很容易与异性结盟，甚至以身体换取认可。这也是我一直强调的，每一个生命都应该被欢喜和欣赏，如果在学校里不被欢喜和欣赏，在家庭就应该得到心理支持。如果家校合力总是批评和否定孩子，那么，孩子还有什么路可走？

面对这些情况，父母和学校要应对的都不单是早恋问题，还要消除造成这个问题的原因。

四、孩子早恋，父母应该怎么办

那么，对于早恋（应该说恋爱，“早恋”这个词好奇怪），父母应该采取哪些行为？三步：倾听、划界、指导。

实际上，多数父母并不知道孩子在恋爱，因为孩子自动屏蔽了你。

做一个开明的父母，保持倾听，就是保留与孩子的沟通渠道，这个渠道一旦封闭了，孩子就有可能犯一些不应该犯的错误，因为他无法从你这里获得经验。

或许孩子恋爱了，但他会先说班上同学谁谁谁跟谁谁谁恋爱了，然后观察你的反应。如果你义正词严，满口高考未来，孩子自然就知趣而退了。学习是学习，交往是交往，分开来以各自的逻辑讨论，不要混为一谈。当你混为一谈时，并不是必然会有负面影响，而是你的恐惧所致。

一旦孩子有了安全感，就能够向你诉说了；一旦你懂得倾听，就能够理解孩子了。你要不断地让孩子明白边界在哪里，或者说，你的底线在哪里。

例如，你不能做什么，这是有底线的。为什么要有这样的底线？跟孩子解释得非常清楚，孩子心里也明白，你是为他好，并不是真正地在限制他。

在确保底线（安全）的前提下，再为孩子提供相应的指导。这些指导包括眼光、分寸、识别陷阱。

培养孩子的眼光，就是培养孩子的品位。如果孩子品位不高，那么，我们也应反思一下，为什么会这样？为什么围绕在自己孩子身边的，总是这类人？

分寸，就是将感情与学习加以有效协调。那些以感情之名，不珍重你的前程的人，是不值得爱的。

识别陷阱，就是识别各种花招和不值得喜欢的人。有些时候，只要普及一些心理学常识就行了，而这些简单的识别，可以帮助孩子避免许多危险。当然，风险永远存在，但不能因为有车祸的危险，就不敢穿越公路，不是吗？

实际上，大多数所谓的早恋都是一时性起，无疾而终，本不必过于忧虑。你看，一代代的少年，不也都过来了吗？

宽容的态度，负责的指导，这才是孩子真正需要的。总有一天，他会感谢你做的一切，陪他度过了那段时光。无论你称之为纯洁还是幼稚，青葱还是茂盛。这就是青春。

父母要做孩子的朋友和导师，不要成为孩子的敌人。

掐指一算，你正在生娃的气吧

早上六点开始工作，至八点多，写三千余字关于说理文写作的稿子，完成了昨天开启的一个片段，打算休息片刻继续往下写，然而——

掐指一算，这正应该是娃们的起床时间，而无数的父母，是不是血压又升高了？尤其是读过我那篇煽风点火，严重影响家庭和谐的《要鼓励孩子长时间学习》之后……

一、假期娃消极怠学，真的不必太生气

我列了假期计划，然后天天写“海拔五千”，还有一群老师（百名左右吧）信誓旦旦地跟着“海拔五千”，每天在微信里记录自己一天的学习情况，欣赏一下我的——

我掐指一算，根据二八原则，80%的老师，注定完成不了自己的寒假计划。对了，那计划本来就没列多少任务。毕竟，要看娃、做饭、逛街、会友、刷剧……更重要的是心理不平衡：凭啥寒假把自己搞这么累？

人生就是这样：憧憬着、计划着、懈怠着、内疚着、辩护着……然后“岁月忽已晚”。我知道我再写下去，就要激起公愤了。

1. 显摆什么呀？天天晒学习，仿佛全世界就你努力，就你有成就感，别人都是平庸之辈？你安静点行不？悄悄地学习，打枪的不要……你也就是比那个佛系总校长强一点，可是，你看看人家王志江，同样是总校长，人跟人之间的差距，咋就这么大呢？

2. 寒假里晒学习？你有多变态你知道吗？生活难道不应该是丰富多彩的吗？

这就是人性。我们通常不关心自己真正需要什么，而关心自己的感受

有没有得到照顾。

我想表达的意思是——

1. 寒假怎么都行，“葛优瘫”也没有问题。我尤其欣赏把寒假过得十分精彩的人。例如：有人利用寒假去走四方，包括出国，我很欣赏；有人假期的主要任务是陪娃，母慈子孝，我很欣赏；有人研究购物和烧菜，我很欣赏；有人专门研究电影，我很欣赏；有人修炼某项技艺，我很欣赏……我选择了学习和工作，我自己也很欣赏自己呀。

2. 大家都自愿加入了“海拔五千”，就要履行承诺。每天公开发微信以清单的方式记录一天生活，是一种约定的相互监督的方式，这更无可厚非。更何况，我的“海拔五千”设置为只有加入“海拔五千”的百人可见。

3. 我喜欢“暴露”学习过程，因为我对这个过程充满了研究的兴趣，研究自己也研究别人。例如练习吉他和健美操，研究学习过程的兴趣，甚至超过了掌握一门技艺的兴趣。

我想说的重点来了——

老师们尚且难以坚持完成自愿制订的学习计划（更不用说深度学习了），每天都要与环境和自我做斗争，那么，娃们假期消极怠学，是不是也可以理解呢？结论是：真的不必太生气。罗马不是一天建成的。

二、父母要接纳孩子也接纳自己

老魏，你说不生气就不生气？我告诉你，我就是很生气！

我现在不太生气，因为我娃已经上大学了，我解脱了……

敲错句子了，不是这样的，大家忽略。我现在不太生气，是因为我明白生气是没用的，生气能解决问题的话，早就世界太平了。

可是，不生气也不行啊，不由人啊。你看看——

这都几点了，还不起床？

起个床，吃个饭，那个磨蹭啊……

你以为他磨蹭？一听手机响，反应比兔子还快！

亲爱的，这是做作业，不是上刑场……

一上午就写了半页，半页！半页……派只蚂蚁蘸上墨水，还能跑满一页呢！

统计了一下，写一行字，喝一口水；写两行字，上半天厕所；人家把房门砰地一关，就是一上午，谁知道在里面干啥？你以为我不知道你在里面干啥！

有一句话必须告诉你 —— 所有的故事都曾经发生过！

有一年回家，陪我妈聊天。一时没忍住，虚荣心发作，就开始诱导：妈，我小时候有什么突出的特点，让您印象很深？

我想，那一定是个聪明又勤奋的学霸形象啦！

谁料想，我妈不假思索地说，你呀，有两个突出的特点：一个是懒惰，一个是自私。对了，还有小心眼。然后，就是各种举例，证据确凿。

例如，少年时代，到了暑假，我通常午睡两个小时，醒来后，然后再漫无目的地沿大街小巷漫游两小时，基本上小县城的街道就走完了。然后窝在沙发里听磁带，什么《一无所有》之类。我的少年时代如果有一个主题，那就是白日梦，天天如此。

我爸补充说，还记得我揍你那次不？小学四年级，你说你寒假作业全部做完了，我一看，确实写满了，再定睛一看，数学部分，答案全是瞎写的……

我想问，你们确信，我没有一个哥哥或弟弟，你们记错了？这不符合我的记忆呀！

不过，想想自己的女儿 ——

现在就觉得女儿各种完美，又努力，人品又好，单纯但并不傻，哎呀，就觉得，果然不愧是教育专家的女儿呀。

且慢 ——

翻开以前的日记，记忆又不对了。昔日重现，不过不是很美好……看得时间长一些，就恨不得一把把她从英国扯过来，揍一顿再送回去。

其实我讲的，正是生活的真相。接纳孩子也接纳自己，谅解一切吧，生活就是这样子。无论怎样，都是亲生的。有一天，你会很满意他，觉得他比你更强。而且，他爱你养你。没有什么比这更重要的了。每当我觉得生活很黑暗的时候，我就想想未来。

三、父母跟孩子的交流离不开信任、跟进、激励

我概括一下自己的观点，然后咱再继续。

1. 你觉得自己的孩子问题很大，长此以往，孩将不孩，未来黑暗，实际上，这只不过是自然现象，你太焦虑了。

2. 你先试着接纳孩子和自己，调整自己的认知，认清楚形势，再做进一步打算。

3. 学霸总是少数，但努力学习是任何人应该朝向的。但朝向是说这是一个过程，需要许多个寒来暑往完成，不要指望一蹴而就。如果你娃读的是南明教育旗下学校，你回忆一下咱的校训，多读几遍。

气沉丹田之后，我建议您重读一下《如何利用寒假修炼自己的学习力》一文中给父母和老师的部分。有些有用的建议，需要反复运用以内化为习惯，不要读过了就读过了，仍然凭借本能反应。

我愿意再换个说法，重申一下关键。

我们站在孩子的角度来思考一下他的心理过程，以及一个寒假是怎么被荒废掉的。

1. 孩子有想要学好的愿望（无一例外，哪怕嘴里说不想学习的孩子）。

2. 阻碍孩子的因素有：

缺乏合宜的目标，以及达成目标的具体措施；缺乏支撑完成目标的环境（物理环境和人际环境，还包括电子环境）；缺乏必要的反馈（与成就感相连）和支持（与可能遇到的困难相连）。

3. 父母的一些做法会进一步妨碍孩子：

不信任孩子，各种监督和指责，尤其是对孩子进行评判；不顾实际地给孩子随意增加学习任务；没有规则和逻辑的反馈，语言与行为缺乏内在一致性。

4. 然后，孩子会产生一些想法：

我不行，我完成不了这些；还不如做些快乐的事（玩电子产品等）；我父母根本就不了解我，我变成现在这样，根本就是他们的错；我必须依赖反抗来表明不服从，来显示我的自由和自我。

父母跟孩子的交流，本质上是一种在时间中持续进行的系统，而一种健康的系统，离不开几样东西：信任、跟进、激励。

没有信任，就会妨碍自主性，并导致自我防卫性的抗拒；没有跟进，信任就会落空，本能就有可能战胜上进心；没有激励，孩子就无法形成内驱力。

具体怎么做——

1. 帮孩子（而不要给孩子）树立目标，或者了解（但不随意评判，哪怕不切实际，要相信孩子自己会调整）孩子的目标；2. 与孩子确立一个双方接受的边界，例如学习时间、游戏时间、手机使用，等等；3. 创造适宜的环境，确保孩子不会受到各种干扰，减少不良行为诱因；4. 只针对越界行为作为反应，其他行为，尊重孩子的自主权；若有例外，应以说理的方式进行；5. 设立家庭时间，一家人其乐融融，没有评判与指责，在放松的环境下，在自由交流中，孩子可能更愿意敞开心扉听取你的建议。

当然，实际上做起来没那么容易。但是，我们必须从交往中学习，不只是为了今天，更是为了明天。

祝福所有的家庭，祝福所有的孩子。

假期孩子自我管理的原则与方法

一、为什么孩子要自我管理

一切发展，本质上都是自我发展，自我管理建立在本条信念的基础上。

这句话，至少包含了以下含义：

第一，每个孩子都是发展的主体，自我决定发展的目标、步骤、方法，并能够通过参照系或自我反思而得到的反馈进行调整。发展不但意味着学习更多的知识，形成更强的能力，也包括发展自我发展的能力——一个人的自由因此得以拓展。

第二，对未成年人来说，发展的主动性本身包含了被动性，即“被动的主动性”。所谓的“被动性”是指，发展总是受到环境的限制。有一些限制是有益的，例如学校、家庭、同伴基于共识而对发展施加的有益的影响。这种限制，能够影响发展的方向和效率。“被动的主动性”是指，发展总是主体在环境与自身愿望、潜能之间保持沟通或对话，借以寻求发展的最大化。举个例子，一些孩子想做歌星或影星，那么，与环境的对话，有助于帮助孩子弄清这一愿望究竟是基于自身的可能性，还是受到了错误的暗示。

第三，孩子与环境（尤其是老师、家长）的持续不断的对话过程，应该是一个积极的建构过程。即互动应该是民主的、对话的、说理的、宽容的。老师和家长应该发挥权威的作用（越小的孩子越是如此），但权威不能压制或损害自主性尤其是自尊；同时，民主也不能演变为无原则无边界的纵容。这需要营建一种生活方式，包括使用必要的技术——即我们要避免压制或放纵的两个极端，或在两个极端之间摇摆。

二、如何确定合宜的自我管理目标

自我管理的起点是目标。那么，如何确定合宜的目标呢？

合宜的目标，要同时考虑如下因素：

第一，学业标准与可能性区域。

学业标准属于底线部分，它会转化为一个任务清单；可能性区域，则是指孩子群体或个体超过学业标准，又在自身能力范围之内的部分。（类似“最近发展区”，又有所不同）对假期而言，往往倾向于少而透的深度学习，例如主题性研究性学习、特长学习等。

第二，孩子的假期安排，自身期待与家长期待。

（可以用问卷的方式对孩子假期安排和家长期待进行摸底）

这主要包括孩子目标及家庭设定的目标，例如兴趣班、补习班、旅游计划、娱乐计划，等等。

上述两个因素，意味着目标制订，同时要将规定目标、挑战目标和个人目标结合起来。那么，目标应该由谁来确定？目标的主体是孩子。但是，孩子并不完全清楚学习内容，甚至并不完全“认识自己”，因此，这本来就是在教师的指导下的一个过程，也是在家长配合下的过程。

所以目标自然地分成三类：

第一，规定目标。这是需要孩子无条件地执行的目标，是身为孩子的义务。从假期的角度讲，这部分目标必然是基础的和轻负担的。

第二，挑战目标。这是教师规定目标，但孩子拥有选择权的部分，即孩子可以根据自身的实际情况（能力、精力、愿望）自由选择的部分。

第三，自定目标。这是孩子及家庭完全自主确定的目标，也可以没有这部分目标。

需要提醒的是：首先，制定目标本身就是学习过程，在这里边界意识非常重要。孩子的边界是，规定目标是必须完成的，没有选择的余地（要解释为什么没有选择的余地，为什么规定目标是义务）；老师的家长的边界是，在规定目标之外，要将选择权交给孩子，否则，选择就失去了意义；在孩子选择不当的时候，可以采用说理的方式进行说服，但不要使用压制等不正确的方式。其次，不同学科的目标必须进行整合，避免目标之间相互冲突，结果造成学业负担过重。

三、善用目标清单，让自我管理更有序

目标确定后，要对目标进行正确具体的表述，并尽可能“描述”和“数据化”。

例如：

不恰当的表述方式：每天练习英文歌曲，语文自由写作3篇。

正确的表述方式：完成5首英文歌曲的学习，歌曲名称分别是：________________；完成3篇自由写作，总字数不少于3000字，其中至少有一篇要完整地运用本学期学习的叙事结构，即包含冲突、帮助者、心理分析和问题解决。

再如，如果希望孩子参与家务，那么就不能够空洞地建议孩子帮助家长做家务，而要明确目标底线。

承担每天中午的洗碗任务，并确保：不遗漏诸如锅或勺子之类，洗完碗后把案板、餐桌、地面清理干净，垃圾倒掉。

学习做两种家常菜，并能至少娴熟地做两次供家人品尝。

如果是收拾房间，则要给出收纳标准，对床铺、桌子、地面的整洁列出详细的规定，并以表格的方式贴在墙上。这样每做一次，就能够做清晰的记录。否则，会渐渐打折扣，直到彻底放弃。

最终，需要生成一个目标清单（即任务清单）。比如：

____________寒假目标清单					
序号	**是否选择**	**目标**	**性质**	**类别**	**是否完成**
1	√	听写教材中的生字表，生成易错字清单并掌握	规定	语文	
2	√	语文专项练习一（共5页）	规定	语文	
3	√	语文专项练习二（共5页）	规定	语文	

续表

序号	是否选择	目标	性质	类别	是否完成
4		语文专项练习三（共 4 页）	挑战	语文	
5		语文专项练习四（共 7 页）	挑战	语文	
6	√	语文综合练习一（共 4 页）	规定	语文	
7		语文综合练习二（共 4 页）	挑战	语文	
8	√	流利默读完《三国演义》全书	规定	语文	
9	√	《三国志》断句练习一	规定	语文	
10	√	《三国志》断句练习二	规定	语文	
11	√	《三国志》断句练习三	规定	语文	
12	√	《三国志》断句练习四	规定	语文	
13	√	三国课程小论文一（不少于 1000 字）	规定	语文	
14		三国课程小论文二（不少于 1000 字）	挑战	语文	
15	√	阅读《易中天品三国》（完成三国课程作业后）	规定	语文	
16	√	阅读海明威《老人与海》	规定	语文	
17	√	电影《摔跤吧！爸爸》	规定	语文	
18		电影《怦然心动》	推荐	综合	
19		电影《肖申克的救赎》	推荐	综合	
20	√	影评一（不少于 1000 字）	规定	综合	
21		影评二（不少于 1000 字）	挑战	综合	
22		拓展阅读：（书名）________（　字）	自定	综合	
23		拓展阅读：（书名）________（　字）	自定	综合	
24		拓展阅读：（书名）________（　字）	自定	综合	
25		拓展阅读：（书名）________（　字）	自定	综合	
…		略	……	数学	

续表

序号	是否选择	目标	性质	类别	是否完成
…		略	……	英语	
…		略	……	文综	
…		略	……	理综	
…		略	……	艺体	
…		略	……	综合	
…	√	与老师沟通（老师姓名________）	规定	交流	
…	√	与老师沟通（老师姓名________）	规定	交流	
…	√	与老师沟通（老师姓名________）	规定	交流	
…	√	与老师沟通（老师姓名________）	规定	交流	
…		（留白供自由填写）			

目标清单的使用建议：

1. 清单模板里面已经包含了规定目标和挑战目标；同时，可以留出若干空白由孩子填写。凡是决定挑战，就在前面打钩；不准备挑战或者未确定，就留白。

2. 清单单页打印，由孩子贴在家里的墙壁上，每完成一件，就进行勾画。

3. 约定（而不是规定，意味着有部分孩子可以选择始终不发）一些时间节点，将清单拍下来私下（而不是公开）发给老师。例如，放假第3天、第7天、第10天、第15天，等等。每次老师选择几份清单（榜样）发在群里，并进行相应的指导或提醒。同时，师生进行自我管理的交流。

4. 特殊情况下，要允许孩子（包括家长）跟老师“讨价还价”，即包括规定目标，也未必要一定完成。这适用于一些情境，例如孩子学习力过弱、家庭有出国旅游计划、孩子有另外增加的学习任务，等等。甚至于孩子可以不完成清单中的任何内容，假期可以另有自己的安排。但特殊情况，必须征得监护人（家长）同意。

四、科学的作息时间表让自我管理更高效

一旦确定了目标，必然涉及时间分配的问题。而时间分配的基础，是制作一张符合孩子自己生命节奏的“作息时间表”。这张表不是一次形成的，可能要经过反复的摸索，才能最终形成比较适合的个性化的假期作息规律。

指导孩子合理安排时间，是一项长期任务。而安排作息时间表，要考虑如下因素：

（一）考虑孩子的年龄特征、生物钟特征。

例如，孩子倾向于早睡还是晚睡，早起还是晚起？有没有午休的习惯？等等。但是，强烈建议规律地作息，并且，要鼓励孩子尽可能地将生物钟逐步调整到早起早睡加午休中来，并尝试将午休控制在30分钟以内（最佳），坚决不能超过1小时。这种调整，对孩子一生有益。

（二）劳逸结合，将学会休息当成重要考虑因素。

时间管理的关键是效率。即不是填满时间，而是驾驭时间，与时间为友而不是为敌。时间管理，本质上是人的不同需要层次之间的协调。学习和休息，都是需要，要双赢，不要双输。而且，休息的需要要优先考虑。

（三）将规定性与灵活性结合起来。

既要有规定时间，也要有自由时间。将规则与灵活性结合在时间管理中。同时至关重要的是，允许例外。但是，例外必须被很好地解释，以证明符合原则。

同理，孩子需要一个样例，或者说模板供参考，提供模板的过程，就是指导的过程。

下面是一个模板：

作息时间表		
时间	任务描述	备注
上午		
7:00—7:20	起床并洗漱完毕	

续表

作息时间表		
时间	任务描述	备注
上午		
7:20—8:00	晨诵	
8:00—8:30	早餐	
8:30—10:30	高效学习	
10:30—12:00	自由安排	
12:00—13:00	午餐	
下午		
13:00—13:30	午休	
14:00—16:30	高效学习	
16:30—18:00	自由安排	
18:00—19:00	晚餐	
晚上		
19:00—21:00	自由安排	
21:00	休息	

这只是一个样例，个人完全可以安排得更从容或更疯狂。

如何理解、修改和运用作息时间表？说明如下。

1. 起床。

每个人情况不同，每户家庭的作息安排不同，起床时间也不尽相同。通常建议是以稳定的“自然醒”作为起床时间（即早睡后的自然醒），嗜睡者除外。起床后，迅速洗漱，保持紧张感。

2. 早餐。

早餐的时间，要与家长的时间相协调。在可能的情况下，建议尽可能“以孩子为中心”（但不必强求）。另外，如果家里人特别忙，或者没有做早餐的习惯，也可以用类似牛奶面包之类的简易解决。避免早餐过早或过晚，或吃得过饱影响学习。

3. 晨诵。

晨诵通常用于语文或英语。例如，朗诵诗歌，背诵英文短文（但不建议听唱英文歌曲）或课文，记忆单词，等等。晨诵可以放在早餐前（强烈建议），也可以放在早餐后。

4. 高效学习。

上午和下午，各安排了一段高效学习。高效学习主要用于学科学习，以及核心课程突破，但不宜用于自由阅读（除非挑战性阅读，例如《三国志》的学习，或者名著的阅读挑战）。总之，需要耗费脑力的任务，用这段时间来完成。

高效学习具有连续性，通常不建议频繁任务转换。中间可以休息，包括上洗手间，喝水，以及适度地散步或躺一会儿（不超过10分钟为宜，绝对底线为20分钟，如果休息时间过长，精力就会散漫掉）。如果这段时间容易走神，也要努力坚持。

这两个高效学习时间的确保，是假期学习之关键。需要为此创建一个环境：远离手机等电子产品，放在另一个房间；桌椅尽可能舒适，但除了参考资料和必要文具，应避免干扰，力求简洁干净；最好让孩子处于一个半封闭的空间，既能被监督到，又不至于被干扰；如果有2到4位同学相约学习，也值得考虑。

5. 自由时间。

自由时间不宜干涉，由孩子自己决定。可以用于玩、阅读、使用电子产品或阅读公众号文章、交际、亲子沟通、家务…… 最好的情况，是每天确保有一个自由时间用于阅读。另外，如果孩子处于小学特别是五年级以前，下午的高效学习时间（甚至上午），都可以用于阅读，因为这一时期阅读正是核心任务。

晚上的自由时间，除了阅读，还可以用于看电影、纪录片（优选），用于亲子共读、总结分享、与老师沟通、英语趣配音等等。当然，如果孩子电视成瘾，或者有比较强烈的一时难以戒除的看电视的习惯，也可以放在这个时间段，但严格控制总时长。

6. 午休。

午休的习惯非常重要。当然，如果孩子实在不喜欢午休，也不用勉强。午休通常在30分钟以内，超过1小时的午休，会破坏生物钟，包括导致更疲倦。

7. 晚休。

在我看来，晚上9点上床休息，要成为“绝对命令”。如果实在睡不着，也必须9点上床，并且不能看电视或电影。睡不着的时候，通常建议阅读。例如，可以阅读稍微有点挑战的书（而不是容易刺激感官的书），这样入睡就比较容易了。

每天这样钟表一样地学习，行不行？实际上是可以的。但并不是所有的孩子（包括家长）都能够接受。这时候，为了满足不同的需要，就需要为一些例外建立规则。

1. 休息日。

为假期设立一些休息日用于调节。休息日可以是固定的，例如每三天或五天休息一日，或仍然用双休日。但是，我更建议由孩子选择休息日，即随时可以申请进入休息日，这样可以将休息日积攒起来。

2. 重大节日或家庭旅游。

重大节日（例如春节，或涉及走亲访友），可以预留休息日（或积攒休息日），也可以设立类似“春节特别时间表”这样的，保证半天学习，半天走亲戚。家庭旅游，要么利用休息日（短途旅游），或者提前规划好空出时间（长途旅游）。如果是长途旅游，别忘了随身带书。阅读习惯有时候是装出来的。

3. 兴趣班或补习班。

除非特殊情况，通常我不建议报补习班。若要报，也最好征求一下老师的意见。如果有兴趣班或补习班，则意味着作息时间要进行调整，将上兴趣班或补习班的时间包含在内。

这个作息时间表不同于学校的课表，不是密密麻麻的。如果有人喜欢密密麻麻地将时间高度计划，可以尝试。

五、怎么实现自我管理

目标已经确定，作息时间表也有了，与本能作战的时候终于来了。那么，一个孩子需要克服哪些困难，才能确保实现目标呢？

下面四条也许是最重要的：

1. 我经过深思熟虑，运用我的自由意志选择了做出必要的牺牲去完成目标；2. 我会对目标进行分解，确保任务不但是清晰的，而且大目标被化成了具体的小目标；3. 我将给出承诺，并把自己置于公开监督之下，以防止溃败；4. 当我无法坚持，或遇到特殊情况时，我会坦诚地表达，向别人求助，或在与监督者相互协调后调整目标或时间。

（一）“我”选择接受挑战

挑战分为两个层面：一是完成目标，二是通过完成目标来完成一次有长度的自我管理过程。那么，首要的是，孩子必须自己选择接受挑战，而不能只是家长及教师意志的执行者。

家长及教师要做的是什么？1. 帮孩子理解这一挑战的目的、内容及意义，同时告知可能会因此付出的代价，确保孩子的选择是建立在理智的基础上，而不是毫不知情的冲动。2. 对孩子进行适度的激励。

家长及教师要避免的是什么呢？1. 描述这一挑战时不够客观，尤其是对可能受到的限制或付出的代价描述不清晰，导致孩子的选择或判断建立在错误事实的基础上。2. 利用情境或外部压力诱导孩子做出不成熟的抉择，而没有给予他充分思考的时间，即他的选择，可能是冲动的结果，也可能是家长、教师或群体压力的结果。

激励本身也是一种诱导，但后者更像是设置了一个陷阱。越往低年级，孩子越需要引导；越往高年级，孩子越需要自我选择。

一个参考的步骤：

1. 明确任务。通过班会等活动，详细讲解为什么要做自我管理，自我管理的内容是什么。特别要说明，自我管理的任务和时间安排是自定的，并且是可调整的。可以选择底线的自我管理，既完成规定任务，又可以增加程度不同的挑战。

2. 告知风险。告诉孩子，如果选择了自我管理，会面临什么风险（娱乐受限，不能随心所欲地享受假期等，可以列举），会享受到什么快乐（成就感，控制自己生活的能力等，可以列举）。如果不选择自我管理，会面临什么风险（学习内容少、空虚、缺乏成就感，等等，可以列举），会享受到什么快乐（相对随心所欲的自由等）。特别要告诉孩子，如果不选择自我管理，只要完成规定的任务，就不会受到任何的批评指责。

3. 延迟选择。即不要让孩子当场选择（小学低段或许例外），而要至少隔日选择。一旦选择，即签署承诺书，规定权利与义务。

如果孩子不选择挑战怎么办？教师要与家长达成高度一致，尊重孩子的选择，并不对孩子的选择进行评价，尤其是负面评价。同时要告知孩子，必须完成规定的作业，因为这是义务。如果没有完成规定的任务，那么将面临惩罚，包括对活动加以限制，等等。

（二）“我”列出计划（在帮助下明确和分解目标）

孩子将在教师及家长的帮助下列出计划和作息时间表。

1. 任务清单的制作。

选择了挑战，就要开始制作任务清单。教师需要提供一份清单（可参照之前的样例）以减轻孩子负担。这个清单中包含了所有学科的规定任务、挑战任务，并给孩子自定的任务预留填写的空间（如果不够，可以增加纸张）。规定任务，表格中已经打了钩，挑战任务，孩子可以自行打钩。但会建议慎重，可以在过程中根据情况打钩，不建议一开始就将挑战任务纳入打钩范围，除非信心已经十分充足。

一开始，打钩或增添的任务，可以用铅笔。充分征求家长或老师意见后，可以修改使之更完善。

2. 作息时间表的制作。

作息时间表的制作，则要充分听取家长的意见，因为家长很可能比孩子自己更了解孩子的作息情况。何况，里面还涉及三餐及午休的安排，要将孩子的需要与家庭的常规协调起来，避免牺牲家长的方便围绕着孩子转。

一旦完成了计划和作息时间表，约个日子，开始迎接挑战吧。

（三）“我”承诺并接受监督

自我管理，意味着认知及行为的重塑，只依靠自己很难完成，或几乎无法完成（想想大量减肥和健身的例子吧）。因此，需要引入外部监督进来。

1. 签一份承诺书。

承诺书可以是标准文本，也可以根据标准文本进行个性化的修改（例如将电子产品的使用规则纳入承诺书）。

样例：

承诺书

我自愿加入寒假自我管理大挑战的行列。我确认了解了相关的权利与责任，是出自我的自由意志的选择，而非一时冲动的结果。同时，我需要借助外部力量进行监督，我愿意做出如下承诺：

一、家长、老师以及同学，或其他任何监督者（例如爷爷奶奶或哥哥姐姐），有权利根据我的任务清单和作息时间来了解我的执行情况，并评判我的行为，对我可能出现的懒惰、拖延、借口等违约行为进行批评。

二、这些批评未必正确，也可能带有情绪。我承诺尽最大努力反思和调整自己的行为，而不情绪化甚至蛮不讲理地应对批评。我每出现一次不理性的应对（例如生气、争辩或争吵等），我允许监督者在我的承诺书上画一个圆圈，代表一次违规。我会尽可能恢复正常，并用行动来证明自己具有自我纠错的能力。

三、如果我坚持不下来，决定修改目标或（和）作息时间表，我应同时征得家长和老师的同意，然后再修改。如果我决定完全放弃，从我提出要放弃的那一刻起，我必须继续坚持三天，才有放弃的资格，以确保我想要放弃是仔细思考的结果，而不是一时冲动。

四、如果我因为一些额外的活动（例如约朋友出去玩等）需要调整安排，我必须获得家长或其他监督者的同意。

承诺人：

年　月　日

2. 将行为量化。

墙上应该贴上以下几种表格：目标清单，作息时间表，承诺书，自我管理评价表。

一个自我管理评价表的模板是这样的：

自我管理评价表											
时间		起床	晨诵	学习	自由	午休	学习	自由	自由	晚休	总评
日期	自评										
	监督										
日期	自评										
	监督										
日期	自评										
	监督										
日期	自评										
	监督										
日期	自评										
	监督										
日期	自评										
	监督										
日期	自评										
	监督										
日期	自评										
	监督										
日期	自评										
	监督										
日期	自评										
	监督										

续表

时间		起床	晨诵	学习	自由	午休	学习	自由	自由	晚休	总评
日期	自评										
	监督										
日期	自评										
	监督										

使用说明：
1. 评价表中只填入三种符号。“√”代表一切正常；“×”代表挑战失败；“√̸”（半对符号）代表有比较严重的拖延、作弊等现象；
2. 孩子自评和监督者评价可以不一致；
3. 孩子必须自评，监督者可以不评或缺评（因为可能工作很忙，未必在现场）；
4. 总评栏填写“好”“达标”“未达标”；
5.“自由”一栏，监督者不填写，也不纳入总评（但可能影响到“好”或“达标”的层次）。

3. 每日小结。

在开始的第一周内，要坚持每日小结。即在晚上自由时间内，例如7到9点，由监督者与孩子进行小结。在监督者缺席的情况下，教师也可以承担这一职责。如果是班级较多人数参加挑战，也可以将小结以短信的形式发给老师，或发到群里（即成立专门用于挑战的群，或者直接用班级群，也可以由家长代发，置于大家的监督之下）。如果是私发，老师在公开前，要征得本人同意。

每日小结，是一个小清单，基本结构是：

【××自我管理挑战小结，年　月　日】

一、今天，我完成了如下任务：

（越具体和数据化越好）

二、今天，我做得比较好的地方是：…… 今天，我存在的问题是：……（也可以不写存在问题，直接说“今天是完美的一天”）

三、明天我准备做的改进是：……（尽可能与今天存在的问

题相关联）

四、感谢（帮助自己的人）与自我激励。

可以坚持天天小结，也可在坚持一周后改为三天一小结或周小结。

4. 每日一文。

每天阅读一篇公众号文章，以晚间阅读为宜。无法阅读的时候，也可以由家长讲给孩子听。文章涉及自我管理的技术与案例、激励人心的故事等。可以由学校或教师每日推送给家长，也可以每两日推送一次，也可以在假期一次制作完成（以二维码的形式）。家长每天选择一篇与孩子分享。

5. 假期大总结（或庆典）。

开学前夕，要留出充足的时间，让孩子对自我管理的经历进行整理——例如，以“我怎样度过这个假期”为主题或副标题——写成一篇文章。老师可以结集，或用于庆典、班会。

（四）父母要成为孩子的支持者

在没有支持的情况下，孩子走上自我管理的道路只是个小概率事件；而有计划地支持，将使普遍的自我管理成为可能。

那么，要成为“有效的支持者”，无论是教师还是家长，需要注意四点：

1. 了解有效的自我管理的结构，更新有关自我管理观念。

2. 创造适合自我管理的环境，消除可能妨碍自我管理的外部因素。

3. 掌握必要的工具，为孩子的自我管理持续提供技术支撑。

4. 修炼积极的激励方法，为孩子自我管理注入持久的动力。

更新我们的观念

自我管理的结构包括以下组成部分：1. 确立目标与时间表；2. 分解目标与步骤；3. 充分学习或练习；4. 自我评估与反馈；5. 庆典或自我肯定。

这貌似很简单，但实际上每一部分都很难，要理解其细节并潜意识化，与心理及行为相协调，都需要付出艰苦的练习。在这个过程中，老师与家长需要为每一个部分提供持续的支持。

在学习如何支持之前，我们首先要学习正确的观念。

观念一：自我管理的主体是孩子，而不是老师或家长。

有一种很难改变的心理趋向，就是老师和家长总是希望孩子达成老师和家长自己的意志。例如，你理解的自我管理，可能是指孩子将你的意图转化为内在的生命自觉。简要地说，你希望孩子在没有监督的情况下能够自觉地执行命令。我们认为孩子是没有判断力的，必须由成人替他们做出判断。这是一种权威主义的立场。

与之相反的自然主义立场同样糟糕。

一如本文开头所说，主体必然是孩子，然而孩子的主体性，乃是“被动的主体性”。即我们的目的，不是代替孩子选择，而是帮助孩子做出更好的选择，以及更重要的，发展孩子做出更好的选择的能力。

“被动”的含义包括：孩子的选择是有限的选择，或者说有边界的选择。例如，孩子没有办法选择不上学，不学习，孩子也不能拒绝规定作业；孩子的选择，常常处于成人的监督之下。

尽管如此，孩子的主体性仍然是首位的和根本性的。对孩子主体性的尊重，至少包括以下含义：孩子必须完成的任务，要充分地解释，使孩子理解其合理性和必要性，不能粗暴地加以限制；孩子要能够明白，哪些是他们可以选择的。在孩子可以选择的范围内，选择不应该随意被评判和干涉；如果无法选择任务，就努力地在实现任务的方式上提供选择。

观念二：针对问题而非孩子，并将所有的问题当成契机与资源。

可能教师或家长，都期待制订一个完美计划后，孩子就能够完美地执行。而一旦发现孩子懈怠、作弊或撒谎、抗拒，或无法坚持哪怕比较短的时间，就很容易失望，进而开始批评指责孩子，有时候还打着规则的旗号。

实际上，问题的出现几乎是必然的，至少是大概率的。我们之所以容易失望，是因为内心深处抱有幻想且急于求成，没有意识到孩子的这些反应才是自然的、正常的。这并不代表孩子在承诺的时候说谎，因为这些令我们失望的反应，都有潜意识基础。而这些问题暴露出来，恰恰是为解决它们提供了机会。所以，问题本身是契机、是资源，而不要当成“坏的东西”。或者说，问题应该令我们兴奋，而不是令我们沮丧。

完成了这种转型后，我们对问题的反应就会被训练而发生变化。

旧的反应：怎么连一天都坚持不下来？真是个没有耐心的孩子！

新的反应：他究竟遇到什么困难了？我应该采取哪些行为（关键行为），

才能帮助他坚持下来？

显然，旧的反应指向对孩子的否定，新的反应指向对问题的研究。指向对孩子的否定，往往以相互指责而告终；指向对问题的研究，往往会引向共同协作解决问题。

这也是我经常所说的将问题与孩子分开来区别对待的技术。

创建适宜的环境

既然自我管理的主体是孩子，那么教师及家长的任务，主要是创建环境和提供反馈。

你有没有注意到，孩子在家里很难学习，但是在教室里就会好很多？孩子在教室里可能也不安静，但是在自习室里，就像变了另一个人？这就是环境的作用。任何人都处于与环境的不断互动中，既然在学习自我管理，就要减少环境的诱因。不然，刚开始时脆弱的意志力很可能抵御不了。

环境的概念非常广泛：物理环境、心理环境、人际环境，等等。这里择其要。

1. 为孩子创造一个独立或半独立的空间。

多数孩子可能无法在客厅或饭桌上高效学习，他会侧耳倾听大人说话，有看电视的冲动，或不时打开冰箱看看有什么好吃的东西。一桌、一椅、一钟，一些必需的学习用品，足矣。在家庭空间十分不足的情况下，屏风都能解决问题。

如果孩子自制力偏弱，则以半独立的空间为宜。否则，他躲进自己的房间，甚至将门反锁，家长就无从监督了。如果孩子坚持要在自己的房间里学习，则需要做几件事：将房间里的干扰物全部清除，例如电子产品或某些不入流但吸引力很强的图书；约定不碰床（床铺可以弄整齐）；不关房门，顶多允许虚掩，并且父母可以随时推门进来。

如果父母必须照常上班，孩子独自在家，则可以考虑用检查任务完成情况的方式来解决。

另外，要跟孩子约定，除非到吃饭时间，否则禁止吃任何零食（喝水可以，并且鼓励多喝水）。

2. 对所有电子产品进行管控。

每天至少在晨诵、高效学习的时间段内，实现人与电子产品的分离。

电子产品包括手机、电脑、iPad、随身听、电视等。手机在分离后，要尽可能保持在关机和静音状态。如果家长不在家，需要用手机和孩子进行联系，那么，仍然要人机分离，只要在能听到手机铃声的范围内即可。

在晨诵和高效学习的时间之外，手机等电子产品如何使用，这取决于与孩子的协商结果。

强烈建议家庭开展“无电视假期”，即所有人都不看电视，可以考虑把电视接收器拔掉。如果需要看，或者家长觉得也无妨，或者孩子需要适度的满足，那么，可以考虑建立相应的规则。

提供技术支持

会使用工具是人类的一项重要能力。工具让整个世界更为高效，而且人类具有随时发明和灵活运用工具的能力。例如，想要吃核桃，未必要有夹子，一扇门也能解决问题，是吧？孩子在自我管理中遇到问题，不要轻易失望，而应该充分理解，并帮助他。在这个过程中，工具起着非常重要的作用。

让我们设想一下，孩子会遇到哪些问题？

1. 频繁走神。

走神的原因很多。例如，在学习开始之前有比较兴奋的活动，就会导致不断地走神（回味）。例如，打完一场游戏后学习，想想是什么后果？再例如，学习内容过难或过于简单，或对学习内容无法产生兴趣，也可能导致走神。如果有明显的诱因，就要考虑消除诱因。

不过，走神是普遍现象（有时候伴随着内疚或自我谴责），需要长期与之斗争。遇到这种情况，不要指责孩子不专心（能力问题经常被理解为态度问题），而要帮助孩子解决。如果是轻度的或暂时性的，就鼓励孩子运用意志力去控制。如果严重到了学习效率非常低下且持续几日，就要认真应对了。

鼓励孩子设计一张表格（表格是最常用的工具），孩子走神每次超过5秒，就在表格上做一个记号（例如打个钩，或者写“正”字），每天都进行统计和自我控制，就能有效地减少走神现象。

类似表格之类的工具，都是将问题数据化、可视化的方法，能够有效地减轻或消除焦虑、自责等负面情绪，减少自我贬低或习得性无助。

2. 难以持久学习。

我指的是在高效学习的时间段内，孩子难以进行持续的学习（虽然中间允许10分钟左右的休息，以及饮水和使用洗手间）。

遇到这种情况，不要指责孩子，也不要空洞地鼓励孩子坚持，而应该与孩子交流，聆听孩子的感受，然后找出问题究竟在哪里。可以使用一个清单工具来检查。

A. 学习任务安排是否合理

孩子无法长久地记忆知识，比较久的学习通常是一个理解的过程，或者“记忆+理解”的过程。因此，要讨论一下这段时间学习任务的安排是不是恰当。如果不恰当，就进行调整。

B. 是否缺乏足够的有长度的学习的经历

有些孩子的学习一直是短平快的，或者在成人的监督之下，这样就很难坚持有长度的学习。这种情况，就要练习坚持，坚持几日后再看情况。或者在一段时间内，采取一些过渡措施。例如，每次高效学习中，包含一半时间的高效学习与一半时间的阅读以进行调剂，逐渐地增加高效学习的时间。

对于特别困难的孩子，则可以考虑与老师联系，建立某种远程打卡制度。孩子每完成一个“小目标”，都能向老师汇报并获得表扬，若干个表扬累积起来还能够获得奖品，这样也能逐渐增强孩子的成功感。

C. 环境中是否有干扰因素

例如，孩子在全封闭的缺乏监督的空间，孩子在客厅等易于受到干扰的空间，孩子靠近床或食物，孩子的环境不安静，孩子使用的桌椅有问题，等等。

3. 撒谎。

如果成人不在家，需要孩子自我监督完成任务，则很可能会出现撒谎的情形。家长一旦发现，除非特别的情形，通常不必戳穿。因为撒谎至少表明孩子有是非观，而戳穿有可能导致孩子的羞怒，并引发对抗行为。相反，不戳穿甚至表达信任，有可能促成孩子的自我变化。毕竟孩子会有内疚感。

但是，不戳穿并不代表纵容，而是要不动声色地（尽可能不让孩子察觉）减少和杜绝撒谎的可能。例如，重新将孩子置于监督之下，或者采取任务制，加强对每天学习任务的检查和反馈，等等。

提供积极的反馈

在自我管理的过程中，孩子需要获得回应。他们通过回应能更好地检查自己的行为，并获得信心。因此，老师和家长提供积极的反馈是十分重要的。

在这个过程中，我们容易犯的错误有哪些？如何解决？

第一，想不起反馈，三天打鱼，两天晒网，毫无规律。

制订计划的时候信心满满、热情洋溢，自己工作一忙起来，就都忘记了，无论家长或老师都容易如此。尤其在自我管理的开始阶段，没有持续的关注，孩子就得不到有效的监督或激励，自然而然地容易懈怠下来，直到你发现但为时已晚。

这不怪你，因为我们的大脑不可能记住那么多的东西。那么，为什么不用老办法，例如表格呢？

表格内容可以非常简单，例如（针对教师）：

假期反馈自我提醒单

（×年×月×日至×月×日）

	周一	周二	周三	周四	周五	周六	周日
郭　靖							
杨　康							
黄　蓉							
穆念慈							
……							

说明：

1. 与学生及家长约定，通常会在晚上7点到9点之间反馈，请保持手机畅通。

2. 每晚（单双日也可）反馈5个学生，反馈后，就在表格中打钩或简要记录“正常”“出色”“跟进”。

3. 优秀学生减少反馈，在反馈中表现不理想的学生加强反馈，直至天天反馈，实现全面与重点相结合。

这只是一种启发。表格的好处是，你清晰地知道哪些学生你反馈过，哪些学生你没反馈过，反馈的次数如何。经常“凝视”这张表格，会让一切变得清晰起来，而且你会越来越明白应该针对哪些学生进行重点反馈。

你可以把这张表格打印出来贴在你的房间里。当然，表格也可以在电脑中。

那么，家长如何针对孩子进行反馈？

可以用手机进行记录。最方便的方式，是用手机中的便签功能。甚至，你可以用改造过的随手记App进行创造性运用。这样，你经常打开手机的时候，就能够看到。你还可以通过微信记录孩子的表现以及你的反馈，你只要对微信进行设置，设置为本条微信只有你和爱人（还可以包括老师）能够看到。为了简洁，还可以设置一个自我管理的标签，将监督者们（老师和家长）悉数纳入。

第二，喜欢评判，而不是持续帮助；习惯批评，而不是激励。

之所以容易评判或批评，有两个原因：一是归因谬误，容易将许多问题归因于人，或者说，倾向于将能力问题理解为态度问题；二是懒人思维，企图走捷径，希望通过人的改变来获得事情的改变，这样就减轻或逃避了自己的责任。

我们经常能看到这样的情况。平时不管孩子，一旦期末成绩考差了，或者一顿痛骂，甚至一顿痛打，这能解决问题吗？聚焦于问题，孩子会感觉到你在帮助他；聚焦于态度，孩子会感觉到你在否定他。在一定范围内，究竟是聚焦于问题还是态度，不是一个事实问题，而是一个选择问题。重要的是，哪种选择，更有利于孩子的发展或问题的解决。

所以，应该以帮助和激励为主，不要轻易评判孩子，减少随意的批评。这要求家长或老师完成一个转型，即着眼于成长而非缺陷。孩子或许一下子无法达到成人的标准，但要看到孩子的进步，并对存在的问题保持足够的宽容，以协助而非批评的姿态与孩子站在一起。

这很难做到，是吧？

那么，可以像第一条中一样，运用表格等工具解决问题。每天你表扬了孩子几次？批评了孩子几次？无论是表扬还是批评，都记录下来，然后每天、每周统计一下，问问自己：是不是以表扬为主呢？如果不是，那么什么地方出现问题了？

同时，也需要研究表扬的质量。表扬的关键，仍然是着眼于“进步”而非“孩子”。不是“你真棒”，而是“你的字写得真好”。甚至可以更具体，越具体越好。这一点，可以通过观察表扬的效果来反思。

当然，要杜绝虚假表扬，孩子年龄越大，虚假表扬的危害越大。

第三，适度庆祝。

如果孩子坚持得比较好，可以考虑适度庆祝。庆祝的方式可以很隆重，例如远足、旅游、奖品或大餐；也可以很朴素，一封信、一张卡片、老师的一个电话，等等。

第四，通过榜样激励。

可以是身边的榜样，可以是一些微信公众号文章（我们已经搜集了一些）。不要一次都给孩子，而是润物无声地融入他的生活中。

集体挑战自我管理

一个班级，或数位同学结成自我管理小组，相互监督或聘请监督者。与孩子一起成长，榜样的力量是无穷的。很难想象，一个整天泡在麻将或电视中的家长，孩子能够顺利地完成自我管理训练。因此，我们呼吁（但无法成为要求），在可能的情况下，与孩子一起投入自我管理中来。

制订自己的假期挑战计划，并与孩子分享；分享自己的假期心得，与孩子交换并相互激励……在这个过程中，我们很容易与孩子心意相通，而且，我们的生活也可能因此变得更有意义。

▸ 家校篇：

家校关系新思维

好妈妈胜过好老师？再没比这更荒谬的说法了

有一本书叫《好妈妈胜过好老师》，我没看过，但是，书名我是很反对的。因为妈妈与老师，是完全不同的角色，不具备可比性。将妈妈与老师的职能同一化，是现在家庭教育的一个重大误区。

妈妈与老师的区别在哪儿？或者严谨点说，家庭教育跟学校教育的区别在哪儿？咱今天就来详细地说一说。

一、父母之爱与老师之爱的分别在哪里

无论是父母之爱，还是老师之爱，都具有双重性质。从心理学和教育学的角度，都同时包含了弗洛姆所谓的母性之爱与父性之爱。

什么是母性之爱？简洁地说，是因为你是我的孩子，所以我爱你。

什么是父性之爱？简洁地说，是因为你符合我的期望，所以我爱你。

显然，母性之爱是保护性的，父性之爱是引导性的。母性之爱表示没关系，父性之爱则要求向上走。母性之爱是家园性的，父性之爱是世界性的。母性之爱是大地，父性之爱是天空。有家园，孩子才敢于向外探索；有期待，孩子才不至于懈怠滞留。这两股力量，就像左右小舟的两股风，唯有保持平衡，小舟才能沿航向向着目的地前行，一旦失去平衡，就会剧烈地摇摆，摆幅超过一定范围，小舟说翻就翻了。

那么，父母之爱与老师之爱的分别在哪里？父母之爱，固然也有引导性，但更多保护性，所谓“知其白，守其黑”；老师之爱，固然也具有保护性，但更多引导性，所谓“知其黑，守其白”。

哪怕仅从保护性角度而言，父母之爱与老师之爱也是有区别的。父母

之爱，强调的是你是唯一的，我会确保你受到最好的对待；老师之爱，强调的是你是班级的一员，我会确保你受到公正对待。

这两者搞混的结果是什么？是父母成为老师的棍子，从而让孩子无路可逃，无家可归。

举个例子，孩子在学校犯了错误，严重的话，老师会请家长。然后，家长就会协助老师对孩子进行惩罚。那么，孩子到哪里去寻求支持呢？谁是他的盟友呢？在这种情况下，孩子很难形成反思能力，而往往会或者因为恐惧被压服，或者因为愤慨而反抗。

那么，老师应该怎么办？

老师应该意识到，学校是自己的领地，自己是解决问题的主体，在一定范围内，不要麻烦家长，越过一定范围，或者老师判断需要家长知情或协助，那么则应该与家长进行沟通。但是，这种知情只是为了必要的信息透明，这种协助只是为了老师更好地解决问题，而不能将问题转嫁给家长，更不能把家长当成打击学生的棍子。有的老师，孩子不遵守课堂纪律，你都要向家长告状，那要你干什么呢？那课堂是你的一亩三分地啊，你让家长怎么办？替你做班主任吗？

那么，父母应该怎么办？

父母应该意识到，自己的角色不能与老师混同，不能站在孩子的对立面，和老师一起联手打压孩子，而应该成为孩子的支持者。支持者不会走两个极端：成为老师的棍子，或者成为孩子的帮凶（溺爱者）。正确的方式是，在心理上接纳和支持孩子，在方法上帮助孩子分析问题和找出解决方案。

“没关系，谁不会犯错误呢，人都是在错误中成长的。我们一起研究一下，这个问题应该怎么应对……”

二、学校教育重在教知识，家庭教育重在教做人

家庭教育与学校教育也处于不同的角色中，为了通俗易懂，我姑且简单化地表述为：学校教育重在教知识，家庭教育重在教做人。

学校教育当然也应该德育为先，但学校教育必然是知识为重的。学校

教育经历了几个阶段，在早期的学徒制教学方式中，做人是十分重要的，做人与做事浑然一体，师父就是再生父母。但是，班级授课制是工业时代的产物，是以效率为核心的，是必然的知识中心主义的。其设计之目的，就是为了规模化地传授知识。今天无论怎么进行教育改革，这种基因是宿命性的。

在这种情况下，学校所谓的做人教育，往往就成了规则教育、纪律教育，而在人格教育的维度，必然是有限的。有限性的原因，除了应试教育这一致命因素，还跟教师的身份有关。今天的教师，基本上被用职业人的角色加以培养的。真正意义上的做人教育，需要的是导师，而不仅是职业人。显然，一个孩子在教师中遇到导师的可能性微乎其微。此外，做人教育往往是个性化的，这又跟班级授课制有着某种难以调和的矛盾。

因此，无论哪个国家，大致的差别都是教养跟父母有关，知识跟教师有关。

我们讲家庭教育的重要性，主要是指父母的言传身教的重要性，家庭教养的重要性。家庭和学校的教育内容是不应该高度重复的，而应该保持足够的差异，才能相互弥补，共同促进孩子的成长。

现在的问题在于，学校和整个社会，正在把家长变成老师。老师布置作业，家长辅导作业，订正作业，提供反馈，活脱脱一个助教。如果孩子完成得不好，老师还要批评家长："你自己的孩子，怎么这么不用心？"（所以我写过一篇文章，题目就叫《家庭作业是老师的事，跟家长无关》）

这样做的结果是什么？是孩子十分痛苦。在学校也是做作业，回到家也是做作业，老师和家长一副嘴脸，了无乐趣。

那么，父母应该做什么？

如果说，老师更关心的是孩子的智力，那么，父母则更要关心孩子的教养、道德、心理、情绪、社交、自我认知、问题解决能力等方面的发展。这些方面学校当然也会关注，但是仅靠学校是不够的，因为学校只能提供最基础的关注，要深度发展，往往要靠家庭。而这些做人方面的学习内容，对孩子的一生又十分重要。因此，社会分层并不只是经济分层，也包括家庭在教育水平或教养水平方面导致的分层。

家庭教育和学校教育的区别当然还有很多，但核心的区别就是上述两点。凡是教育者，都应该同时成为学习者。这不仅仅是为了一个更好的孩子，也是为了一个更好的自己。

三、关于如何处理家校关系的一个清单

1. 因为孩子，家长和老师才联结在一起。因此，家校关系本质上是两种关系：消极意义上的契约关系，以及积极意义上的合作关系或信任关系。

2. 契约关系力求清楚。家长要缴纳学费，要按时接送孩子，这些都是属于契约层面的；但是家长的义务并不是无限义务，例如老师不能要求家长必须参与到教学中来，如辅导和检查作业，这只能请求或邀请。老师要确保学生完成学业并达到课程标准（如果是特殊学生，则例外，但进入学校时就应达成一致，或发现后与家长进行约定），但老师的义务不是无限义务，例如你不能要求你的孩子必须持续考第一，学生成绩的起起落落是很正常的，哪怕考倒数第一，也并不意味着老师没有尽到责任，除非一个智力和基础正常的学生没有达到约定的课程标准。

3. 合作关系不能强求。家长可以合作乃至于无限合作，但也可能根本不合作，不合作的原因可能是工作忙碌，也可能缺乏能力或对教育理解不足，均要予以理解。教师和家长都应该努力地增进合作与信任，并且在这个过程中，教师应该是主动方，承担起领导家庭的责任，因为从角色的角度讲，教师是受过专业训练的。

4. 明白了上述两点，就容易守住关系的边界。例如，教师很容易无限制地将自己应负的责任转嫁给家长，还使用一套似是而非的解释系统，例如强调家长支持与孩子发展之间的正关联。同时，家长也很容易将老师溢出的工作量当成必然，尤其在私立学校。例如，寒假或暑假，老师并无义务辅导学生作业，或推进学生的学习。老师这样做了，乃是出于责任感而不是在履行契约规定的义务。家长不能将老师假期的努力，当成老师必须完成的工作。

5. 家校关系往往不能止于契约关系，因为契约关系的履行，只是意味着我不责备你，或我不追究你的责任；只有合作关系或信任关系，才能带来持续的发展，甚至是“我选择你”的主要原因。

6. 对老师来讲，有两条底线不能触碰：一是不能体罚和羞辱学生，二

是不能收受家长礼物或接受宴请。学校管理者应该强调这两条底线，因为这事关一所学校的文化风气。

7. 体罚和羞辱学生，在多数情况下不是源自人性之恶，而是专业之无能。源自人性之恶，例如习惯性的泄愤或羞辱，只能清除出教师队伍；源自专业之无能，则应防范、限期改正以及加强专业培训。哪怕是源自专业之无能，超越底线也要付出代价直至离开岗位。

8. 如果孩子被体罚或羞辱，家长应辨析：这是经常性的，还是偶尔的？是人格性的，还是情境中失控后的过激反应？体罚或羞辱的程度如何？尤其是在孩子那里造成了怎样的影响？家长正确的做法是：平时要教育孩子遇到各类被侵害的事（包括陌生人），不要畏惧威胁，要第一时间告知父母；多渠道了解事实，切勿偏听偏信孩子（孩子描述失实的例子太多了）；与老师沟通表达自己及孩子的感受，并善意地传递期待；向学校领导投诉要求有合理的解释；向教育局反映要求启动调查；向公安部门报案请求法律介入。当然，到何等程度视问题的严重程度而定。

9. 在这个过程中，家长容易犯的错误是：忽视或无视孩子的感受；忍耐，不想得罪老师，结果助长了这一行为；反应过激，教师的无心之失或轻微过失被抓住不依不饶最终破坏关系；不以合乎程序的方式解决问题，结果导致两败俱伤的局面。以合理、合情、尊重对方又表达感受与诉求的方式解决问题是一种智慧。

10. 收受家长礼物或接受宴请，在多数情况下源自中国特有的人情文化，少数情况下则源于人性的贪婪。就是说，收受家长礼物或接受宴请，多数情况下并不意味着教师品格低下或贪图钱财，但是，如果成了风气，就会诱发人性中的贪婪。

11. 在这个过程中，教师要注意的是，要以此为职业的红线，无论别人是否知道。因为收受家长礼物或接受宴请，会妨碍教室里的公正。更重要的，是会损害你的个人形象或个人品牌。要在职场上卓然独立，赢得从领导、同事到家长的尊重，必然要有所树立。而且，送礼给你的家长，往往会因为你收了礼物而降低对你的尊重甚至瞧不起你，觉得你很容易收买，这一点你未必会明白。这一条当然有例外，如果你好朋友的孩子在你班上呢？但这中间的分界，我想每个人都会很明白。

12. 家长不要试图贿赂老师，希望老师更多照顾自己的孩子是人之常情，但未必有利于孩子的成长。而一个能轻易接受贿赂的老师并不值得信任，也未必会对你的孩子有更好的影响。社会上的许多做法，未必适合校园，也不应该适合校园。还有一种贿赂是语言贿赂，我承认比物质贿赂更有效，但我也不建议采用。对待老师更好的方式是尊重他，在老师真实地付出并带来孩子的进步时，赞美他而不要觉得理所当然。老师需要激励而不是贿赂，不是吗？

13. 如果家长有能力，则强烈建议以捐赠教室取代贿赂老师。我认为，在现代社会，在有能力的情况下适度地做公益能提升幸福感，也是给孩子最好的示范。捐赠教室能真正地赢得老师们的尊重，也潜在地让孩子以健康的方式受益。例如：图书、绿植、户外活动费用补助、学习用品等。一种更好的方式是捐赠资源、智力和劳动，即以实际行动卷入到教室建设中来。需要注意的是，不要让捐赠成为炫耀，有些家长不捐赠教室的一个重要原因，也是不想让其他家长觉得自己是在炫耀财富或讨好老师，低调是必要的，担忧是不必要的。

14. 老师要避免诱导、暗示甚至以摊派的方式强捐，虽然有时候用心良好。我遇到过分好强的老师，为了班级发展得更好，结果增加了家长的负担导致家长有怨言。用自己的行动去赢得支持，这需要时间与耐心。

15. 契约精神不仅是一所学校家校关系的核心，也是一个班级家校关系的核心。例如，家长的权利与义务，在开学之初就应该讲得明明白白，甚至用一纸清单的方式，用签订契约的形式明确下来。班级发展过程中许多衍生出来的东西，包括额外增加的艺体课程，户外等，因为涉及额外的费用，都必须获得家长的同意。其中核心规则是：财务合理、规范和透明，并由家委会主导或授权且不能沦为形式。

16. 家校之间沟通十分重要，80%的冲突是缺乏沟通导致的。而沟通有两个关键：确立常规性的沟通平台和机制；确立问题解决流程。

17. 常规沟通平台和机制，要遵循极简主义原则，充分尊重彼此的时间安排和沟通习惯，这需要一个磨合的过程。这里要确定的是：日常沟通工具和方式是什么？例如微信、QQ、短信、手机、家长信等。日常沟通的时间和频率如何约定，并处理常规和意外？日常沟通中涉及礼仪、教养问题，等等。显然，从工具到技巧的逐渐成熟需要时间，其基础则是透明、高效、平等、尊重。

18. 家长需要知道出现的一切问题，他们可以遵循怎样的流程去沟通和解决，包括教师层面、学校层面和法律层面，学校要给出流程。家长要尽可能依照流程来解决，这样更有助于问题解决以及最大限度地避免副作用。

19. 沟通的基础和关键，我认为是倾听和表达。我们总是以为别人必然地关心和了解我们在做什么，这是错误的，因此，主动地倾听和表达应该成为一种习惯。对学校来讲，问卷调查、座谈和随机访问是比较好的方式，也需要有家长开放日、以课程和家教指导为内容的讲座、家委会等方式。对教师来讲，除上述方式外，家长信是一种比较好的方式。家长信不宜用来抒情，而要告诉家长我们在做什么，即将做什么，为什么这样做，对家长有什么样的期待，等等。

20. 老师会犯错误，并且一个老师无论多成熟，每天都在犯错误，他们也不可能成为每个学生肚子里的蛔虫，时刻照顾到学生的需要。同时，因为工作的高压力，老师也会产生大量的不良情绪，是职业倦怠的高危人群。家长如何对待老师的错误？如果错误是底线性的，或者是人格性的，则要高度重视并做出反应。但多数时候，错误是由能力、精力或注意力导致的，则要防止过度反应，而更应该（1）理解和接纳;（2）沟通与提醒;（3）协助或等待。

老师不是全能的，他也需要成长，对一个成长中的人的接纳甚至肯定是十分重要的。如果老师一点小过失家长都不依不饶，那么老师就会以避免错误作为应对策略，这是很可怕的。举个例子，你要孩子在学校里不能蹭破一点皮，我就让他下课也不出教室以防范运动风险，这就很可悲了。

21. 正如教师不可能是完美的，家长更不可能是完美的。教师是专业人员，理应是受过训练的，家长是没有受过训练的；因此，不同的家长对教师的反应是不同的，极少或不可能有完美的家长，虽然有许多通情达理的家长。学会面对不同的家长，是教师职业训练的一部分。在这里，有几点要特别注意：自身言行必须十分规范，这是自我保护的基础；加强日常沟通，建立信任关系，这也避免大部分问题；遇到问题要避免与家长进入博弈关系，例如压制或讨好家长，而尽可能进入问题解决流程；遇到重大、棘手问题，向学校汇报并请求介入或移交学校处理。

22. 家长和老师解决问题的方式都会影响到孩子，这是一种无形的学习。

23. 这个清单是依照南明教育价值观而写的，可以批评、提出异议或再讨论、补充，部分内容未必适合普通学校。例如，如果你孩子所在的学校，老师接受贿赂是普遍情形，那么贿赂老师则是便宜选择，原因不解释。

教师节到了，作为家长，你不给老师表示表示吗

诗曰：“每逢佳节被撕金。”这不，教师节又到了，头疼的事来了：

表示，还是不表示？用什么来表示？选择什么时机表示？以怎样的方式表示？

显然，这涉及中国式的智慧，就像烧中国菜一样，数量、搭配、刀法、水分、时机、火候、调料……这分寸感的拿捏，唯有恰到好处，方能宾主满意。

怎么把这棘手的事儿处理好？你得思考四个问题：

1.“表示”的目的是什么？

2.你和老师的关系处于何等性质和水平？

3.你的“表示”会在孩子那里造成什么样的影响？

4.你的“表示”会在老师那里造成什么样的影响？

一、关系是很微妙的一件事

关系是很微妙的一件事。实际上，在“表示”这个问题上的不同反应，反映了对关系的不同理解。

有的父母想：我凭什么给你送礼？作为纳税人，我交了税（私立学校还要缴纳学费），就应该享受义务教育，教好我孩子就是你的分内之事，我才不助长不正之风！

在这部分父母看来，家校之间的核心关系是契约关系。

有的父母想：这不表示一下恐怕不行吧？一个班几十个孩子，不表示一下，老师哪知道我娃的存在呀？对了，我娃成绩一直很好，老师本来就

偏爱，这不表示一下不太合适吧？对了，我娃调皮成绩差，老师本来就反感，这不表示一下，我娃以后有好果子吃吗？对了，如果别的父母表示，我不表示表示，我娃不会受到歧视吧？

在这部分父母看来，家校之间的核心关系是交易关系。

有的父母想：老师们都特别不容易，为娃做了那么多事情，而且工资还不高，将心比心也应该感激，应该表示表示啊。如果把老师的付出当成理所当然，时间久了，再热的心也会冷啊。何况，老师实际付出的远远多于职业所要求。老师对娃好，我们也要信任老师、激励老师。

在这部分父母看来，家校之间的核心关系是信任关系。

以上说的，是家校关系的性质。你对家校关系的性质的理解是哪一种？

除了性质问题，还有一个水平（层次）问题。前者是“质”的认识，后者是“量”的感受。就是说，你孩子的老师教育教学尤其是职业态度处于什么水平？

毫无疑问，有在体制内混日子，根本不合格，脾气还特不好把家长不当人的，有基本合格但也不愿意做更多付出的，有把教育当事业特别有良心为孩子呕心沥血的。

而且，你跟老师的私人关系也有不同的水平，有彼此怨恨的，有基本不来往点头之交的，有长期保持良好互动的。

以上说的，是家校关系的水平。

那么，你孩子的老师处于哪个水平？你们的关系处于哪个水平？

二、每一种关系及反应都有其合理性

我们得承认，每一种关系及反应都有其存在之合理性。但是，我们不能教你给老师送礼的技巧，例如尽量不要请客吃饭，因为老师忙，召集不易而且目标很大风险很高，例如送的礼物要能够融入老师日常生活，他每次在使用时都会注意到是谁送的，等等。

我们不能教这些。

我们要讨论的是，在教师节这样一个日子里，如何通过表示，向老师传递信任。

所有的“表示”，都基于被表示者的需要。

赠送财物当然很实惠，但无论如何，这是建立在人的低级需要的基础上。而人除了低级需要，更有高级需要，因此，更好的“表示”，是满足人的高级需要。

什么需要？被爱的需要、被尊重的需要、自我实现的需要。

如何表达爱？请让孩子去表达，因为教会孩子感恩，本来就是家庭教育中重要的功课。

如何表达？不是用父母的钱去买礼品或鲜花，许多礼品对老师而言已经成了负担。留着吧，没什么价值；扔了吧，又是孩子一片心……

可以考虑——一段精心录制的语音留言；一幅画了好久精心配图配诗的绘画作品；一封充满细节的信或随笔；在合适的时间鞠躬或拥抱一下老师并送上祝福语；哪怕老师远远不够好，也要有真诚的祝福，所有美好的祝福都能够塑造人。

如何表达尊重？请父母自己表达，可以考虑——一条简洁得体的祝福短信；一封描述孩子进步并致谢的邮件；接孩子时特意地当面简短祝福；联系所有家长在群里极其短暂地快闪式地集体刷屏祝福。

老师喜欢听什么？不是“节日快乐”，而是“因为你，我的孩子变得更好了”。如果你能描述细节以及因果关系，会极大地增加老师的成就感，这是一种自我实现的感受。

三、你向老师表示的同时也是在塑造孩子

然而，特别要提醒两点。

修辞立其诚——不要说假话，那只是语言贿赂。

如果孩子确实因老师进步了，那么，要诚恳地描述进步，并向老师致谢；如果孩子并没有进步甚至退步了，那么，要向老师致谢，并表达信任与期待。

不要送礼。我承认有贪婪的老师，有时候一个纯洁的人在环境中也会变坏。

但我相信，更多的老师更在乎自身成就、学生的爱以及家长的尊重，而不是小恩小惠。

你怎么对待他，取决于你怎么定义他。至少对一部分老师来说，财物是一种羞辱，意味着给一份高贵的事业定价。老师当然渴望更好的物质生活，但应该以有尊严的方式去谋取。

当然，也并不是完全不能够赠送。你可以选择 —— 捐赠财物给这间教室。

这对于一间教室，对于老师开展课程都是莫大的支持。你有三次最好的机会可以捐赠教室，开学日、孩子生日，以及教师节。

如果你本身也有经济压力，你也可以捐赠一些劳动，做一些力所能及的减轻老师压力的事。而你向老师表示的所有方式，都同时是在塑造一个老师、一间教室，以及你的孩子。

老师可以批评你，但是不可以打你

下晚自习了，还没来得及离开办公室。一位家长走进来，很生气地向我投诉，说数学老师打孩子手心，而且是女生，孩子都有了心理阴影。

这件事让人很难受。

学校会如何处理这件事?

1. 调查清楚事实。通常体罚会被认定，但如果存在附带的威胁（例如不准告诉家长）之类，无法获得证据，如果没有旁观的同学作证的话。

2. 对当事人进行恰当的处理。所谓“恰当的处理”，是指承担明确认定的责任，也包括对老师的行为进行必要的指导。

3. 中止并防止后续伤害。中止体罚容易，但还要处理后续可能出现的歧视、冷暴力、孤立等情形。

4. 检查整个系统的漏洞，降低此类事件的发生概率。

当然，这件事不是我在处理，会由年级主任进行处理（我们实行的是年级自治）。“知父母”是给父母们看的，我想站在父母而不是学校的角度，来谈一谈如何防范和应对校园里的体罚事件。

一、校园中的体罚很难防范

关于体罚问题，我也做过一些工作。

例如，学校里设立了两条高压线：禁止体罚和羞辱学生，禁止收受家长礼物。为什么要这样做，也详细地解释给了老师们听，甚至写成了文章《为什么不能体罚学生》。管理当然不是写文章那么简单，文章只是一种帮助理解的方式。我们将年级主任的联系方式发给了全体家长，同时，本学期又开展了问卷调查。在问卷调查中，将体罚作为调研的一项重要内容，并且特别鼓励家长向学校举报体罚现象。

当然，我还有一些招数未使用，可以将这个问题进一步升级解决。只是因为文化是一个过程，不是简单地采取强硬手段就能解决的，就适可而止了。尽管如此，体罚现象仍然未能杜绝。毕竟，我所在的不是小型学校，是有三千多学生的大型学校。

从根源上讲，只要应试教育始终存在，那么“鸡飞狗跳”就会同时在家庭和学校上演。在这种背景下，老师要逼学生学习，体罚就很容易成为手段。更何况，在各种压力下，老师往往很容易动肝火，激情体罚难以避免，这真不一定是老师有多坏。我文章中提及的这位数学老师，在我的印象中，一直是一个十分兢兢业业的老师，为了学生的学业成绩，牺牲了许多休息时间。从人品的角度讲，在学校口碑也很不错。

这几年来，我们严禁对班级之间的考试成绩进行排名比较，更从来没有将成绩与教师的工资或绩效之类挂起钩来。而且，绝大多数班级，师生关系和家校关系都是很好的。尽管如此，还难以避免体罚现象，那么，那些抓成绩抓出血来的学校呢？那些并没有刻意对体罚进行防范的学校呢？

我的意思是说，在当前的教育大背景下，体罚的根源始终在，体罚的动机始终在，体罚绝不是一个小概率事件，不能掉以轻心。这还只是从学校的角度来讲。

从孩子的角度讲，被体罚往往不会跟家长说，这又助长了体罚。孩子不会说的原因有很多种。例如，自己犯了错误被体罚，觉得没理就忍了，甚至觉得应该被惩罚，也是有的。更重要的是师生关系的不平等造成的畏惧心理，怕跟家长说了，家长再找老师或学校，然后老师再变本加厉地对待自己，老师未必会如此，但孩子心里是害怕的。

从家长的角度讲，如果知道自己的孩子被体罚，只要情况不严重，多数情况下也会选择忍受。（当然，也有些家长认为孩子就是要打，不过，打打屁股就可以了，不过分就好。）因为孩子还要在这个班上读书，不想因为偶尔的体罚，影响了家校关系，让老师对自己的孩子有看法。今天你给学校反映了，校长处理了，明天他会怎么对待自己的孩子？

出于种种因素，校园里的体罚很难被发现，也就不容易进入学校管理者的视野。

二、老师可以批评你，但是不可以打你

学校要加强对体罚的防范力度，这是毫无疑问的。但是，家庭怎么防止自己的孩子被体罚呢？

我觉得，在一个文明的社会里，就像防范校园暴力一样，父母要旗帜鲜明地告诉孩子：老师可以批评你，但是不可以打你！

无论孩子是在幼儿园，还是在中小学，要一以贯之地让“非暴力”植根在孩子的内心。不是一次两次，而是需要无数次地跟孩子做这样的提醒。

怎么才能让这句话植根于孩子的内心呢？要经常跟孩子讨论：如果老师体罚你，你怎么办？

孩子可能有各种答案，但真被体罚了，他才不会跟着答案走，而会跟着本能走，跟着恐惧走。因此，这跟防震或反恐演练一样，实际上是要模拟不同的情境，察看孩子的反应，并帮孩子构筑更好的反应模式。

例如，你可以与孩子讨论下列情境：

1. 如果老师体罚你，你在第一时间会做出什么反应？你可能会有哪几种反应？你觉得哪种反应最好，最符合你的实际情况？

2. 如果老师体罚你，你会告诉父母吗？为什么你会这么想？你觉得告诉好还是不告诉好？为什么？

3. 如果老师威胁你，你要是告诉父母或其他人会受到更严厉的惩罚，你还会告诉父母吗？为什么？

4. 你有没有担心过，如果你反抗老师的体罚，或者告诉家长，或者投诉老师，同学会怎么看你？如果同学不是支持你，而是反对和孤立你，甚至嘲笑你，你怎么办？

5. 如果你们老师有体罚其他同学的行为，你会告诉父母吗？

无论体罚是否会发生，这种讨论都是一种有益的学习。而且，这种学习会迁移。毕竟，孩子再长大些，乃至于以后走上社会，可能会遭遇许多类似的情况，甚至更恶劣。孩子也需要从当下的遭遇中习得经验，以便未来更好地独自面对。

当然，父母不只是要和孩子讨论，也要细心观察孩子身体和情绪的变

化，万一有什么问题，要及时追问。

此外，父母加强防范意识还有几种方法。

一是了解自己孩子的老师，以往有无体罚学生的现象。如果有过，那么，体罚一定会再出现，无非会不会降临在你的孩子的头上而已，这几乎是规律。

二是向老师传递“你不要碰我的孩子”的信息。传递信息的方式当然不是威胁，不妨采用若干技巧。你可以微信转发关于反对体罚的文章，转发时委婉地表明你的态度。你也可以在每接触到一个新班级时，直接且礼貌地向老师表达你的期待。例如：我知道我们学校反对体罚，我才放心地把孩子送到学校，我很感谢和期待这样的文化。某老师，如果孩子犯什么错误，请您务必及时跟我沟通，我们齐心协力来解决。如果你听到有体罚其他孩子的传闻（特别注意，这些传闻不一定属实），你也可以给班主任留言，甚至直接在班级群里留言：“我听到有传闻，说我们学校的老师中有体罚现象，虽然不是我家孩子，但作为家长，我也十分揪心。我很喜欢我们这个团队，我希望大家能够一起努力，用爱和智慧，为孩子们保驾护航。”有些话可能令人不快，但是，有些信息还是应该传递的。

三、如果孩子被体罚了怎么办

首先，要分清楚惩罚和体罚。教育不能没有惩罚，但体罚是另一个概念，是通过攻击孩子的身体来企图达到教育效果，或者发泄教师的愤怒。体罚不仅伴随着身体伤害，而且经常伴随着心理伤害。（有些与身体有关的惩罚，不能轻易计入体罚范畴。例如罚站，可能就是必要的，但必须在老师的视野之内以确保安全。再比如体育课上罚跑步或做俯卧撑，只要不是恶意地让孩子完成无法完成的任务，也通常在许可范围内。）

体罚不一定造成心理伤害，就像有些孩子，老师生气了，踢几脚，一转身又活蹦乱跳。纵然如此，我仍然主张，哪怕是轻微的体罚，父母也应该做出反应。（造成严重身体和心理伤害的体罚，可能需要走行政诉讼或法律程序，不在本文讨论之列。本文讨论的是绝大多数一般意义上的容易被忽略的体罚。）

这个反应，根据问题的严重程度可以逐渐升级。

但通常首要的是跟当事人沟通。例如，一般性的体罚，也没有造成严重的后果，跟老师直接沟通，就比采用另外的方式要好。通常程序上这样的：

1. 澄清事实。我听到了，看到了什么？我不知道这是怎么回事，发生了什么？这主要是聆听老师讲述的故事及解释。根据孩子一面之词兴师问罪，是最常见的错误。通常任何故事都有不同的版本，不同版本相互参照，才有助于还原真相；

2. 向老师表达自己的感受。我看到孩子怎么样，我的心里如何感觉；

3. 向老师表达自己的请求或期待。因为事情已经发生，也没有造成严重的后果，父母跟老师沟通的目的，本来就是表明态度，防止此类事件再次发生。如果老师表达了歉意，沟通顺畅，这件事就算是解决了。

如果问题严重一些，或者与老师沟通时起了冲突，那么，就可以与学校进行沟通，讲述事实，表达感受，提出诉求。

父母容易做出的错误反应是什么？

是走向两个极端。或忍气吞声，这不仅无助于问题的解决，而且给孩子树立了一个坏榜样；或以非理性的方式解决问题，即试图让对方受到惩罚（而不是承担责任，这两者是有区别的）。例如，本来可以直接跟老师沟通的，先跟校长沟通；本来可以直接跟校长沟通的，直接到教育局投诉，校长是通过教育局，而不是家长才知道这件事的。甚至直接找老师麻烦，给老师好看。这些都无助于问题的解决，而只是激化了矛盾，让孩子后续的学习受到影响。

对我来讲，所有这些问题，都有两个根本的出发点：1. 解决问题；2. 让孩子经历成长。

如果家长怕惹老师，那么，不但无助于解决问题，而且给孩子一个错误的暗示，以后应该这样解决问题。

而就解决问题而言，除非问题特别严重，否则，要将善后工作作为问题解决的一部分。所谓的善后工作，就是你并没有打算转学，那么，你就要同时解决好与老师的关系问题。这并不意味着妥协，或者反过来讨好老师，而恰恰意味着理性应对。

原则很简单：孩子被体罚，我必须寻求一个公道，并且让老师认识到这种行为是不对的；老师为此承担了责任，无论内心深处是否真正认识到错误，我仍然愿意向老师表达善意，并继续信任老师；我也会对孩子后续的情绪和学习情况进行跟踪，帮孩子学会更好地应对后面的学习，包括与老师重建积极关系。

总之，孩子成长过程中，总会遭遇种种问题，包括体罚。处理得不好，就有可能留下阴影；处理得好，则可能让孩子经历一次深度的学习。在这个问题上，家庭需要有足够的智慧，因为你今天处理问题的方式，可能就是你孩子未来处理问题方式的模本。

最后，我想说，错误已经铸成，承担责任之外，重要的是——

学校从中学到了什么？作为当事人的老师从中学到了什么？父母和孩子从中学到了什么？

我们需要不断地从错误中学习，是为了错误不再重现。

附：给家长的关于家校沟通的10条建议

家长是教育中最重要的一股力量，然而，家长们如何利用好自己的力量，使之更具有建设性而非破坏性，这是家长们必然面临的挑战。今天看到一则新闻，有些感慨，也有些切身体会，写一个清单，供参考。

1.因为孩子，素不相识的家长们汇聚在一起结成盟友，同时，又是教师坚强的后盾。因此，无论是家长之间，家长与教师之间，家长与学校之间，信任是最重要的。无论分歧有多大，不要轻易破坏信任关系，因为信任关系很难修复，尤其是与教师之间的信任关系，因为教师是直接面对学生的人。

2.要防止两个极端：取悦或监视。取悦，是以言词贿赂教师，以达到希望教师更努力的目的；监视，是盯着教师的每一个细节，动辄评判或指责。这两种极端，往往是焦虑导致的控制企图。

3.最有成效的姿态是尊重与激励。尊重，是指尊重老师的专业，尊重老师的空间；激励，是指孩子有点滴进步，都要尽可能地向老师表示感激。

家长和孩子的反馈，甚至比奖金都更能激励教师，也更能摧毁教师。

4.真正考验家校关系的，是对教师过失或不成熟的宽容程度。人非圣贤，孰能无过。你希望教师宽容学生的过失或不成熟，就首先要宽容教师的过失或不成熟。以为这会给孩子带来多大的伤害，这肯定是想多了。学会雪中送炭，而非锦上添花，更不是落井下石。

5.宽容不是纵容，哪些情况下，是不能宽容，而必须进入问题解决的？一是师德问题，这是硬伤，但并不是有了过失就是师德问题，而是确实关乎教师人格缺陷。二是不能胜任，教师不能胜任岗位，靠宽容是无法解决的。但通常情况下，这两种问题，学校都会采取措施，家长的意义是监督学校解决问题。

6.无论出现什么样的问题，家长群体，都要训练自己成为问题解决者，而不是愤世嫉俗者，更不是捕风捉影者。家长解决问题的成熟程度，将有可能成为自己孩子的榜样，也成为班级或学校发展的有益力量。

7.家长群体在解决问题的过程中，最容易犯三种错误：一是人云亦云，轻信谣言，而不加以证实，以之作为判断以及采取行动的基础；二是攻击人，而不是针对事，最终因为信任关系的破坏，而无助于问题解决；三是迷信群体压力，喜欢这种中国式解决问题方式，危害甚巨。

8.解决问题可以分三步走：一是直接向当事人或相关者确认事实，确保信息准确；二是清楚自己的诉求，通过沟通进行协调，以期达到优质均衡；三是沟通解决不了问题时做出选择或向第三方寻求公正。总之，要让问题解决过程成为孩子的学习范例。

9.群体可能诞生出更高的智慧，从而促成班级向更高处发展，成为家园和乐园；群体也可能变成乌合之众，甚至成为个别过度焦虑的家长的工具。最智慧的群体，不会成为教室负担，而会成为教室的支持者，美好的传播者，以及参与创造者。

10.参照第一条，然后，相信种子，相信岁月。

孩子不喜欢某个老师怎么办

一个班级，学生喜欢所有老师，很少见，哪怕老师都是优秀的。那么，学生不喜欢老师，家长怎么办？昨天，无意中听到《罗辑思维》中的一个观点，很有同感——家长要帮助孩子喜欢上老师。

为什么呢？喜欢难道是可以勉强的吗？

一、学生为什么会不喜欢某个老师

有一个不争的事实是，学生常常是因为喜欢一个老师，才喜欢一门课程的；如果学生不喜欢一个老师，通常就不会在这门课程上花费太多时间，连上课听讲也未必能保证。

那么，学生为什么会不喜欢某个老师？原因是多种多样的——

1. 讲课不吸引人，2. 工作态度有问题，3. 工作方法有问题，4. 人品不好，5. 习惯不好，6. 气质不合，7. 长得不够帅 / 美……

被所有学生都喜欢的老师，我几乎没有见过，至少我不是。能够让所有学生都讨厌的老师，也几乎没有；如果有的话，也基本上算是极品了。

如果学生不喜欢某个老师，那么，家长怎么办？

当孩子跟家长描绘不喜欢的老师时，家长心里一定要清楚一个事实：学生喜欢老师，跟老师是不是优秀或合格是两回事。

换句话说，要将事实与看法区分清楚。家长要根据各种信息（包括必要时补充信息）来初步判断——

1. 这个老师的工作态度有根本性的问题吗？

2. 这个老师的工作能力达到合格水平了吗？

这两个问题具有根本性。就像医院里，要看一个医生，首先是医术合格不合格，其次是能否用心治疗病人，缺一不可。这两点出现问题，就涉及一个“教师资格”的问题。在通常情况下，学校不会允许这两类教师出现，万一出现呢？那么，家长就要提出这个问题谋求解决。

态度问题加上“根本性”，是指态度是没有办法根本改变的，不是偶尔的态度问题。

二、如果主要问题在老师，怎么推动老师调整呢

排除了这种可能，再判断——

1. 孩子不喜欢这个老师，是短期的，还是长期的？是由某件事诱发的，还是始终不喜欢？

2. 是自家孩子不喜欢这个老师，还是班上大多数孩子都不喜欢这个老师？

无论是哪种情形，孩子和老师都要调整。但如果是前一种情况，主要是帮助自家孩子调整；如果是后一种情况，主要是老师调整。

如果主要问题在老师，家长怎么推动老师调整呢？多数家长采用的方式，是要么沉默，要么爆发，鲜有主动解决问题的。

怎么主动解决问题呢？1. 客观地陈述事实（包括陈述孩子的感受），2. 理性地表达期望。

如果家长不采取主动，那么，相关的老师未必意识到自己的问题，或者知道自己在学生那里，原来是这样的形象；而相关的学校管理层，也未必意识到这个班级，或这个老师在学生那里是这样的形象。就是说，问题可能没有进入视野，当然也就不可能被解决。

家长可以跟老师直接沟通，可以跟班主任沟通，可以跟相关管理者沟通。只要沟通是尽可能不带情绪的，能客观地陈述事实，表达感受和期望，通常都有利于问题的解决。既不满意，又不敢说，这是中国家长普通的状态，实际上没有必要。我们解决问题的方式，本身对孩子也是一种示范。

何况，你还可以隐瞒身份，有多种方式来表达和推动解决。

三、学校换老师一定是小概率事件

家长很容易要求换老师，尤其是在私立学校。然而无论私立学校还是公立学校，临时换老师，一定是小概率事件。有无老师可换不是关键问题，关键问题是，没有学校会无缘无故地仅仅因为家长的要求换老师。这既不符合学校的用人规则，也违背了校园文化，让老师们普遍有不安全感。

除了正常情况下换老师（这属于正常的工作调整，通常是以学年为单位），中途换老师，原因通常是：1. 工作态度出现严重问题；2. 工作能力出现严重问题；3. 出现重大工作失误，包括教育事故或教学事故。这时候，会导致解聘或转岗。一般情况下，没有严重问题，工作达不到学校期待的标准，学校觉得有必要换，也是以学年为单位进行的。如果家长要影响学校，这也是最合适的时机。

如果老师不是有严重的能力问题或态度问题，如果老师并不是让大多数同学都不喜欢，那么，当孩子抱怨说不喜欢某个老师的时候，家长最明智的做法，是帮孩子喜欢上老师。

孩子不喜欢老师，有时候是环境暗示的结果。这个环境，可能包括同学之间的议论，也可能包括家长在孩子面前的有意无意抱怨。

家长在孩子面前维护老师的尊严，是家庭教育最重要的艺术之一。维护老师的尊严，并不是没有界限地不分是非，而是在明辨是非的前提下，帮孩子理解老师，支持老师，尊重老师。在我看来，这不只适用于师生关系，在一切关系中，释放信任和善意，都有利于让孩子成为一个更好的人。

我女儿小升初的暑假，迷上了《红楼梦》，读到半夜也不放手，也写了不少评论。她所有的评论中，最打动我的是她对赵姨娘的评论，大意是说，赵姨娘这个人并不是真的坏，她只是太爱自己的孩子了。

孩子看待一个老师，只看到一个方面，家长与孩子的交流，就是帮助孩子看到另一面，避免孩子的片面偏颇。如果孩子能以同理心，同情心对待别人，这是何等的进步?！要知道，在现代社会，老师承受着巨大的压力，这些压力，孩子往往是感受不到的。

孩子是否最终能够喜欢上一个老师，这并不是关键，关键是家长在发挥什么样的作用。

四、我们该以怎样的姿态面对老师，面对问题

如果老师确实有问题，但又没有突破底线呢？无论是能力，还是态度。

在这种情况下，家长如何为孩子提供指导？

最自然，但又最令人不安的是，我们培养了太多长不大的婴儿。许多学生天真而无知，也缺乏同理心，强烈的自我中心，让他们常常只关心自己的感受，自己的悲欢。他们的核心问题是："你有没有照顾好我？"

如果学校教育缺乏自觉，如果家庭教育缺乏自觉，我们就会顺着孩子的思路，将两方面的反思，变成了对教师的无限制的要求。我们要求的，几乎是完美的教师。一句话说不合适，就叫伤了自尊，你是玻璃心吗？稍微受点挫折，就抱怨老师太严厉。我们总是力求给孩子创造最好的环境，但没有把孩子变成创造者，问题解决者。

假如一个老师对一个孩子构成了问题（可能是课堂问题、沟通问题等等），除了能够理解的抱怨，我们还能帮助孩子做出哪些反应？

1. 凡是能改变的，改变它；2. 凡是不能改变的，接受它。

学生和老师理性的经常性的沟通，是一种亟待培养的能力，这是学校的责任，也是家庭的责任。仅仅如此，就能解决一半以上的问题。你可以抱怨老师，你也可以尝试改变他。改变的方式，包括表达感受，包括传递善意，包括提出具体的意见和建议 …… 能不能改变是老师的事，重点是我们以怎样的姿态面对老师，面对问题。

在不能改变的情况下，就选择接纳和接受。例如，我可能期待一个老师学富五车，讲课幽默风趣。但是，我没有办法改变，甚至老师意识到了也无法短时期内自我改变。那么，我就接受这个结果，在这个前提下，仍然可以通过自己的努力，以及与老师的合作，让自己的孩子学习获得丰硕的成果。

世间没有不好的事情，一切都是最好的安排。"因为 …… 所以我不能。""纵然 …… 但是我还能。"这是两种不同的生活态度，你把孩子引向哪个方向？

家长怎么和老师高效沟通

今天选择了这样的一个题目，叫“家长怎么和老师高效沟通”。我相信在蝶湖小学，这不是一个很大的问题。但是，在学校创建之初，你们又是第一批家长，就这些问题达成共识，对以后整个学校的发展，还是有好处的。

边界感，是一切关系的基础。我们与老师的关系有两种：一种是契约关系，一种是信任关系。家长把孩子送到学校，送到老师手上，就构成了一种契约关系。这种契约关系，是对等的，双方都有必须履行的义务。

家长的义务：

1. 履行义务，缴纳契约确定的各种费用。（不用交学费，是因为家长已经纳过税了。）

2. 准时送孩子上学，准时接孩子回家。

教师的义务：

1. 确保孩子在校期间的身心安全。

2. 在学生智力和行为正常的情况下，确保孩子完成规定的学业内容。（先天智力落后和有严重行为障碍者除外）

那么，我们来讨论两个问题：

1. 辅导或督促孩子完成作业，是不是家长的义务？

2. 如果孩子考了倒数第一名，是不是老师的责任？

一、家庭教育比学校教育更重要

许多人认为，辅导或督促孩子完成作业是家长的义务。在这里，我们还主要讲家庭作业。因为这些作业主要在家庭完成，所以家庭要负责任。此外，这是你的孩子，你不负责任，指望谁负责任？家庭教育比学校教育更重要。

从契约的角度讲，辅导或督促孩子完成作业，并不是家长的义务。并不是作业在家完成，就是家长的义务。因为作业虽然在家完成，仍然是对学校所学习的功课的巩固，是学校学习向家庭的延伸。本质上，仍然是学校教育教学的一个组成部分。

这是不是说，不应该要求家长辅导或督促作业？当然不是。核心是你要求家长辅导或督促作业，这本质上是一种请求而不是要求。要求是一种法律或契约关系，而请求则是在信任基础上的一种彼此承诺，它不具有法律效力。违背了它，会导致信誉受损，但不必付出实际的代价。

例如，为了更好地发展学生的学业，我请求家长们在孩子放学后监督孩子完成作业。这是一种请求。但是家长完全可以说，我不承诺，因为可能上的是晚班，可能缺乏辅导能力，可能还要照顾老人，可能我只是想要拥有自己的生活，等等。

在这种情况下，不能指责家长不负责任。相反，家长如果跟老师达成了默契，那么，这本身是一种对老师工作的支持。当然，这个支持的受益者也是家长，否则就不太可能达成一致。

任何老师都应该意识到，当孩子进入学校，这就是我们的责任。我们有义务教好孩子，因为这是我们的职责，我们也因此领取相应的工资。不只如此，我们的尊严也与此息息相关。我们发展每一个孩子，这让我们感觉到对得起工资，同时，也赢得了尊严。家长在家里帮我们盯着孩子完成作业，就是在帮我们提升自己的教学效果。不能说，这是你的孩子，你所做的一切就是应该的，甚至变成了你的义务。

可惜的是，老师要达到这种认识，还很难。这需要有极高的职业精神和职业意识。这跟装修房子是一个道理。你请一个工程队装修房子，工程队签了合同，契约关系就形成了。理论上讲，工程队就要对这件事全盘负责，因为工程队拿的是装修费，材料费是雇主出的。那么，工程队的职业水平，就在于以最低的材料成本，装出最高水平的房子。更重要的是，这个过程中雇主完全不用操心，到时候直接验收就可以了，甚至连验收都不用。这是职业化。但是现在的情况是，每次装修房子，雇主就得脱一层皮，生一场病。为什么？因为你不盯着，可能各种偷工减料就出现了，装修质量也出现了。

这种情况本来极不正常，但现在的问题在于，大家都这样，不正常的事也变得正常了。最后，图省心的雇主还会被人嘲笑，你家的房子，你不操心，指望谁操心？花了钱，还是这下场。家校关系因此经常处于扭曲的状态。

因为许多老师，主要是体制内的老师，他的饭碗不取决于家长，而取决于体制，这就妨碍了职业化，妨碍了这个行业的服务精神。作为教师培训专家，作为教育研究者，我希望教育行业涌现出越来越多职业化水平很高的教师。

二、家长有义务配合老师吗

老师常常抱怨：家长不配合，我怎么工作？问题是，家长有义务配合老师吗？准时接送不是配合，而是履行义务，不存在一个配合的问题。你和你的搭班老师，才有配合的问题。

你不能说，我是为了你好，为了你的孩子好。你在教我的孩子，首先是在履行职业义务，而不是做公益事业。我履行了我们契约中的义务，就是在配合你。我可能不是一个好家长，那应该是我爱人指责我不配合，而不是老师。如果我虐待了孩子，那应该是政府出面，剥夺我的监护权，而不是老师。但是，在这个层面上家长的义务，不是家校契约中的义务。

一个家长把孩子长时间一个人放在家里，如果被投诉，法院可以介入，甚至剥夺家长的监护权；但这跟学校没有关系——他违法了，但没有违背跟学校的契约。

例如，在罕台我们发现一个孩子来上学时伤痕累累，仔细询问，发现是家暴所致，而且是经常性的。于是学校向派出所报警，派出所出面调查干涉。在这里，不是家长要负有对学校的责任，而是负有对孩子的责任、对社会的责任，所以，法律有权干涉，国家机器要介入。当然，你在学校里虐待孩子，就跟老师相关了。

在家校关系中，家长委托学校完成对孩子的系统教育，学校无权干涉家庭的教育。学校当然可以对家庭教育进行指导，但这种指导是建议性的，而不具备强制性。

也有相反的情况，过度承担不属于自己的义务，有时候也是不对的。有一个老师的班上有一个问题孩子很可怜。母亲吸毒而死，父亲又找了老婆，生了孩子，对她漠不关心，生病了都不积极去看。这个老师就主动照顾这个孩子，最后跟我提出来，要接这个孩子跟她一起住，让她脱离自己家庭的环境。

我说，你关心这个孩子，甚至给她买衣服，带她洗澡，我都容忍了，但你要近乎收养她，我就不能容忍了，因为我觉得你越过了界限。就像我可能会给乞丐几块钱，但不会负责他的一日三餐，虽然我有这个能力。她说那这个孩子怎么办？我说你不是她的监护人，她自有自身的命运，我们不要企图改变别人的命运，我们只是别人的环境而已。

三、学校之外的教育和教学行为，这才是家庭教育

当然，家庭作业是一个特殊的概念。如果家庭给孩子提供了另外的学习，这就跟学校无关了。例如，有的家庭，可能让孩子去学钢琴；有的家庭，可能让孩子去学奥数：这些学习跟学校无关。学校不教钢琴，学校只教国家规定的必修和选修课程。在此基础上，学校可能开设更多的课程，但那是学校给自己提出了更高的要求，并不是义务。

家庭在学校之外的教育和教学行为，这才是家庭教育。就像前面所说的，学校对家庭教育有指导，但是不能强迫。如果观念上有冲突，那么，更应该说服，而不是强制。

如果孩子考了倒数第一名，是不是老师的责任？当然不是老师的责任，因为老师无论如何努力，倒数第一名总是存在的。重要的不是孩子是不是倒数第一，而是有没有达到契约规定的学业标准。

标准是什么？是除了极个别共同认可的例外（智力和行为有严重问题的儿童），正常儿童，在经过学校教育后，应该达到合格水平。如果没有达到合格水平，就是教育的失败，就像工厂生产的产品一样，不应该出厂。所以，在高中，有两类考试：一类叫会考，这是水平测试，是合格率的测试；一类叫高考，这是选拔性考试。家长更在乎后者，而教育主管部门，应

该更在乎前者。能不能考上清华北大，是孩子的事；能不能合格地高中毕业，是学校的事。

这就是说，学生没有完成学业标准，这是老师的问题：可能是因为教师自身专业水平的限制，可能是因为对学生关注不够。

举个例子。病人被送到了医院，缴纳了医疗费手术费，但是病没治好，甚至病人死了。你怎么理解？这时候就要判断了：一种情况是，这病本身是癌症，是无法治好的，这不是医生的责任；一种情况是，这病本身能治好，但是因为医院和医生的缘故，或延误治疗，或采取了错误的方案。而医生的问题又分为两种：能力问题和责任问题。如果是前者，会降低医生或医院的信誉度；如果是后者，可能就构成医疗事故，就要被追究责任。

我们可能能力有限，但我们首先要意识到，让所有智力发育正常的孩子学业水平达到合格等级，这是我们对家长的义务。

四、在学校出现身心方面的问题，老师要承担责任吗

那么，学生在学校出现身心健康方面的问题，老师要承担责任吗？这里面有一个责任分配的过程。举个例子，孩子在上厕所时忽然昏倒了，被送到了医院，发现有先天性心脏病。那么，学校要为学生的昏倒负责任吗？学生在课间做游戏时，忽然有人滑倒了，结果受了伤，学校要负责任吗？在课外活动时，两个学生突然起了冲突打架，一个学生受伤了，学校需要负责任吗？一个学生因为与父母的冲突受了刺激，在上课时突然毫无征兆又来不及阻止地跳楼了，学校要负责任吗？

学生在学校里发生的身心健康方面的安全事故，有些学校是不负责任的，有些学校要负全部责任，更多的时候，学校和家庭是要分配责任。哪怕体育课上，学生也可能受伤。举个例子，足球赛上，学生正常冲撞受伤，如果体育老师或学校都要负责任，那么，学校就再也不会举办足球赛了。

学校里的安全事故，有些纯属意外，有些有肇事方，有些是学校设施、管理和教育中出现了问题，要区别处理。如果要求学校承担无限责任（只要安全事故发生在学校，学校就负全责），那么，所有学生都会蒙受巨大的损失，连体育课都可能取消。讲清楚权利与义务，是对所有相关方的保护。

家校关系出现问题怎么办

家校关系中的种种问题，80%是误解导致，或者说，是信息不畅导致的。

但是，没有人去倾听对方，每个人都活在自己的感受和逻辑里。一旦真诚地沟通，发现往往是误解。

一、老师为什么不喜欢你家孩子

举个例子，你可能发现，老师不喜欢你家孩子，甚至有意地排挤和打击。

问题是，这可能只是你的感觉，或者只是孩子的感觉；站在老师的角度，有各种可能：

1. 你家孩子犯错误了，例如经常上课捣乱，老师对他进行必要的惩罚；

2. 老师因为注意力的有限，忽略了你家孩子；

3. 老师因为专业不成熟，表达出了对某些孩子的喜爱，而你家孩子不在其中。

家长很容易情绪化，并且在情绪的指引下形成一些反应。例如：

1. 有的家长非常生气，但是怕得罪老师，不愿意表达出来，但是心里对老师的不满就潜伏了下来，老师往往并不知道；

2. 有的家长不愿意对老师表达，但会对其他家长说，这造成了更广泛的层面的误解；

3. 有的家长会公开地或私下地质问老师，有时候误会消除了，有时候增加了冲突；

4. 有的家长会直接向校长反映；

5. 有的家长会找关系向校长施压。

我觉得，生活中面临的一切问题都既是危机，又是契机，你可以让它变成坏事，也可以让它变成好事。

我会怎么做呢？

第一步：

我会相信老师和学校，信任他们的动机，相信事情一定有我不知道的一面，哪怕最后证明老师或学校错了，他们也不是有意的。

第二步：

我会尽可能心平气和地还原事实。还原事实的方法，就是打消一切顾虑地向各方面了解信息，而要避免根据片面的信息得出结论。尤其有时候，我们怕得罪老师，不愿意说，但又相信自己看到或听到的就是真相，这样老师可能被冤枉了，也没有澄清的机会。

第三步：

澄清事实以后，再寻求解决方案：可能是一场误会，皆大欢喜；可能哪一方犯了错误，改正过来就可以了；可能双方都有问题，心平气和地分配责任。

第四步：

重建关系。问题解决以后，与老师推心置腹，达成谅解——这样关系反而加深了。

这样做，能够最大限度地赢得老师的尊重。一味地忍耐又生气，或者动辄找关系摆平都会恶化关系，最终使各方受害。

二、要强调家校关系的边界感与信任感

在这个过程中，校长和我是最好的咨询者。

就是说，许多事情，家长自己心里放不下的时候，就咨询校长和我。一方面，便于我们获取信息；另一方面，我们会给出理解和解决问题的建议，同时保护家长。万一真有什么问题，我们也可以协助高效地解决。

最后大家会发现，80%的问题是误会。而在另外20%的问题中，又有80%的问题是由能力或注意力不足导致的。在这种情况下，老师更需要帮助，而不是指责。

而在这个过程中，学校文化以及家校文化，我认为是特别重要的。

在文化中，我认为有三条是非常重要的。

一是透明，二是公正，三是信任。

信任是基础，公正是核心，透明是保障。要防止学校成为人情关系泛滥的场所，防止不正常的资源争夺。如果排座位、演童话剧都有其他力量的介入，这不是一个好现象。任何家长，如果你手里有资源，无论是财富资源，还是权力资源，都应该用来为学校做贡献，为班级做贡献。能力越强，责任越大，而不应该用来搞等级、谋私利。一种好的学校文化、好的家校关系，能力强的家长，更应该用心维护。

我举几个例子。

童话剧演出，谁家孩子应该做主演？从学校的角度讲，应该确立几条原则，让家长清晰地看到主演选择的原则和诞生的过程。

原则是什么？

1. 应该让尽可能多的孩子乃至于全体参加童话剧演出，不能为了节目精彩，让更多的孩子丧失了登台表演的机会。参演童话剧，是每一个孩子应得的机会。

2. 有天赋的孩子，应该通过公正的竞争，赢得更多的机会，例如成为主演，这是他们赢得的机会。

一句话，既要机会均等，避免少数孩子霸占舞台尤其是主演机会，又要公平竞争，让有天赋的孩子能赢得相应的机会。这中间的分寸感，就需要老师依据原则来把握，通过规则和程序去实现。

那么，从家长的角度，需要怎么理解和处理这件事情呢？

首先，你要理解老师在童话剧方面的设想，以及角色竞选的设计原则和程序。如果老师在这方面不成熟，也可以指出或提醒。

更重要的是，要有一颗平常心。如果你的孩子六年都没有机会担任重要角色，这重要吗？不重要。你的孩子，天赋可能在数学上，不在这方面。盲目地为孩子争取机会，是没有必要的，一个从心底里能接受配角并把它演好的孩子，是很了不起的。

我们希望孩子成为未来世界中的幸福的人，甚至领导者，我们就要对一些原则性的根本的问题进行深入思考。

例如——

1. 在家校关系方面，我们要走出自我中心，努力做规则的捍卫者。捍卫规则，是对我们共同的家园的最好的守护，而不是想尽办法为自己的孩子争取利益。

2. 我们不但要帮助自己的孩子，还要尽可能地帮助别人家的孩子。我们要鼓励自己的孩子做最好的自己，不断地自我进步，而不是打败别人家的孩子。

我们想象一下，一个未来世界的领导者，是把自己利益最大化的人吗？不是这样的。越是未来世界，越强调每一个人为社会创造价值，自己也从中获得利益以及满足感或者说价值感。

在这种情况下，自己的利益与他人的利益是不冲突的，相反，是相互促成的。越让别人获益，自己也越会获益，这才是更好的社会，而学校，也应该是这样子的。

强调家校关系的边界感与信任感，意义就在于此。学校是未来社会的预演。

三、我们总希望孩子胜过别人

我们很容易焦虑。

我觉得，焦虑的核心原因，是我们理解的社会模式太过于单一：觉得就是一个你死我活的竞争环境，而不是一个“万类霜天竞自由”的生长环境。所以，我们总希望自己的孩子胜过别人，而不是把别人当成参照系，让孩子成为更好的自己、幸福的自己。

华为为什么要出售荣耀？不就是被美国打压得不得不断臂求生吗？为什么？不就是因为科技不如人吗？

我们老说美国的基础教育很差，但是，在高端领域，基本上是欧美人的天下。这是为什么？因为我们孩子的兴趣和爱好，基本都在你争我斗中消耗掉了。而一个人，只有热爱一个领域，才能够走得足够远。

2020年，河南省300分以下的学生，将近20万（加上高职是49万，而要考上211大学，600分可能都不够），这是个什么数字？高考300分意味着什么？这些孩子，这些年是怎么熬过来的？更何况，没上高中的还占到40%多，这两项加起来，学业失败的孩子占到了多一半，而且，伴随着学业失败，还有许多潜在的伤害。所以，我经常说我们的基础教育实际上是失败的，小学教育要承担相当大的责任。

所以，让孩子热爱学习、热爱生活，培养孩子的核心素养，培养孩子的道德人格，在这个时代很重要。如果孩子热爱某个领域，那么，终其一生，他都会拥有自己的一片天地，更重要的是他感觉到很幸福。

这一切取决于什么？

取决于我们今天对孩子抱怎样的期待，我们今天怎样回应孩子内在的呼声，以及我们今天为孩子创造一个怎样的环境，无论是家庭还是学校。

怎么为孩子选择学校

幼升小、小升初、初升高，每到择校季，总会收到不少家长咨询。单个回答过，微信朋友圈回答过，这次一并作答，再有问我的，直接转这篇文章，简洁。

一、小学尽量就近入学

小学阶段虽长，但在本质上是学习的准备期，也是性格形成的关键期。在这一时期，最重要的是心理安全感以及习惯的养成。

换句话说——

1. 尽可能每天见得到父母。

2. 生活和学习上要细致地跟进。

强调一遍，无论多么小班化的学校，无论多么敬业的老师，在安全感和跟进上，都比不上父母的力量。这是一对多与一对一的关系，更不用讲利益相关度了。班上有几个熊孩子（哪个班没有呢），就足以耗尽老师的精力了，不可能真的做到细致地跟进。

有哪几种情况，要择校而不是就近入学？

1. 家门口的学校，差到没办法说了……

2. 自己孩子比较特殊，不太适合普通学校。

第一种情况，果断另选学校；第二种情况，可以考虑适合孩子的私立学校，但是，要匹配得当，这有难度。

小学家长，关键是要有责任感。孩子到了初中，你想管人家也不让你管，能发挥作用的就是小学阶段了。想着找个学校把孩子一扔了之，是要付出沉重代价的！与学校分担孩子的教育责任，才是明智之举，具体可参见《家庭教育，到底教什么》。

二、初中尽量上传统名校

到了初中阶段，基本上没有多少选择的空间，因为要么按成绩录取，要么划片招生。有些初中很好，可咱孩子不一定上得了。

抽象地说，初中上传统名校，通常是第一选择。原因很简单，这种学校，虽然通常也有许多弊端，比如关系错综复杂等；但是，通常都有一定的文化积淀，方方面面有底线，有边界感，相对可靠和稳定。尤其是往往有一批优秀而且敬业的老师作为镇校之宝，对新教师也有比较好的传帮带。

此外，还有三个重要原因：

1. 公立名校优生比较多，环境对孩子的影响是最大的，能形成你追我赶的局面。

2. 公立名校中的同学关系比较健康，优质的人脉资源也多，是孩子未来人生发展的重要基础。

3. 公立名校不会像大部分私立学校那些逼得特别紧，孩子在学习和生活上有一定的空间，这种弹性对青春期发展特别重要。初中逼得紧，成绩高，到了高中相对就会下滑，这是一定发生的；初中保持一定的宽松度，成绩稳定，到了高中，有更好的上升空间，这是更健康的发展。

关于这一点，已经有太多数据说明了。许多地方，初中名校是私立的天下，高中名校是公立的天下，这是一个重要原因。许多私立初中，只是把冲刺时间提前了，对孩子不一定好，而且，有时候还要付出许多代价，例如心理疾病高发。

三、高中为凤尾，不为鸡首

在高中阶段，强调择校没有太大的价值，因为是学校在择你，不是你在择校。我们假设一种情况：你的成绩，在一流学校垫底，在二流学校排首，那么，你上一流学校还是二流学校？

两种情况都出现过，能上一流学校的，最终上了二流学校，结果并不好。能在二流学校排首的，跑到一流学校去冲刺，结果越冲刺越糟糕。哎，什么都可能发生。

但是从基本逻辑上讲，除非一些特殊情况，通常的原则是：宁为凤尾，不为鸡首。凤尾仍然是凤，鸡首仍然是鸡。参照系不同，自我镜像不同，带来的结果不同。更不用讲不同学校文化带来的影响了。

四、选学校本质上是选同学

从不同学校出来的孩子，生命气质很不相同。作为长期招聘老师的人，我深切地体会到，中小学就读的学校，对孩子在职场中的气质，有着特别重要的影响。这就是无论小学、初中、高中，家长更青睐公立名校的原因。（当然，有一部分老牌的私立名校也不错。）

许多公立名校时间久了，充满了尔虞我诈，人际关系错综复杂。但是有意思的是，不影响学校的整体声誉，甚至不影响毕业生的质量。因为学校积淀久了，就会以自己的气息运行。更重要的是，你的同学的教养，将深刻地影响你。这一点都懂，不解释了。

五、学校规模大好，还是学校规模小好

小学小规模学校好，中学大规模学校好，这是一般情况。

我们有一种错误认识，一味地认可小规模学校，因为在小规模学校中，单个个体更容易被注意到。这在小学特别重要，因为小学生需要更多的关注和照顾。但在中学，小规模学校的弊端在于——

1. 你缺乏参照系，不利于激发强烈的学习动机。

2. 学校人不够多的话，你找到志同道合者以及朋友的概率就小很多，你的许多兴趣爱好也得不到支持，而且，你也欣赏不到形形色色的人。

我再强调一遍，千万不要过于强调和渲染学校教育的作用，实际上，孩子总是环境动物，受同伴的影响是最深的，尤其是在中学。

孩子越优秀，越要选择大规模学校，去跟更多的高手去竞争。

孩子越有问题，越要选择小规模学校，以便得到更多的关注和帮助。

六、公立学校好，还是私立学校好

显然，这是个伪问题。因为无论是公立还是私立，都有好学校，也都有坏学校。除了这些，公立和私立，的确有一些差别。例如：

1. 私立抓得紧，老师更敬业；公立相对宽松，老师更从容。

2. 私立服务意识强；公立服务意识差。

……

适合的，才是最好的。你不妨对孩子在学校的生活做一些预测，在不同的学校里，他会经历些什么？会得到怎样的对待？

一句话，学校的生源质量，才是决定性的；你的孩子将与谁在一起，才是决定性的，而不是公立私立。撇开这个要素，然后再来考虑，你的孩子需要更多的竞争，还是更多的照顾?《断头皇后》中有一句话，与大家共勉："所有命运赠送的礼物，都暗中标注好了价格。"

七、不要盲目反对应试教育

一味地认同应试教育，是可悲的；一味地反对应试教育，是可怕的。最好的道路，永远是第三条。

鼓励孩子去适应学校教育，并努力在竞争中获胜。但是，通过家庭教育，教给孩子许多学校不教的东西——包括做人，也包括核心素养的构建。学校教育无论如何是短期行为，家长却可以做长线，以无比的耐心，培养一个内心健康而丰盈的孩子，同时又拥有必要而非变态的竞争力。

最重要的是和孩子一起学习，一起成长，一起迎接未知但充满希望的未来。无论孩子最终上什么样的学校，都没必要过分焦虑。每一所学校，你可能看到的是它的缺点，但同时，它也带来了潜在的可能性可以加以利用。世界不会因我们而改变，但是，我们可以改变自己，以创造一个更好的世界、更好的未来。

就像一句流传很广的话所说的："愿上帝赐予我力量，去改变我所能改变的；赐予我勇气，去接受我不能改变的；并赐予我智慧，去分辨这两者。"

青春期篇：

青春期家庭教育实用指南

今天我们来谈谈爱情吧：和女儿的谈话

我是个感情丰富的人，这可以有一个褒义的理解，也可以有一个贬义的理解。我一直在避免被完全地社会化，希望在沉甸甸的关系网络中，为自己保持一份适度的空间。

然而我也知道，人是形形色色的，就像一部武侠小说，有萧峰这样义薄云天但不解风情者，有段誉这样风流倜傥的天然情种，有欧阳克这样的采花者，有郭靖这样的专注深情的人，有洪七公这样的无性者，也有李莫愁这样的偏执狂。而所谓的恋爱，就是形形色色的人之间的一种相互寻找的游戏，这是杏仁核的狂欢，诞生了多少神奇的故事，也是艺术作品的真正本源。

如果这个游戏有一个名称，那应该叫“寻找幸福”。在黑漆漆的宇宙中，因为进化的某种设置，绝大多数人忍受不了一个人的孤独，自然而然地会进入游戏之中，或者迫于社会压力进入游戏之中。可以说，人性的所有美好与丑恶，都在这个舞台上隆重地上演了。有人过早地撕碎了自己，有人平静地获得幸福，更多的人只是完成了一场交易，其中的酸甜苦辣，只有自己知道。

为什么要写这篇文章？

因为，总有一天，你可能会喜欢上一个男孩（女孩），并决定进入一段关系之中，甚至计划与他步入婚姻的殿堂。那么，你如何确信，自己遇到的，就是那个对的人？而不是你或他的错觉，甚至是他设置的陷阱？

一、要重视对方“本身的东西”，不要被“附加的东西”迷惑

你首先要问自己的是，他身上的哪些东西深深地打动了你？

相貌？性格？品格？才华？财富？权势？家庭背景？对你好？或许，不是某个单一的因素，而是多种因素的综合，或者某种被称为魅力的东西。但无论如何，你要尝试对所谓的吸引力进行澄清排序。因为在吸引力的背后，折射的是你生命中最深的需要。例如，一个拜金的女子会觉得拥有财富的男子极富魅力。

然后，你要问自己，那些吸引你的元素，是对方“本身的东西”，还是“附加的东西”？作为父亲，我的建议很简单。要重视对方“本身的东西”，而不是“附加的东西”，不要让“附加的东西”迷惑你。而“附加的东西”，不只指财富或背景，也指相貌这种容易吸引人的东西。反过来想，你要选择和一个人在一起，那么，他所具备的哪些东西，可能会带给你长久而稳固的幸福？而比这些因素更大的陷阱，是“对你好”。

因为在一开始，你往往无法分辨，这是一种真正的“对你好”，还是一种策略。你的感觉只能做参考，不要太相信自己的感觉。为什么呢？当你坚信对方对你好，认为自己遇到了真爱，那么仍然高概率地存在着另外的可能：他在有意无意地塑造你的感觉，殷勤也好，小礼物也好，甚至制造小感动也好，苦肉计也好，都有可能是算计的结果。更重要的是，在情境中他的感情，甚至可能是真的，或者至少有一部分是真的，但这并不代表他的稳定人格。

也可能是你正处于一个空虚的时期，或者你在渴望有人对你好，甚至你只是虚荣心强，需要一个来自异性的肯定。那么，你会通过他的恭维或“对你好”，来让自身获得某种潜意识的满足感。之后，为了保持认知一致性，你不断地强化他的优点，而忽略一些至关重要的信息。

二、一定要坚信，人是不可改变的

那么，怎么解决这个问题？除弄清楚他吸引你的原因外，有两条建议。

第一条建议，你得知道要绕开有哪些特质的人。有一些男孩子，你要迅速地排除：

1. 小气吝啬的男孩。

2. 满嘴脏话缺乏教养的男孩。

3. 与其他人相处时表现自私的男孩。

4. 有暴力倾向尤其是炫耀暴力的男孩。

5. 举止轻佻，见了美女就往上凑的男孩。

6. 缺乏才华，一无所长的老好人。

7. 没本事，也没想着要学本事的不上进的男孩。

8. 妈宝男（会特别强调让你孝顺他父母）。

9. 有明显心理疾病的男孩（不要试图拯救他）。

一定要坚信，人是不可改变的：多么痛哭流涕的承诺，都无法抵抗自己的本性。轻信是女孩子在谈恋爱时最大的危险。墨菲定律在恋爱和婚姻中会十分有效，你担心的事一定会发生。恋爱中的悲剧，一多半是自己导致的。

毕竟，你能找到怎样的人，首先取决于你是谁。我们性格中的诸多弱点，往往会带来灾难性的后果。例如，一个缺乏安全感的女孩，很可能会欣赏一个有暴力倾向的男孩子，结果成为家庭暴力的受害者。我遇到过几例，甚至在恋爱阶段就承受暴力，竟然也有怨无悔地结婚了，因为她相信对方的承诺，相信所谓爱的力量。一个虚荣的女孩，则可能被对方的背景或外貌迷惑，结果过得并不幸福，甚至只是别人众多女友中的一个。一个从小不被肯定的女孩，则很容易被那些示弱的男孩所迷惑，从帮助他的过程中获得了满足感，结果这是一个很大的坑。妈宝男会很贴心，有些有心理疾病的人会因疾病而别具魅力，老好人会不断地用自己的所谓的“好”来弥补自己的无能。真正优秀的男孩，不会花所有的时间来讨好你。

三、对女孩来说，矜持是必要的自我保护

第二条建议：除非相识足够的时间，否则不要轻易答应他。

换句话说，时间是最好的试金石。如果一个人，认识没有半年以上甚至更久，就不要轻易地确立恋爱关系。毕竟，从陌生人到恋人，中间还有熟人和朋友两个阶段，为什么不可以一点一点地来呢?

尤其是，你才是大学一年级，过早地确定恋爱关系，就等于把风险放在了恋爱阶段，而不是在确立恋爱关系之前消除部分甚至大部分风险。如果他真的喜欢你，那么，他就必须学会忍耐。相信我，许多人经不起时间

的考验，会迅速转移目标。毕竟，这并不影响你们的关系，你们可以是朋友，并且朋友关系可以不断地加深。但从朋友到恋人，就是性质的变化。对于女孩子来说，矜持是必要的自我保护。

如果是朋友，那么，保持安全的距离就十分关键。例如：

1. 远离酒精与夜店。

2. 不要接受小礼物或其他馈赠。

3. 不要或减少单独的聚会，不要轻易与对方吃饭。

如果有一天确立了恋爱关系，也要确保自己的安全。例如：

1. 远离酒精与夜店。

2. 要能够识别一些不安全的约会，远离一些不安全或过于封闭的场所（包括宾馆）。

3. 不要太晚约会，不要在外面过夜。

4. 在没有深思熟虑之前，不要与对方发生关系，尤其是在情境中临时决定。

5. 有一点点不安全的感觉，就要果断地离开。

6. 遇到不好的事情，迅速报警，并且与父母联系。

四、一个跟你没有血缘关系的人，凭什么一辈子对你好

女孩子都希望找到一个一辈子对自己好的人。我觉得，首先要问自己，一个跟你没有任何血缘关系的人，凭什么一辈子对你好？你如何判断他会一辈子对你好？你如何判断他只是现在对你好，甚至只是假装对你好？你如何判断他不是想临时找个女友排遣寂寞，而是认真地找个女生共度余生？

肤浅的人，总会被肤浅的感动控制，进而做出轻率的决定或行动。在这里，尤其常犯的错误乃是一厢情愿：我们根据自己的需要重构对方，然后通过对方的行为不断地选择性确认，忽略掉那些与我们的认知不一致的部分。这是很可悲但又很难避免的部分。不要每遇到一个人，都觉得对方“好得不得了”，要理解和接纳真正的人性。

要一个人真正地对你好，并且不是恋爱的时候好，有一个外部的尺度，有一个内部的尺度。

外部的尺度，就是看他是否对别人好，尤其是陌生人。一个人对陌生人的态度，最容易反映出他的本性。能经常发乎本性地帮助陌生人的人，内心是善良的，这种善良会让他在和你交往时留有底线。不要相信那些声称只对你好的人，他对别人不好，只对你好，凭什么？哪怕他十分诚恳地保证，你只要想想蝎子和青蛙的故事就明白了。蝎子和青蛙过河，它并不想蜇青蛙，但是实在忍不住了，最终一起沉到了河里。

内部的尺度，就是看你们能否建立起深度联结。父母为什么会一辈子爱孩子？不只是血缘，更重要的是长期共同生活形成的深度联结。而所谓的恋爱或婚姻，是与没有血缘关系的异性产生深度联结的过程。深度联结是一种“被看见”的感觉，“这个妹妹我曾经见过的”就是这种感觉。但深度联结是一个漫长的过程，并不是三两天甚至三两个月能够完成的。

恋爱的开端往往是认不清对方的，甚至爱的是爱本身。而随着时间的推移，最初的激情过后，就会在不断的磨合中建立起深度联结，或者意识到找错了对象。不要相信一见钟情，好的感情就像粥，也是时间熬出来的。

五、你最容易犯的错误可能有哪些

第一，因为你的文青气质，你会容易在短期内看不清楚一个人，从而对他做出不实的评价。这种评价中，情境中的许多印象被夸大后叠加在一个人身上，并形成一种虚假的同一性。然而，等最初的印象褪去，一切就又变了，这几乎是一种悲剧。因此，最好的办法就是保持必要的克制，把一切放在时间中去沉淀。“试玉要烧三日满，辨材须待七年期。”

第二，你天生的敏感和同情心，很可能被别人有意无意地加以利用。觉得“对不起人家”，会让你犯很多错误。例如：优柔寡断，迟迟不中止一场不应该发生的恋爱（虽然并没有发生过，我只是假设推理）；被感情胁迫着去赴一些不应该奔赴的约会，从而将自己置于危险之中……

第三，轻易被感动，觉得对方好得不得了，却全然不明白自己只是掉进了情感的陷阱，而感动又特别容易使人盲目。

此外，在你可能犯的错误中还夹杂了一些自己性格中的缺陷。例如自卑、虚荣、骄傲、依赖，诸如此类。我前面说过，一段关系往往折射了我们内在的需要。问题是许多需要乃是妄念，是极可能被利用的。我说被利用，并不一定是指人家刻意地利用，而是指潜意识中的利用。不合理的需要会导致我们错过许多重要信息，出现错误的判断和行为。

因此，学会耐心在恋爱中是十分重要的。没有一见钟情这回事（这甚至可以在心理实验室里制造出来），所有的关系都需要经历考验。而真正的爱情，将会成为自我完善的历程。我们经历了正确的爱情，变成了更好的自己。而错误的感情，则放大了我们的弱点，最终可能成为不幸的根源。

尽管说了这么多，你还可能遇到一个不合适的人；甚至，发生一些不应该发生的事。我想说，尽快中止关系是最好的处理方法。你会痛苦、会自责、会愤怒、会自欺；你也可能觉得人生从此很灰暗，甚至不相信爱情了。这些都很正常。你要相信，你所经历的每天都在这个世界上发生，只是你没能避免而已。然而，天塌不下来，这并非世界末日。

和你一厢情愿地觉得一个人好得不得了一样，你要将事实与感觉区分开来。我们要避免糟糕的经历，但万一有了糟糕的经历，就当成一种学习吧。重要的是，一觉醒来天仍然很蓝，水仍然很绿，爸爸妈妈仍然爱你，整个世界仍然张开怀抱，在等着你去探索、去爱、去拥抱。

六、比找男朋友更重要的是过好自己的生活

再说一遍，你会遇见谁，很大程度上取决于你是谁。

要想找到足够优秀并爱着自己的男孩，在我看来，只有一条路径，就是把自己变成足够优秀并且可爱的女孩。

为什么大学的学习是重要的？因为比找一个男朋友更重要的事情，是过好自己的生活。爱情不是生命的全部，甚至不是这个阶段的全部。将爱情当成全部的人，只是太脆弱了而已。很多时候，因为学业的压力、内在的孤寂，我们会渴望逃到爱情的城堡中来，但这哪里是解决之道啊。你的尊严、你的热爱，首先要在学习中去找，在生活中去找，在爱好中去找，而不要期待一个爱你的人带给你。说得再明确一些，当你能够不依赖于爱情而存在时，爱情往往更美满和健康。

那些能够真正地忍受孤独的人，更能够收获真正的友谊；那些能够独

自生活得很好的女孩，也更能够遇到心仪的男生。

万一没有遇到怎么办？万一没有遇到，就一个人快乐地生活。有学习，有事业，有朋友，有爱好，照样可以十分幸福。哪怕你一辈子没有遇到真正喜欢的人，一辈子不步入婚姻，又有何妨？我们是不会催婚的。这个时代，已经为任何一个人，尤其是女性的卓然独立创造了良好的条件。

最怕的是耐不住寂寞，每当这个时候，就尝试通过学习转移自己的注意力。转移不了，就尝试对自我进行分析，有时候想清楚了，也就多半释然了。因为我们的种种内在的情绪，都源自本能或弱点，对它们的谅解、引导和驾驭，本身就是成熟人格的必修功课。例如我们有时候不够自信，在遇到各种障碍时尤其如此。但在不成熟的状态，我们又很难将眼前的障碍当成成长的一部分。那么，有了自我分析，就会去忍受这份黑暗，并保持对光明的信仰。

而且，一个显而易见的事实是越优秀的人越孤独，这是宿命性的。你既然要选择成为一个优秀的人，就要承受孤独的代价，或者说欣然接受孤独这份礼物。

七、带着智慧上路更容易获得幸福

爱情是一种很奇妙的东西。

对于一个正处于恋爱阶段的女孩子来说，一定也会有许多的困惑，而其中多数部分，只能依赖自己去解释和解决，别人无法代替。因此，这场谈话，只是一个父亲从自己有限的角度的一点分析和建议。所有的父亲都希望女儿能少走弯路，能美满幸福，我也不例外。但这些分析和建议，只是一种对话，并非金科玉律，听听即可，也不必太在乎。

毕竟，说不定你真的遇到了对的或者以为对的人，然后我所讲的一切都失效了；又或者，不是男孩子追你，是你遇到了让自己心仪的男生，然后鼓足勇气去追他。无论如何，爱情是一种值得投入的冒险，没有什么是绝对安全的；但是，带着智慧上路的女孩子会更容易获得幸福。

祝你好运。无论如何，爸爸妈妈都永远爱你。

孩子偷看色情影像怎么办

这是一位朋友提出来的困惑。

现在的中学（甚至小学），确实存在一个色情读物及影像蔓延的问题。但是，因为这类事情往往十分隐蔽，家长、老师不易察觉，加之手机等工具的出现，让获取成本无限降低，所以其蔓延的程度和深度，往往被低估了。那么，家庭和学校，怎么应对这种挑战？

一、色情制品对孩子的影响容易被高估

虽然色情制品的蔓延程度被低估了，但是，色情制品对孩子的影响却容易被高估。这是我的第一个观点。

现在有一些孩子，在家里一个样子，在学校一个样子。在同龄人中间，往往容易有一些出格的言行。从轻微说“谁跟谁好上了”，到嘴里充满污言秽语，在异性面前，有一些出格的举动，例如摸对方的脸蛋等。同性同伴之间，也容易出现一些“共同语言”，以异性的身体尤其是性征作为话题，等等。因为这是在家长和教师之外的“江湖世界”，所以不容易被发觉，但大家都知道这种现象存在，而且有些孩子身上还比较严重，很容易让人忧心忡忡。

为什么会这样？我们本能地会认为都是网络惹的祸，尤其是色情制品。我们担心，孩子纯洁的心灵会被污染，我们认为，这会对孩子与异性的交往构成不好的影响，甚至可能导致以性为目的的侵凌。你想想看，这世界上那么多强奸犯，色情制品的贡献一定是十分大的。

然而，实际上，孩子从来没有“纯洁”过。所谓的纯洁，是文化上对童年的设定（标签），并不符合实际情况。生物学或心理学上，只有成熟

与不成熟之说，没有纯洁这种说法。一定要用比喻，也只能说，每一个孩子都是一半天使一半魔鬼。

当孩子们长大或在长大的过程中，确实其中会出现一定比例的人是轻浮的、色情的、不忠的，甚至有更小比例的人会玩弄异性，过早涉及性活动，甚至出现强暴行为。在人类社会中，这是一种不正常但并不少见的现象。但是，这种现象与接触色情制品有多大的相关性？

几乎可以相当肯定地说，没有多大的相关性。真正有相关性的是基因，即遗传因素。就是说，因为遗传，某些男生或女生更可能在这些方面犯下错误，或者表现出某种倾向。但是可能性不代表一定发生，只说明在一定的环境诱因下，发生的概率会非常高。

色情制品也算是一个环境诱因，但这种诱因是情境性的。一个看了一晚上色情电影的男人，清晨走上街头，更可能侵犯一个独行的女人，情境使然。但这并不代表着色情制品会帮他形成某种气质，最终促使他成为一个流氓。相反，因果关系是颠倒的，因为他具有某种倾向性的基因，他才会对色情制品更关注，也更容易沉迷其中。

研究表明，最近若干年，电视上出现的太多的暴力和色情，并不是生活中暴力与色情增多的原因。在这两者间建立因果关系，是属于强加因果或颠倒因果。（我当然支持电影分级，这是另一个话题）如果有兴趣，可以去查阅相关研究。

我的第一个结论是，对孩子接触色情制品要关注，但不要过分担心。孩子不会因为接触了色情制品，就变成了一个“那样的人”。

二、接触不是问题，沉迷才是问题

接触色情制品不是问题，沉迷于色情制品才是问题，这是我的第二个观点。

色情是人类的基本需要之一，当你责备儿童之间谈论低俗话题的时候，是不是忽略了成人在饭桌上的荤段子？更不用说荤段子以外的事儿。

但他们只是孩子呀！这是我们对孩子的期待，是成人为儿童设计的禁忌。但是，有几点必须要明白：

1. 禁忌是必要的，这是对儿童的保护（这也是我支持电影分级的原因）。

2. 突破禁忌是高概率的，这是成长的一部分。

3. 教养，就是在禁忌与突破禁忌之间寻求平衡。

那么，解决这个问题的方案是什么？

对的，你猜到了，是让孩子以正确的方式接受性教育、性文明、性教养。凡是不长庄稼的地方，必生野草，这是至理。我的少年时代，没有网络，儿童也不会拥有手机，但照样有录像在流传。什么？接触不到录像？还有《少女的心》手抄本呢。这些让一代少年完成了性启蒙。而教育的任务，是尽可能不要让孩子以这样的方式完成启蒙，而是以公开的正确的方式完成启蒙。成人世界总视性为禁忌，讳莫如深，觉得似乎一讲性，孩子就不纯洁了，就有可能变坏，我总觉得，担心实在是太多余了。

公开地讲性，才是对孩子最好的保护，尤其是女生。（当然，怎样正确讲性是另一个话题）现在有些女孩子，在路上遇到老流氓，根本就不知所措。没有人提示，也没有人教。

在这个问题上，一味地回避打压，是在跟人类的本性作对。

接触和谈论色情制品，不只是儿童的内在需要在没有得到满足的情况下的表现，从文化尤其是亚文化的角度讲，也是同龄人之间的交往方式，甚至，是部分青少年彼此认同的“信物”。

那么，性教育的内容是什么？

1.（去道德化地）认识身体与性，知道如何正确地对待它。

2. 知道并理解与性有关的禁忌、底线，了解常见危险，并知道自我保护的方法。

我的第二个结论是，让孩子以正确的方式接受性教育是对孩子最好的保护。

三、好的教育有可能决定他长大后像段誉，还是云中鹤

不过，虽然接触色情制品有生理的、心理的以及亚文化的原因，但这只是实然。而教育是朝向应然的，不能听之任之，必须采取措施。并且，对沉迷于色情制品的情形，还要高度重视。这就好比说，不能因为暴力根

植于人性，就容忍你可以随便打架。

这个问题比较复杂，（除了上述的生物学因素）换一个角度，我要提醒父母们注意：频繁接触色情制品甚至沉溺其中，很可能只是一个结果，而不是原因。你觉得因为孩子沉迷于色情制品，所以成绩下降。但真正的原因可能是孩子人生没有目标、没有意义，尤其是学习压力太大（无意义感所致的压力感），所以他才沉迷色情制品。

通俗地说，上半身出现故障了，注意力就移到了下半身。因此，你致力于只解决下半身的问题，是解决不了的，至少是解决不好的。在这里，只用西医的解决方案是不够的，同时还要有中医的解决方案，标本兼治。你想想看，他觉得生命没有意义，于是色情成了宣泄，你堵这个口，有什么用？且不论是否堵得住。

我的建议是：

1. 创建更健康的环境，减少孩子接触色情制品机会，提升孩子接触色情制品的成本。如果是教师，还要注意一间教室的亚文化。

2. 给予正确的性教育，并让孩子理解社会禁忌，并学会如何保护自己。

3. 培养孩子在两性方面的教养，异性是值得欣赏的美丽的人，而不能只视为物。将异性视为物，不只是对异性的贬低，也是对自我的贬低。无论何时何地，都要有教养地尊重对方的感受，树立自己在异性心目中的良好形象。

4. 鼓励并帮助孩子找到学习的意义，乃至生命的意义。

有些孩子，生来就对异性（甚至同性）有强烈的兴趣，家长怎么办？

有兴趣的家长，可以关注一下行为遗传学。没有兴趣的，至少应该知道，孩子的这种气质，并不是教育的结果，甚至不是家庭环境影响的结果，更不是看色情制品的结果，而是遗传的结果，是被基因注定的。

基因注定？那是不是家长就无能为力了？当然不是，再好的教育，也改变不了他在异性面前的荷尔蒙反应水平。但是，有可能决定他长大以后更像段誉，还是云中鹤。

怎么跟青春期的孩子有效沟通

处理亲子关系和处理夫妻关系都不是一件容易的事，比处理朋友关系、同事关系实际上要难很多。以夫妻关系为例，一旦到了左手摸右手的阶段，那么，会出现一种情况：你说上句的时候，我就知道你下句话会说什么，连吵架都是程式化的，没有什么新鲜的内容。夫妻关系出现问题之所以难以解决，就在于交往模式已经固定下来了，难以改变。而且，我们越想努力地甚至真诚地改变，事情结果往往越糟糕。因为出问题的是交往模式，而交往模式又是当事人很难洞察，或者哪怕洞察了也很难改变的。

亲子关系也是如此。我们和孩子的交往模式，到初中阶段往往也已经确定下来了，无论我们怎么变换语言，孩子都知道我们实际在想什么、想要什么。有时候孩子甚至会故意伤害自己，会离家出走，他知道你害怕什么。

这并不意味着不可能形成更好的交往模式，只是说这是一件很难的事情。我们真正要改进的并非技巧，而是我们的内在观念和与孩子的交往模式。那么，怎么形成新的更好的交往模式，以便能够更好地与孩子进行沟通呢？

一、这场战争有胜利者吗

我们先想象一个场景：一个周六的早晨，太阳已经升起来了，时针指向9点。你最爱的宝贝，慢慢地睁开眼睛，打个哈欠。你生气不生气？你不生气，你觉得孩子忙了一周了，周末睡个懒觉也没什么，是吧？但是接下来的事，你就生气了。

他拿起了手机，家庭情景剧开始了……

这么大好的一个早晨，一个睡够了的孩子，吃个饭都要叫半天，手机刷个没完没了，刷到十点，才不情愿地起床，也不叠被子。这当然也算了，但他磨磨蹭蹭地开始做作业，痛苦的样子就像在吃药。冷不丁检查一下，发现他在抄作业，同学把作业拍下来用手机发给他了。

你是不是满腔怒火就开始燃烧了？

掏那么贵的学费，原来指望你像宣传页上所描述的那样积极上进，可看看你这样子！父母有多辛苦你知道不？这是什么破学校?！这是怎样不上进的孩子?！

一开始，压抑着自己的情绪跟孩子沟通，然而遭遇的却是沉默的反抗，甚至是公开的对峙。最终，一方或双方爆发了，战争就这么打响了。

请问，这场战争有胜利者吗？没有。那么，我们为什么要发起战争？

二、我们既要未来的幸福，也要当下的快乐

现在，让我们还原一下孩子的心理过程。

一个睡到早上9点的孩子，醒来了。他面临的第一个选择：我是迅速起来洗漱吃饭，然后伏案做作业呢，还是拿起手机，先玩上1个小时？

请问，是你的话，你会如何选择？

我们思考一下，这个选择的性质或本质是什么？

这是一个哲学问题。哲学家把这个问题简化为：你选择做一头快乐的猪，还是一个痛苦的人？

这个问题是功利主义哲学家穆勒提出来的。问题的本质是：你是选择为了长远的幸福，牺牲当下的快乐；还是选择为了当下的快乐，牺牲长远的幸福呢？

如果是前者，那么对不起，你是一个欲望的奴隶；如果是后者，那么恭喜你，你是一个自律的自由人。

我们古人把这个概括为一句话，叫“吃得苦中苦，方为人上人”。

有没有别的选择呢？这个问题的答案一定是非此即彼的吗？南明教育是不认同的，所以我们说“过一种幸福完整的教育生活”，我们既要未来的幸福，也要当下的快乐。那怎么办？我们就需要把当下的快乐和长远的幸

福以某种方式协调起来。所以，我用一句话来阐发，叫“满足需要，但不助长欲望”，这是我在教育上坚持的原则之一。

举个例子，如果孩子在起床后先做作业，等11点钟累了，再玩一个小时手机，然后12点吃饭呢？只是调整了下顺序，生活马上就不同了，这叫延迟享乐。我们不能打击享乐，享乐是幸福生活的一部分。我们只是需要在不同的需要与不同的幸福之间保持平衡。

三、许多不愉快，都和过高的期待有关

回到刚才的问题，孩子会如何选择呢？

80%的孩子选择了玩手机，孩子还意识不到，这些看似不经意的选择，在一步步地塑造他自己的命运。

父母为什么生气呢？因为父母觉得，孩子没有像自己期待的那样自律，而是做出了一个不好的选择。换句话说，孩子的选择，背离了自己的期待。

这时候，父母犯下了第一个错误：生气了。有人说了，难道不应该生气吗？不应该。父母生气的背后，潜藏着根深蒂固的错误认知，即认为孩子的选择或反应是不好的，很难意识到孩子的选择或反应并非不好的，而是自然的，就像你把纸片扔出窗外，它会飘落地面一样自然。

如果孩子醒来后不是玩手机，而是趁父母不在，翻父母的衣兜看有没有钱，有的话偷偷拿几张，这性质就变了，就不是“自然的行为”，而是“不好的行为”。自然的反应是需要被理解的，不好的行为是需要加以制止的。

区分“自然的行为”和“不好的行为”并分别加以处理，是教育中的一处关键。对“自然的行为”缺乏理解，就已经埋下了冲突的种子。我觉得人与人之间的关系也一样，许多不愉快，都和我们对别人过高的期待有关。举个例子，我培养了一个成熟的老师，在他身上花费了许多心血，而且，工资也没少给他，也在重用他；然而呢，就因为别的学校给他的工资比我高，他就跳槽了。请问，我生气不生气？

我会意外，但是不生气。为什么？因为他的行为，只是一种自然的行为，并不是不好的行为。一个人，把工资当成第一位考虑，这是再正常不

过了。你生气，只是因为你觉得他辜负了你的栽培。然而问题是，他并没有做错什么，他也并不欠你什么。所以我通常的反应，首先，是意外，因为觉得这不是一个好选择；其次，是庆幸，早走比晚走好，他要再多干几年，我还要付出更多的时间在他身上，这些都是成本。但是，如果他偷窃课程成果，私下分享或出售给别的学校呢？那性质就完全变了，不但要生气，还要让他付出沉重的代价。

四、不要和孩子进入“谁对谁错”的战斗模式

我们继续推演。

你不但生气了，而且采取了行动，比如开始批评孩子。有时候还会延伸，举一反三。

这时候，孩子面临第二个选择：我是承认错误立刻改正做个乖孩子呢，还是勇敢地起来对抗？

80%的孩子选择了对抗。这时候孩子的反应，或者沉默，或者跟你吵架：无论如何，这都意味着战争开始了。你当然更生气了：明明你错了，你不改，还理直气壮地顶嘴，这孩子怎么这么给人添堵呢？

那么，孩子的心里是怎么想这个问题的呢？

孩子在选择玩手机而不是做作业时，表面上他是快乐的，潜意识里他是低自尊的。就是说，他明白自己应该做作业，而不是玩手机。如果他克服了玩手机的冲动，去做作业了，那么，潜意识里他有一种自豪感，是高自尊的。

孩子看到父母过来，而自己在玩手机，他的心里是内疚的。因为他知道自己这样做是不对的，大好的时光应该用来学习，只是他控制不住自己而已。然而，当父母制止，或指责孩子“这不对”的时候，请问孩子会怎么反应？

你觉得有几个孩子会规规矩矩地说：“爸，妈，您说得对，我错了。”

当然不会，成年人也多半不会，为什么？

因为这个时候，孩子首先不会思考谁对谁错，而是感受到自我受到了威胁，有人在否定这个“自我”。因此哺乳动物大脑下达的指令是：全体注

意，准备战斗！于是，身体开始进入防御和战斗状态。防御状态的口号是："这不是我的错。"这是自我辩护模式。战斗状态的口号是："都是你们的错。"这是攻击转移模式。

所以，孩子会说："我一周就只有周末才能玩会儿手机，这都要管，我还有没有自由？你们总说我爱玩手机，你们不爱玩手机吗？"

然后，父母和孩子进入"谁对谁错"的战斗模式，双双阵亡。

全剧终。

这就是人性。

五、要和孩子达成共识

那么，和平解决危机的道路在哪里？

解决危机最好的方案，是不要让危机出现，这叫"走在问题前面"。

每学期开学前，都要和孩子有好几次深谈，双方确定规则，并严格地执行。如果规则不合适，也是以说理的方式重新达成共识，再进行修订。

举个例子，和孩子协定一个规则：

1. 周六早晨，可以睡到自然醒。

2. 如果8点以前，还没有醒过来，父母会叫你起床。

3. 无论你是自然醒还是父母叫你起床，醒来后不能赖床，要立即起来，投入学习或吃早餐。

4. 11点以前不允许碰手机（手机交到父母处），11点以后，可以使用手机直到吃午饭为止。

5. 如果起床早，可以相应地申请提前使用手机，但必须父母同意。

6. 如果作业完成出现严重问题（拖延、抄袭），连续一个月周末不允许使用手机。

在这种情况下，孩子就不存在引发前述冲突的选择。这种方案的好处是什么？孩子清晰地知道父母的要求是什么，自己合宜的行为是什么。许多时候，孩子需要成人告诉他应该怎么做。在成人没有告诉他的时候，孩子就会自己判断，这时候，就容易出现成人不期待的行为。问题是，你为什么不表达你的期待呢？

我曾经写过一篇文章，叫《好父母或许是麦田守望者》。在自然状态下，父母很容易陷入“一抓就死，一放就乱”的治乱循环，要么冲突，要么放纵。无论是管理艺术，还是教育艺术，关键都在于有所为，有所不为。所为者，底线也。在麦田里玩的孩子，怎么能既自由，又不掉下悬崖？

不要跟孩子进入到博弈模式，要将原则与灵活性结合起来。这不是一蹴而就的，而是长期形成的，少不了有无穷的战役。

六、假如你并没有“走在问题前面”，那么怎么解决

假如你并没有“走在问题前面”，问题已经出现了，那么，怎么解决？

我们回到前面的情境。

一个周六的早晨，太阳已经升起来了，时针指向9点。你最爱的宝贝，慢慢地睁开眼睛，打个哈欠。然后——

他拿起了手机……

然后，你走了进来，对话开始了：

“昨晚回来很累吧？现在恢复过来了没有？睡够了吗？”

“睡够了。”

“早上学习效率高，再玩5分钟手机，5分钟后我过来叫你起床，你就收拾准备吃饭做作业，没问题吧？”

“5分钟怎么够？我刚打开没一会儿呢。”

“那你计划多久？”

“半小时。”

“不行，太长了。10分钟以后我进来，到时候手机要交给我啊。”

然后你离开，10到15分钟后进来收手机。这次不再妥协。

这么处理的好处是你没有指责孩子，而且给了孩子自己缓冲的空间。并且，你再次进来收手机时，孩子心理上已经有了预期，这样，冲突的可能性就降低了80%以上。

如果15分钟后，孩子不愿意交手机，并且准备进入战斗状态呢？你不要指望有一个更好的办法来解决眼前问题，最好是暂时撤退。毕竟，冰冻三尺，非一日之寒。撤回以后，从容地进行全面的设计，争取下次开始，

一点点地和平演变。

七、要将问题当成共同面对的挑战

概括一下，刚才实际上在讨论两个问题：

1. 怎么尽最大可能避免孩子出现你不期待的行为（不讨论你的期待是否正确）?

2. 如果孩子出现你不期待的行为，你应该怎么办？

第一个问题的答案已经很清晰了——

1. 确保你的期待是合理的，不与孩子的需要产生激烈冲突，即具有可行性。(满足需要，但不助长欲望)

2. 清晰地传递给孩子，变成彼此同意并遵守的契约。

3. 捍卫契约，但将原则与灵活性结合起来。

解决第二个问题的关键是什么？

是你将危机变为灾难，还是变为成长的一部分？在这个过程中，父母一定要有一个关键领会，你是孩子成长的帮助者，而不是决定者。如果你试图为孩子做决定，让孩子按你的意志行动，那么要么产生冲突，要么孩子变成一个缺乏自主性的人。

关键是不要进入“你对我错”的博弈模式，而是将问题当成共同面对的挑战，或者父母帮孩子应对的挑战。不是“你错了，你必须听我的”，而是“你遇到问题了，我们来共同面对”。要让孩子感觉到父母是盟友，而不是敌方。在此背景下，才可以讨论沟通（斗争）技巧。

沟通的关键是什么？

是澄清共同确立的契约或边界，然后做正确的事，或者为违反契约付出代价。

仍然回到刚才的例子，我再换一种处理方式。

一个周六的早晨，太阳已经升起来了，时针指向9点。你最爱的宝贝，慢慢地睁开眼睛，打个哈欠。然后——

他拿起了手机……

然后，你走了进来，对话开始了：

“你犯规了，还记得我们的约定吗?”

“是啊，但是，我昨晚学到很晚都没看手机，现在算补上昨晚的，行吗？我只玩一小会儿。”

“不行。这是我们都同意的契约。如果我们有人说话不算数，那么，我们以后就都没有安全感。因为今天你说话不算数，明天我就可能说话不算数，我们都不要做那个说话不算数的人。”

结果会如何?

结果并不一定是好的，也可能仍然冲突了。但是，如果你一直是这个姿态呢？一直很遵守对孩子的承诺且要求孩子遵守承诺呢？那么久而久之，孩子就知道你言出必行，你就避免了不断地与孩子博弈，结果提升了沟通效率。

八、一切坏的关系都模糊了边界感

一切好的关系，都有边界感，都是建立在契约的基础上的。

一切坏的关系，都是因为模糊了边界感，且动辄破坏契约，把双方引入了博弈之中，导致相爱相杀，弱肉强食，一会儿甘如醴，一会儿苦如仇。

这不是沟通技巧能解决的，如果我们不能洞悉关系的本质的话，而且适用于一切关系，包括亲子关系和夫妻关系。

因为所有人的骨子里，都有着对自由的渴望，都希望自己决定自己的命运，希望自己哪怕错误的决定，也能被聆听，而不是被评判、指责或嘲弄。

作为父母，我们不能逃避成长，希望在不改变自己的情况下，靠一些技巧，迅速地让孩子听我们的话，成为我们意志下的木偶。一定要明白，所有的成长，包括我们的成长，都是一个痛苦的过程，都是许多失败与冲突后才一点一点领会的。如果花三年时间，我们学会了与孩子沟通，就已经是一笔财富了，如果花一年时间，我们就学会了与孩子沟通，那么，我认为就已经是奇迹了。

祝大家好运。

人际关系的本质：和女儿的谈话

人是社会性动物，我们渴望关系，又惧怕关系，总是不由自主地卷入到这种撕扯中，消耗掉的时间和精力难以数计。例如，你可能偶尔或经常会说出一些不得体的话，不恰当地批评或恭维了别人，然后心里就很生自己的气："天啊，我怎么会这么蠢？"

市面上有许多关于如何处理人际关系的书，我因为从事培训工作的缘故，也读了不少。其中比较好的几本，条分缕析，讲得比较清楚，我也推荐你读过。然而，哪怕是最好的分析人际关系的作品，也差不多是方法论的。之所以经常感觉到讲得很好，但解决不了自己的问题，就是因为缺乏本体论的思考。即问题的关键不是"怎么和人沟通"，而是"我是谁"。今天，我想和你谈一谈这个话题，即人际关系的本质究竟是什么。

一、对方越能从与你的交往中获益，关系就越稳定

马斯洛的需要层次论可能有些问题，需要修正。因为需要层次论的起点，是孤零零的个体，这是一种十分自然的想当然：人得先活下来，才能去发展社会关系。然而这背后的方法论，可能仍然是原子式的。或许，需要层次论的起点应该是关系。甚至，连人本身，也是关系的产物。正如维果茨基批评皮亚杰一样，我想将来或许有人也会出来批评马斯洛。

为节约篇幅，我想直接切入主题，我想你是有这个阅读力的。

不是先有了你我他，再有了你我他的关系，关系在此具有优先的性质。更进一步地讲，你就是关系，离开了关系，自我空空如也。因此，对关系的审视，往往是对我是谁这个问题的直接回答。这也是为什么别人处理人际关系的成功模式很难移植到自己身上，因为你们是不一样的人，具有不

同的生命气质和价值观。

那么，人际关系的本质究竟是什么？

我想先说几种定义，我相信每一种定义一定揭示了一些什么东西。

有一种定义，说人际关系的本质是利益。这是一个非常值得重视的观点，根植于经济学上的理性假设。人际关系确实具有交换性质，如果你希望拥有一个核心的稳定的朋友圈，那往往是因为大家相互需要。你在人际圈中的价值，通常取决于你能提供什么。例如：权力、财富、美貌、魅力、智力、才能、背景，甚至只是一些性格特质。

利益分析有助于打破一些幻觉，例如，“啊，他是喜欢我！”在一些交往中，尤其是合作关系中，利益分析十分有效。例如，绕过许多甜言蜜语，包括收买或表白，考虑谁是受益者是一种十分重要的思维方法。它能帮你避免一些非理性的干扰，更理性更务实地理解和处理一些事情和关系。

你需要考虑自身的利益吗？当然需要，实际上，你一直都在考虑这个，所有人都是。有时候我们意识不到，是因为我们也有一套自欺系统，将对利益的考虑掩盖起来了，仿佛自己是一个普济众生的理想主义者，而忘记了我们比自己以为的要复杂得多。

那么，从利益这个角度去思考人际关系，我需要提醒你一些什么？

三句话：尊重他人利益。注重长远利益。通过成就他人来成就自己。

从利益角度去考虑问题，最忌讳的是贪小便宜，追逐当前利益，将自己对利益的追逐，建立在别人利益受损的前提下。

因为你学习的专业与经济学有关，我觉得有必要在此多说几句。

人类是目光短浅的动物，你要成为目光短浅的动物中之目光长远者，就要将一切思考尽可能地放置在有长度的时间中，越是重要的决策越是如此。火车站旁边的餐馆，肯定没有小区门口的餐馆好吃（火车上就不能说了）。为什么？因为前者的客人是流水，后者的客人是静水，环境不同。而多数重要的人际交往，都发生在熟人之间或圈子之内，就像小区门口的餐馆，品牌很重要。每一笔生意，都是既收到了现钱，又投资了未来。

在一段关系中，对方越能从与你的交往中获益，关系就越稳定。如果你设了圈套，或者因为某种原因，对方从这段关系中利益受损，或者说，获得的利益与你获得的利益不成比例，那么，这段关系就是不稳定的。因为对方不傻，不可能一直被你卖了还给你数钱，他醒悟过来也是迟早的事，正如有句话所说，你可能在一段时间内欺骗所有人，或者在所有时间里欺骗一个人，但你无法在所有时间里欺骗所有人。

这并不是说你扮演一个傻瓜，任由别人宰割。一旦你是利益受损方，不用我教，你也会调整关系，甚至中止关系。毕竟，对公平的追求是植根于人性的。但是，比这一切重要的，是你不要侵凌别人，这要作为一个绝对原则，哪怕一开始，别人根本没有意识到自己受到了欺凌。一旦出现了一开始并没有意识到的不公正的交易，你也要尽快和尽可能地进行调整。在这里，遏制自己的贪欲是很重要的，而遏制自己贪欲的最好的办法，是养成慷慨的习惯。例如，如果你可以拿十块钱，就永远只拿八块。另外的两块钱，就是你表达善意的方法，也是你树立个人信誉的成本之一。今天貌似是损失，但明天却可能给你带来更多的机会。

二、人际关系的本质是需要

将人际关系的本质定义为利益，显然遗漏了些什么。

因为在理性人的假设中有几个漏洞。首先，理性人背后的假设，往往同时是一个自私人的假设，这并不符合事实。人是自我中心的，但首要的属性不见得是自私的，我知道这是一个不容易被理解的观点，不展开。其次，从2017年很热门的行为经济学的角度讲，人不仅是理性的，也是非理性的，或者说，人的所谓理性，也都是有限理性。

我不想背书，所以跳一跳，直接进入到下一个结论。换个角度，人际关系的本质是需要。因为你的需要定义了你，所以，这也是一个不断追问我是谁的问题。段正淳不断地需要女人，所以，他的自我定义就是情种（或者流氓，这取决于需要的性质，是着眼于情，还是性）。

因此，最重要的是，你要不断地追问自己，你究竟需要什么？什么才是让你感觉到幸福快乐的东西？它是稳定的吗？是健康的还是病态的？

例如，钱是所有人的需要，但是，它不应该成为核心需要。钱应该让人自由，但不应该成为枷锁。在金钱面前享有自由，是特别重要的一项修炼，这并不意味着浪费或挥霍。今天是我使用随手记App的第487天，我并不节约，金钱应该是让我感觉到舒服的东西。但是，我记下哪怕打赏给别人的每一笔钱，是为了采集数据，做财务分析，而绝不是为了积累财富，我也没有什么财富可以积累。如果你不断地修正对待财富的态度，对自身的人际关系和幸福感就会特别有益。

我的需要是什么？是学习。这可能跟我从小一直是好学生有关。我可以忍受贫穷，但是无法忍受自身的无价值。这么多年来，我耗费了大量的时间，都尝试去解决那些困惑我的问题，从如何上好一节课，到怎么去理解一个生命。根据我用软件进行的统计，哪怕到现在，我平均每天也至少会购买一本书，大半的书买来甚至都不细读，只是花几分钟翻一下而已。

这深刻地影响了我的人际关系，即当我处于以学习或自我进化为主题的交际中时，我是最幸福最快乐的。另外有些交往，则经常给我造成隐秘的痛苦，我会本能地尽量加以避免。

那么，你的需要是什么？

你可能会脱口而出。但是，我担心的是你说出来的可能是欲望而非需要。欲望是伴随着本能和情绪自然而然反映出来的，但核心需要，则是生命逐渐成熟后才慢慢意识到的。一旦意识到了，许多事情就变得简单了。

那么，从需要这个角度去思考人际关系，我需要提醒你一些什么？

只有三句话——

尊重别人的需要。照顾自己的需要。建立界限分明的人际关系网。

尊重别人的需要，需要洞察力，更需要避免一厢情愿地将自己的需要强加给别人。照顾自己的需要，需要自省力，更需要避免为了迎合别人而无限制地委屈自己。

所有不自然的关系都需要支付巨大的维护成本，整天活得小心翼翼，能幸福吗？有时候不妨通过直接沟通了解对方的需要，或者直接向对方表达自己的需要，然后加以协调。在不断的协调中，边界就越来越清晰了，双方也会越来越自在。最好的关系，是所有人的需要都被最大化地满足的关系。

三、人际关系并没有你想象中那样重要

我来给你指导人际关系，在某种意义上可能还算是一个笑话。因为我

从小性格极度内向，直到现在也不擅长跟人交往。但或许正是这个原因，让我对于人际关系有了一些别样的想法。例如，我曾经以为，别人也以为，不会处理人际关系是我的一个缺点。我现在早就明白了，这不是缺点，乃是一种特点。

社会认知神经科学将人的认知分为两类：一类叫非社会认知，一类叫社会认知。例如，当你在复习功课，认真学习，或者沉迷于一项技艺中时，激活的是大脑中的非社会认知系统。而一旦你停止学习，进入所谓的什么也不想（这是不可能的）的休息状态时，社会认知系统会自动启动。而社会认知系统，主要就是思考和评估人际关系。说得简单点，人一旦忙起来会忘记人际关系，专注于事务，一旦闲下来，就会思考家长里短。而大脑也是有带宽的，注意力是需要分配的。所谓的不擅长交往，就是我在更多的时候关闭了社会认知系统，将更多的注意力投注到了学习上。我成绩好，无他，但专注尔。

现在的中学生或大学生深受人际关系困扰，其中一个很重要的原因就是庸人自扰。注意力不在学习上，就必然在人际关系上，今天跟这个关系好，明天跟那个关系好，后天谁又说我什么坏话了，闹得乌烟瘴气。不成熟的老师会陷到各类“官司”中不能自拔；成熟的老师，则会通过有挑战的学习，来转移学生的注意力，顺便就解决了人际关系问题。单位里也是如此，溜须拍马的，工作怎么能做好？他们的带宽，都被揣摩人际关系占据了。而真正沉迷于工作中的人，又怎么有足够的带宽去思考人际关系？说话不注意，伤人是难免的。因此，许多高手人际关系都不好，容易不招人待见，就是这个原因。

昏庸的管理者，有时候不明白他们究竟需要怎样的员工。我现在越来越讨厌一个单位里那些无用的好人，就是因为他们只关心自己的羽毛，而对事情的成败，没有自己以为的那样关心。过去大家庭里婆媳矛盾突出，妯娌或邻里间充斥着钩心斗角，而且多发生在女人间，就是因为她们不像男人那样，从事更具创造性的工作。这并不是说不忙，毕竟家务活不少，而是说大脑是闲的，因此总是会激活社会认知。

我说这个话是什么意思呢？是说人际关系并没有你想象中那样重要。认为人际关系十分重要，在很大程度上，是丧失自我的结果。

有时候，我也想去刻意地维护一些关系。我读过的一些书里，也有大量的关于如何维护人际关系的指导，我又读了不少心理学，懂的道理和方法都不算少。但是我发现，逆着自己的原则与本性去照顾别人的情绪，让我觉得很痛苦，至少很不快乐。后来我想通了一些事情，概括起来就是：

不要去损害别人的利益，是人际关系的客观基础。

任何一段需要刻意维护的关系，都应该顺其自然或果断放弃。

与你尺码相同的人，不需要过多的解释（就像我们几个总校长的关系），凡是需要反复解释的，尺码已不相同。

不断地提升自己的能力，让自己敢失去，可以不依赖于任何具体的人而生活，并且随时可以重建生活。

与人为善，无论别人是否能给自己带来利益，以向整个世界释放善意和做出贡献来让生命获得圆满。

四、说话必须让人舒服，这是一个误区

我没有提到任何具体的方法，因为这些方法，很多书里都有。我认为本质的东西比方法显然更重要。当你守住了本质，你就自由了，快乐了，然后，你的自由之心向外流溢，就会生成彼此舒服的一些方法。

在技术的层面，有什么需要提醒的吗？有，要防止非本质的东西对你的反应的干扰。

举个例子，在人际交往中，有的人说话可能让你很不舒服。在这种情况下，你很可能做出剧烈的或者微妙的反应。例如，还击或者排斥对方。你的这种反应是非常自然的，但自然的并非就是最好的，你需要训练自己去深度理解对方的深层动机。他是讨厌你吗？他是自卑吗？他只是有性格缺陷吗？他是误会了吗？他是缺乏人际沟通经验没有意识到别人不舒服吗？只有完成这种解读，你才能采取更理智的回应方式：还击、忽略或表达善意。而在绝大多数情境中，都不需要还击，不需要消耗你的认知资源，只要忽略或表达善意即可。有时候，你忽略或表达善意，会更能赢得对方的信任，尤其是在他被其他人有意排斥的情况下。

那么，如果那个说话让人不舒服的人是你呢？

说话必须让人舒服，这是人际交往中的一个误区。在这方面，确实是有原则的，你应该尽可能地尊重对方的利益、人格和情绪。如果你说话让人不舒服，你确实需要检讨和逐渐调整自己的说话方式，尤其是检讨造成自己这种说话方式的原因：我是因为格局不够做出过激反应了吗？我是因为自卑而故意用这种过激的语言表达自己的存在吗？要知道，强大的人总是安静而从容的，过于情绪化的反应，只相当于蚊子和跳蚤，动作很大，却没有杀伤力。

这里有几个原则：离你越远的人，你要越客气。例如，小商小贩，出租车司机，许多可能只是一面之缘的人，或者与你的生活及工作关联不大的人。对这些人你要保持足够的尊重，不要在他们面前显示或证明自己，谦逊低调是非常有用的，哪怕是假装的。

但是，对离你比较近的人，在尊重的基础上，则尽可能保持简明直接的说话方式。如果你一味地委曲求全，那么，可能换来的是别人的得寸进尺。你必须让别人知道你的真实想法，了解你的感受及利益诉求。这在短时间内，或许会让别人不快，但时间久了，别人就会适应你的风格，反而降低了交际成本。

例如，我今天是校长，我许多时候的言辞就十分直接甚至激烈。委婉让人舒服，但有时候会伤害效率。直接或激烈的表达当然有副作用，但是，当你尝试让所有人满意的时候，可能就是你最失败的时候。

而且，这也是一种筛选。有些人会理解你，并与你更坦率地互动；有些人会回避你，甚至讨厌你。在这个过程中，你会知道谁是你的战友，是会和你一直战斗到底的人；而谁是你要边缘化的人，甚至是你要目送的人。

人非完人，孰能无过。不断地调整自己，并不意味着会变成一个完人。我们总是带有一些缺陷，一些令别人无法接受的部分。但这就是我们，是我们自我的一部分。我们必须接纳，并感谢那些竟然能够接纳的人。

这篇文章已经够长了，有没有最重要的一句话？有。尽可能（但不勉强）让每一个遇到我们的人，因为遇到我们而感觉到进步或快乐，我们也会因此而变得更快乐。

青春期家庭教育：请锤炼三大原则

我经常在想，人的一生，究竟怎样才算是幸福的？这个问题的答案，引导着我们确定今天面对孩子时候的教育教学方式。

我怎么来定义幸福呢？有一份自己喜欢的事业并且有能力做好；至少有一个自己热爱的爱好并达到足够水平；有良好的人际关系。这三点，主要是满足我们通常所谓的自我实现需求、自尊需求和社交需求。

我们观察一下成人世界，哪些人活得好，哪些人活得不好，然后思考一下，原因到底是什么。

一、最稳定的婚姻是双方旗鼓相当

我们假设有一位女性，并且假设她长得很美丽。然后，我们再假设她嫁给了一个有钱并且有能力的男人。然后有一天，他们离婚了。离婚的原因很简单，男人有了外遇。离婚以后，女方的命运会如何？大概率会很差，并且，往往会越来越差，甚至产生经济危机，这在今天的社会中非常常见。

为什么？因为这个女人，她并没有把自己的命运控制在自己的手中，反而交到了别人手中，这是一生悲剧的源泉。

为什么？这个女人，在做女孩子的时候可能很漂亮，周围围绕着许多男孩子，她自己很有自尊，很有价值感，觉得这是老天赏饭吃。我们假设她的运气很好，躲过了许多坑，嫁到了一个好男人，长得帅又有钱，甚至人品也很好。那么，接下来会发生什么？

随着年龄的增长，她在贬值，而丈夫在增值。而最稳定的婚姻，是门当户对，或者说旗鼓相当。一旦双方产生了差距，就会产生隔阂。当差异不是太大时，感情能够弥补这个隔阂；但当差异大到一定程度时，这个隔阂就会影响到感情。为什么？因为对方的需要没有得到满足。比如，对方回到家，工作了一天，满脑子都是职场上的那些事情，例如智能汽车的发展趋势啦，芯片如何又迭代更新啦之类，回到家里，他没办法跟你聊，因为你不想听，聊不到一块儿。这时候，他的精神世界就得不到满足，就容易出现问题。这并不是说，你必须懂智能汽车或芯片，你可能是个艺术家，可以跟他聊他不懂的其他东西，因为他不懂，还可以开拓他的视野。并且，因为你拥有他不懂的知识，你也会赢得他的敬意。

高加林背叛刘巧珍，是必然发生的，无非精神背叛，还是身体背叛的问题。过去的社会，因为强大的压力，减少了身体背叛；现在的社会，身体背叛和精神背叛的成本很低。

这时候，这个女人就会非常崩溃。因为她唯一拥有的有价值的财富，就是青春。而她的所有青春，都已经给了这个男人。离开了他，将一无所有。

我们假设这个男人，是一个道德高尚的人，一个脱离了低级趣味的人，结果会如何？结果是女人将在家里没有根本性的发言权。为什么？因为家庭权力是自然形成的，是由对家庭的贡献率决定的。

我讲这个话是什么意思呢？

我们今天培养青春期的孩子，要考虑的是，我们要培养出来的孩子，应该在未来能够避免面对这些问题或者能很好地解决这些问题。

我们发现，如果要避免这个命运，她就要拥有以下条件——

有一份很好的工作，并且拥有很强的能力，让自己不会因为婚姻变故而陷入经济危机。一句话，要有养活自己的能力——这个解决了生存问题和尊严问题。

有自己的爱好，能确保自己过得开心。这解决了下班以后的幸福感问题，可能因为离婚反而感觉到了自由。

有自己稳定的非常好的人际圈子，以满足社交需要。

有意思的是，有这三条，通常不容易离婚。

二、能力、爱好和社交很重要

我们知道对孩子来讲能力、爱好和社交很重要。

能力能帮孩子更好地生活，包括活得有尊严；爱好能帮孩子拥有魅力，活得更幸福；社交能帮孩子解决孤独问题，也是幸福感的来源。而青春期，是构建这三种能力的关键期。

我们先讲能力，这跟考试无关。在考试系统下，失败的孩子是多数，但孩子失败了，不代表孩子未来没有能力；孩子成功了，也并不代表将来就有能力。许多孩子成绩很好，也就是为了做公务员，然后养老。

我们今天讲的能力，是孩子应对工作应该具备的核心能力。都包括哪些呢？1. 听说读写能力。2. 思维能力。

听人说话，能抓住要点，这是听的能力；表达有重点有次序有力量，这是说的能力；阅读能力和写作能力就更不用说了。

思维能力不是指考试的那种思维，而是真正的思维能力。例如：1. 思考问题比较清晰，秩序感强，不乱。2. 想问题有框架感，有大局观，对男生来说特别重要。3. 具备比较强大的反思调整能力，即所谓的元认知能力。

思维清晰，主要是处理事务的能力；有框架感和大局观，主要是把握方向的能力；元认知，主要是进行自我调整的能力。有这三种能力的人，怎么能不成功？

爱好很重要，是因为爱好让人感觉到幸福。比如，你可能是古典音乐的发烧友，下班回家，你听听音乐，一天的疲劳就消除了；你可能是登山爱好者，每年抽出若干天，登上高山险峰感觉到生命一次次地活过来了；你可能爱好手工，家里的家具都是自己打制的……我们在讲到爱好的时候，不是大家头脑中那种爱好，而是指达到准专业级别的爱好。爱好让人幸福，也便于切换人生。同时，爱好也是魅力来源——无论是找对象，还是找朋友。

社交能力，涉及与人建立联系的能力。而且我这里指的不是那种泛泛建立关系的能力，是指建立深度联系的能力。大家知道，建立深度联系的能力，无非一种深度的同理心和同情心，以及自我的情绪管理能力。这些能力，本身就是领导力。

这些能力，如果孩子具有了，那么，首先，考试差不了；其次，考试哪怕没成功，一生也会很有成就。

其实我们知道，除爱好外，要培养上面所说的核心能力，以及社交能力，就要充分地培养孩子的自我管理能力。

三、青春期的孩子每一个都不一样

我们总是习惯于将青春期与一些诸如叛逆之类的词语联系起来，谈之色变。总怕孩子跟着一些同学或者社会上的一些人学坏，一旦孩子情绪不好，就风声鹤唳。跟孩子沟通起来又很难把握分寸感，要么会爆发冲突，要么不敢问；更多的时候，孩子直接给你关上了门——不仅是卧室的门，还包括心里那扇门。

家长学习了许多技巧，什么接纳啊，沟通啊，尊重啊，最终发现，大抵没有什么效果。

对于咨询我的家长，我总是说，青春期的孩子每一个都不一样，没有必要标签化。有些孩子确实会进入一个混乱期，这个混乱期是一个有价值的重整时期。在这一时期，给孩子以尊重，为孩子提供必要的指导和协助，是非常重要的。

但是，不存在一个方法，告诉了你，问题就解决了，这不科学。但是，如果你把握住了关键原则，反复地理解和修炼，那么，就能够在相互磨合中，创造出亲子之间的理想境界。

所以，我将跟大家讲三条核心原则并解释，如果您很认可，不妨反复练习。青春期孩子的绝大多数的叛逆的情况，都会因此得到解决或减轻。

特别的疑难杂症，三条原则很难直接起作用，我再给出具体的建议附在后面。

愿所有的少年，都能够健康地成长、自由地飞翔。

附：和青春期孩子相处的三个原则

原则一：方向感——经常和孩子讨论人生的方向

人一旦知道自己为什么而活，就可以忍受任何一种生活。

——尼采

这一个原则，主要是务虚。

务虚不仅解决孩子的观念问题，更重要的，是解决家长的观念问题。

什么叫方向感？你也可以叫目的性，也可以叫意义感，也可以称为动机。总之，我们做一切事情，都必须有一个原因，如果没有原因，人就会倾向于逃避或应付，并由此带来自我价值的降低。

举个例子，你会发现，大多数人喜欢做饭，不喜欢洗碗，如果必须在这两者之间给出选择的话。为什么？因为做饭的意义感比洗碗大得多，洗碗只是机械的劳作。洗碗有没有目的，有没有原因？当然是有的，但洗碗的目的是外在的，而不来自洗碗本身。

我们会发现，要让孩子喜欢做一件事，那么，这个目的，具有两个特征：一个特征是内在的，不是外在的；一个特征是长远的，不是当下的。

举个例子，能不能用考上好大学来激励孩子呢？当然可以。问题在于这个目的同时违反了这两条原则。它是外在的和当下的，而不是内在的和长远的。

考上好大学，包括考个好成绩，只能成为目标，而不能成为目的，或者说，不能成为愿景。现在有太多的家长或孩子，以考上好大学作为目的。结果是什么呢？多数孩子考不上自己作为目标的大学，成了失败者；少数考上的孩子，在考上大学后，就失去了进一步学习的动力，除非再用考研来重燃学习的热情。但那又如何？以考上好大学为目的，还异化了学习方式，导致了学习方式的外部化，或者说应试化。到了工作单位，许多必需的能力并没有，还得重新学习。

但是，假如一个孩子的目标，是热爱火箭，想成为火箭专家呢？

这时候，你发现几个变化。一是他想成为火箭专家，只与自己有关，而与其他人无关。因为要成为火箭专家，有自己的路径，你得够得上火箭专家的入门标准。别人不会妨碍你，没有人规定火箭专家的数量，这又没有指标。大学考得差一点，让你离火箭专家的梦想远一些，但没有真正地堵塞你的梦想。二是你想成为火箭专家，那么，你就会去不断地想要成为火箭专家必须具备什么样的素养？例如语文要好，要能阅读复杂的文字；英语要好，因为大半材料是用英文写成的；数学要好，这不用说。这样，你的努力，就有了持久的动力，有了鲜明的方向感。而且，孩子成为火箭专家后，也不会停止努力，因为火箭专家的水平是无止境的。

这并不是说，你不要努力考到前几名，不要考到好大学，没有心仪的学校；而是意味着，那些是工具、是目标、是第二位的，是为了目的的达成。没有了目的，目标就是功利化的，是没有灵魂的。

作为目的的火箭专家，实际上，就是一个孩子的自我镜像，是他期待中的未来的自己。这个未来的自己会要求他，甚至命令他，让他克服困难，形成强大的意志力。

当然，梦想未必切合实际，也处在变动之中。但这很正常，形成或寻找梦想的过程，本身就是自我形成过程的重要组成部分，往往直到青年期，梦想才能够真正地定型。哪怕未来成了医生，而不是火箭专家，此刻，火箭专家的梦想，对一个孩子也是真实的，也能够真实地激励他。

并且，这样的孩子，才是不焦虑的，但同时又是努力的。

以我自己为例，我的梦想是什么？

在中小学阶段，我没有梦想，我的梦想大半是白日梦，是无意义的学习生活的反弹。例如，梦想我父母不是亲的，我生身父母很有钱，我会在某一刻获得巨额财富，这样，我可以不用劳作，一辈子舒舒服服。为什么会这样？因为70后被外部动机驱使着，想的是要争气，要拿上铁饭碗，让父母过上好的生活。但自己生命的意义何在，却没有思考过。

现在的小学生，到了高年级阶段出现各种问题，包括沉迷游戏或手机、谈恋爱、说脏话等，都是生命本身无意义的投射，这一点，如果注意不到，可能辛辛苦苦培养出来的是一个空心的孩子、物质化的孩子。

因此，我是工作以后，才重新思考生命意义的。这时候，我的目的是什么？不是评上特级，或者做一个校长，而是在讲台上游刃有余，真正意义上获得自由感。这个目的，要比评上特级、做校长，或教学大奖赛获奖难得多，所以，我经历了漫长的探索。带来的结果是什么？是你追求的东西一定会实现，所以我现在感觉到身心很自由，没有被外部的东西控制，也不必患得患失。而且，这个领域再往前走也没有止境，又有非常好的发展空间。因此，正确地确定人生的目的，我觉得是幸福之源。平时可以用成绩之类作为短期目标，但是，一定要有长远的追求，并鼓励孩子去追求。否则，孩子就会被物质的东西束缚。尼采说：人一旦知道自己为什么而活，就可以忍受任何一种生活。信然。

孩子未来的方向，往往跟天赋或热爱相关。从小开始强化，就能够成为发展的强有力的引擎。否则，像大多数孩子一样，终其一生，不知道自己热爱什么，人生就注定了平庸，也容易在这个过程中出现各种问题。

原则二：自主性——发展有边界感的自主性

那么，什么叫有边界感的自主性？

我经常用的一个词，叫“麦田守望者”。家长都知道孩子的自主性很重要，但又不得不控制，因为你不控制他，他必然陷入堕落懈怠之中，这是人性。这样，很容易陷入“一抓就死，一放就乱”的循环。

而从孩子角度来讲，无论你抓他放他，他都是不自由的，他也很痛苦。

为什么？因为主语是你，是你在抓，你在放，主语是你意味着主体是你。

方法是什么？是尊重孩子有边界感的自主性。

举个例子，你怎么对待游戏成瘾的孩子？讲道理没用，他什么道理都懂。而且，他相信你的道理更糟糕，因为如果孩子相信你的道理，就知道自己是错的，知道自己是错的，又没有办法改变，就会产生内疚、自责的循环，就容易形成低自尊。你如果用强有力的手段，像戒毒一样强行戒断，例如断网、没收工具，那么，结果是什么？是孩子的心一下子被抽空了，很容易产生严重的冲突，甚至出现极端行为，例如自残或自杀。

在更多的时候，家长会和孩子进入博弈状态，警察抓小偷的境地。结果是警察不得安宁，小偷也没有安全感，彼此都处在一个非常糟糕的状态。

比较智慧的技巧，就是约定玩游戏的时间。在约定玩游戏的时间内，孩子自由地玩游戏，不但不要指责，还可以反其道而行之——和颜悦色，甚至一起玩，或者请孩子传授游戏技巧——让孩子彻底解除心理戒备。一旦不在玩游戏的时间内，就立刻变脸，逮住一次，就要让他付出代价。这样，孩子在自己可以玩游戏的时间里，获得了适度的满足，就有意志力来控制自己，在其他时间里不玩游戏。这样时间久了，就控制住了。然后，再通过发展“庄稼”，来减少“野草”的领地。

学习也是一样，一定要分清楚契约时间和自由时间。比如，放学回家，先做作业，这是契约时间。作业做完后，就要规定必要的自由时间。这样，做作业的效率会提升，永远不要怕作业不认真，那是另一个问题。孩子有了自由时间，就拥有了决策权，就可以试错。这样，孩子就有自信，能成长，觉得自己是自己的。否则，总有一双眼睛盯着他，总有一张嘴巴随时准备评价他，孩子就受不了，就会放弃和反弹：你说怎么着就怎么着吧。他会放弃自己人生的责任，你随便规划吧，但别指望我负责任，因为我是在为你学习，不是在为我学习。

给孩子划定的自由时间或者空间，一定把主要的安全隐患排除了。在这个空间内，家长并非毫无作为，可以成为孩子的指导者和帮助者。但是，要在长期的磨合中，让孩子也从潜意识里明白自己是决策者，家长只是指导者、帮助者和底线保护者。这样，孩子有安全感，当他知道他可以不听父母的话时，他会倾向于听父母的话。否则，反抗是一定的，这是对自我的捍卫。

有边界的自主性意味着什么？意味着你把孩子当什么人看，孩子就会成为什么人。你把孩子当成监狱里的囚犯来看，孩子就会长成需要控制的囚犯。相反，你把孩子当成有决策能力的成人来看，孩子就会长成负责任的成人。你对待孩子的一切方式中，都包含了一种假设、一种预期。

自由是有代价的，信任是有成本的。真正的信任，跟孩子是否值得信任没有关系，只跟你对待孩子的方式有关。当一个人没有选择堕落的自由时，就不可能有真正的自由选择。当一个人不能选择不帮助别人的时候，真正的德行也无法形成。

孩子在什么情况下，容易丧失自主性？在父母介入过多的时候。

父母介入越多，孩子越没有自主性；孩子越没有自主性，父母越觉得有必要介入。这样就形成了恶性循环。

在有边界的情况下，让孩子承受自己的现状，这样自主性才能够建立起来。如果实在放心不下，也要更多地采用结果控制，而不是过程中控制。

相处的最高境界是什么？我以前一直以为是“爱”，是“为你好”，后来发现不是这样的。相处的最高境界是慈悲。因为爱往往意味着主动地干预，以“为你好”之名，给你我认为好的东西，进行我认为应该的干预，从而把干预合理化，甚至变成一种牺牲精神，一种道德绑架。但慈悲不是这样的，慈悲乃是一种满怀关切的不干预。如来也好，观世音也好，对待人家的一切苦难，基本上都是这样的一个态度。但是，明白这一点很难。对许多人来说，我在做决策，比做出好的决策，要重要一百倍。

这里包含着一种理解——

你的人生是你自己的，我不因为自己的好恶或判断，随时地加以干预；当你需要的时候，你会来找我帮忙，只要你不找我，我就默认你能自己解决；当你找我帮忙的时候，我会提供有限的协助，直到你能自己解决完问题为止。在这里，最大的考验，就是明明看到对方在走弯路，但不加以阻止，而把这弯路视为成长的一部分——经验的一部分，不用介入的方式阻止对方去获得这个经验。

原则三：细跟进——细致地跟进帮助

乍一看，细跟进与边界感似乎是冲突的。既然学习是你自己的事情，那么，家长就无须干预。而实际上，这两者是不冲突的。教育的艺术，就是要把似乎是悖论的甚至相反的两种观点统一起来。

从这个意义上讲，边界感强调的是“人”，细跟进强调的是“事”。对人与对事的原则，往往是相反的。例如，我们会说“对灵魂无限爱护，对错误零度宽容”，你也可以翻译为“对人慈悲，对事苛刻”。换句话说，忘记人，不要评价人，好的坏的都不要评价，注意力的焦点始终放在事情的成败上。

仍然举前面的例子，假如孩子说，我想做火箭专家。你说太好了，妈妈现在已经开始憧憬了，我们从现在就开始着手准备，如何？然后讨论，火箭专家要具备哪些方面的知识素养。举个例子，如果你现在的成绩达不到某个标准，你就很难成为火箭专家。那么，要达到这个标准，我们就要付出努力。我们怎么努力呢？

然后，就进入了具体的规划。

接下来的细跟进，不要把火箭专家挂在嘴边，只有重要时刻才会讲。更多的是鼓励孩子的进步，帮助孩子树立成长性思维。在孩子懈怠时鞭策，遇到困难时帮助。一天天，孩子就会被训练成一个优秀的孩子。孩子的自主性、内驱力，不是靠讲道理，而是靠跟进，靠不断的成果转化为自我认知形成的。

再举个例子，孩子说，我想学好外语。那么，你就要和孩子一起讨论，到底应该怎么学好外语？把一个愿景（这个愿景可能是你植入的）化为具体的目标，再化为每天的学习安排，并且，确保抵达它。如果你不协助孩子，孩子可能始终停留在愿望阶段，无法转化为现实。或者，猛学一阵子，觉得没有什么效果然后放弃。这样几个回合，就会形成“我不行”的自我认知，从而放弃努力，或者不敢挑战。

这一条路充满了荆棘，也可能会犯很多错误；但是因为孩子不是独自奋战，就有可能不断地调整，最终找到正确的路。

有人说，我家孩子就不想要学好，只想着打游戏。

实际上，不存在不想要学好的孩子。一旦孩子丧失了上进心，只想着玩，那是因为他不相信自己能学好。当孩子觉得成功的可能很渺茫时，他就会倾向于放弃：既然这不是我的目标，那么，没达成就很正常。有时候孩子内心想要学好，但他又找不到正确的路径，因此也羞于表达出来。

总之，当孩子觉得“我不能”的时候，他很少说“我不能”，往往会说——

1. 这不是我想要的。2. 学习好并没有什么意义，人生有许多出路。

当然，也可能坦率地说：“我不行。”我都承认我不行了，你还要怎么样？凡此种种，都是丧失信心乃至信念之后的逃避、否定与转移策略。

在这种情况下，最好的办法就是定一个小目标，然后实现它。以此类推，让无数小目标，把孩子逐渐地带入大目标。而从小目标走到大目标，直到抵达愿景，正是发展的最佳路径之一。

所谓的细跟进，就是从孩子的愿望中，找出最有价值的愿望或种子，然后通过细致的工作，帮助它长成大树。无数这样微小的成功，最终将组成生命的森林。

细跟进的核心诀窍，就是聚焦于行为，而不要聚焦于人。

仍然以学习英语为例。如果我们充分认识到了英语的重要性，就会在小升初的暑假加深外语学习。可能报班，可能不报班，无论如何，我们在这些安排之外，约定学习完成某本书。这本书经过分解，大体需要每天学习两小时左右，那么，就必须把时间空出来，然后严格地落实。一般来说，其他的安排要为这件事让路。如果安排了旅行，要提前计划好。万一有事冲突了，不得不调整，也要补上。

划定时间后，再确定具体的内容。例如，如果学习的是《新概念英语》，那么涉及的课文过关、单词过关、语法过关，家长就可以协助过关。这里面会有无数的细节要处理，这些细节，就是在与孩子的互动中逐渐形成的默契。有些时候，也的确要经历一些冲突，才能找到彼此舒服而高效的沟通方式。具体怎么沟通可以参考《父母怎么和孩子说话》这本书。

经历了这个过程，孩子会有阶段性的进步，尤其是量变带来的质变，这会极大地增强孩子的信心，并让孩子有勇气提出更高的目标。

优秀就是这样简单，对天赋要求并不高，而是岁月的礼物。我经常说，优秀是一种习惯。

如果孩子小学基础不是很好，那么，从小升初的假期开始，持续地跟进，初中三年打下良好的基础，是极有可能翻身的。如果家长在相关学科上缺乏指导能力，也可以寻找更优秀的老师，经常性地为你提供咨询。

如果孩子成绩垫底呢？并且彻底丧失了信心呢？甚至还游戏成瘾呢？

遗憾的是，这种情况，往往亲子关系也遭到了破坏，导致你只要想帮助孩子，孩子就会觉得你准备干预他、评判他，从而采取了防卫措施。通常情况下，家长很难改变，所以，这是一个死局。要破局，经常必须靠偶然因素，例如孩子突然遇到一个人生导师一样的班主任，从此发生了转变。但这概率也太小了。

如果是我的话，我会怎么做？要我用一句话来概括，那就是——没什么大不了的，过好自己的生活。

该吃吃，该喝喝，遇事别往心里搁。孩子的许多问题，都是亲子关系不自然导致的。最后，孩子的生命处于一种极度扭曲的状态。那么，这种状态怎么办？借用中国历史的经验，每一次生灵涂炭之后，最重要的是无为，是休养生息。

趋于正常的家庭环境，比什么都重要。

本该吃饭的时候，总给孩子吃药，往往是问题的原因。问题一旦发生了，更觉得有吃药的必要，这是一种恶性循环。

家长永远是守底线。例如，要防止孩子走上邪路，跟不三不四的社会青年混在一起，吸毒或两性关系混乱。这就是我所谓的麦田守望者，你要防止他掉下悬崖。甚至，哪怕掉下悬崖了，只要不死人，有什么关系？

大多数孩子，离底线还远。只是不想上学，彻底地被打败了；或者沉迷游戏，在虚拟的世界里迷失了自己。在青春期，这些很正常，有些孩子，就是要走很久的弯路，然后才能回来。

这种迷失是青春期常见的情形，少年们常常需要经历漫长的迷失，才能找到真正的道路。而太多不恰当的干预，恰恰妨碍了他们内在的自我整理，导致了他们的应激反应。要让他们安全地迷失，安全地反思，直到他们有一天向我们寻求帮助。

要不要干预？不要不恰当地干预，但是，要每隔一段时间表达一下自己的感受和态度。不要说一句假话，要真实地表达：

当你刚出现这种状态的时候，我们忧心忡忡，简直觉得天都要塌下来了。毕竟，我们对你寄予了非常高的期望。到现在为止，我们仍然担心你，但是，这段时间也给了我们一个反思的机会。我们也意识到，我们没有尊重你的感受；更重要的是，没有充分理解和尊重你对你的人生的主导权。而且，这种情况可能还会发生，毕竟，我们也是凡人。但我们想要表达的意思是，我们不想过多地干预，我们觉得你需要一段时间和空间来思考。不过，我们希望你在合适的时候告诉我你内心的真实想法，以及你对未来的打算。我们也会发表自己的意见，但并不代表要强加于你。我们不会频繁地问你，可能每隔一段时间会问一下你。当然，我们更希望，你愿意主动与我们沟通，然后一起寻求解决之道。

一旦孩子决定改变，那么就采用细跟进策略，并且允许孩子随时退回到原来的状态。

人生就是这样，退一步海阔天空。

结语

家庭教育，到底教什么

我从事教育培训，很早就有一个发现：无论是教育，还是教学，首要且严重的问题，是大家不知道做什么，但注意力却放在怎么做上。举个例子，我们并不知道教孩子做人到底要教什么，于是，我们就拼命地培养听话的孩子。同样，我们也并不知道一节课的教学内容应该如何确定，于是，就拼命地想怎么把一节课讲精彩。最终脱颖而出的教师，往往是表演大师，而不是学术大家。

家庭教育的现状也是这样。大家也在拼命地学习怎么教育孩子，怎么沟通，怎么激励，怎么自我反思。但是，家庭教育到底应该“教育”什么？家庭教育和学校教育究竟有什么不同？并没有认真思考过。

那么，我今天就讲清楚三个问题：1. 家庭教育和学校教育的区别是什么？ 2. 家庭教育的核心内容到底是什么？ 3. 家庭教育的最佳方式到底是什么？希望对你有所启发。

一、家庭教育与学校教育的区别

家长往往对家庭教育和学校教育不加区分，想当然认为不是说家校合力吗？那么，家庭应该积极配合老师呀，竭尽全力地帮助学校达成目标呀！话是没错的。学校教育和家庭教育的确有相互交织的地方，但是作为家长，要看到学校教育和家庭教育的区别。学校教育是受政府委托，提供标准化的教育；而家庭则是针对一个孩子，提供个性化的教育。哪怕在道德人格领域，学校的重点，也不是教做人，而是培养合格的公民；家庭的重点，才是培养孩子独立的人格。学校教育是一套筛选系统，学生会被不断地分类和分层。但家庭教育不是筛选系统，而是培养系统，是全方位地培养一个孩子的综合素质。换句话讲，家庭教育才是实现社会分层的工具。

因此，家庭往往有双重功能：一是帮助孩子适应学校，适应未来的社会，并在竞争中取胜，成为一个成功的人；二是帮助孩子学会生活，成为有能力、有教养的幸福的人。第一重功能，家庭是在协助学校；第二重功能，则是家庭独具的。家庭通常会重视第一重功能，第二重功能则往往被忽略了。

一所学校，把少数学生送到名校，就非常成功了，它不需要对多数没进名校的学生负责。因为对它来说，学生只是统计数字，学校的成功，是建立在数据的基础之上。而且越是名校，竞争越惨烈，“一将功成万骨枯”。但对家庭来说，孩子就不是数据了，是独一无二的一个人。无论成功或失败都是100%。因此家庭要解决的问题是：如果孩子在竞争中失败，如何做到仍然是一个有价值、有尊严、有幸福感的人？

二、家庭教育的核心内容是什么

如果学校更关心“分数”的话，家庭则应该更关心“人”。家庭关心“人”，主要表现在三个方面：1. 家庭更应该关心孩子的人格养成，这是孩子未来在社会上的立足之本，也是幸福的源泉。我们自己在单位里看待同事，也更关心他是一个怎样的人，而不是他的学术水平。2. 家庭更应该关心孩子的个体差异，即孩子的天赋与热爱，并且基于孩子的天赋与热爱，培养他的特长，为他的人生打造“第二曲线”。3. 家庭更应该关心孩子的自主性，培养孩子的自我管理能力，增加孩子对未来人生的驾驭感或掌控感。

为什么家庭要重视教孩子做人？原因很简单，今天的学校，是工业化背景下诞生的学校，更强调效率，更强调教育本身的工具性。从育人的角度讲，更多的是教育作为个体如何适应社会，甚至简化为“听话”，而不是如何成为一个独立的人。因此，社会学意义上的教化，学校承担了极大的责任，但真正的人格的养成，教养的形成，仍然主要靠家庭教育。一旦离开学校，做人的境界，对孩子一生产生的影响，是无论如何估计也不过分的。

此外，家庭还要应对孩子可能面临的失败。毕竟，有一样东西，是我们可以努力，但没有办法完全控制的，就是学业成绩。成绩跟天赋、热爱、努力、习惯以及家庭跟进都是高度相关的。这是以家庭为背景的残酷竞争，无论你以一本率，还是985、211的比例，大多数孩子都注定是失败者。因为你努力，别人也在努力，没准儿别人天赋还高。那些有天赋又努力的孩子，你怎么竞争？

教育孩子又不是赌博，拼一把赢了就赢了，输了就输了。你就一个孩子，你赢不了又输不起，怎么办？办法就是开辟多赛道，东方不亮西方亮。比如，你根据孩子的天赋与热爱，开辟第二曲线，这就为孩子赢得了一个可能的未来。应试教育只有少数赢家，那是因为赛道太单一，而人生是循环赛，不是只有一次比赛。各行各业的领军人物，是高考状元吗？你到底要的是人生成功，还是高考成功？高考成功只是增加了人生成功的概率，并不是成功的保证。那么，要想人生成功，而不只是高考成绩，家庭要做哪些准备？所有这些都是要思考的。

真实的情况是，几乎每一个孩子，必然会在一个或几个领域成为人群中的20%。这个领域，可能是语数外，可能是理化生，可能是政史地，可能是编程，可能是动手操作，可能是体音美，可能是任何特长。例如，我读的是中师，连高中都没上，我上过的学校基本都没有了，都撤并了，但是，我从小爱读书，爱写东西，读写能力就是我的优势，我一生都依赖这个优势。我们想象一下，假如你的孩子特别喜欢动手操作，他可能上了二流的工科大学，因为其他成绩不行，但是他一生的成就，可能远超大多数一流院校的工科生。因为高考看的是成绩，未来社会看的是能力。

那么，在未来社会，什么能力是非常重要的呢？一是做人的能力，就是一个人的人格水平。二是做事的能力，就是一个人的办事才干。三是工作的能力，就是一个人的专业能力。应试教育主要是针对专业能力而言的，因为应试教育，把学生分配到不同的专业学校，学习不同层次的专业知识以应对未来职业。在这方面，你的第一曲线未必占优势，但第二曲线却可以让你在人群中处于前20%的位置。而另外两项能力，是学校不教的，家庭教育要高度重视，就是做人与做事。我们今天讲的培养孩子的自我管理能力，主要是做事的能力。

三、要格外重视培养孩子做事的能力

实际上，孩子未来走上社会，主要的任务就是做人与做事。学术能力也好，专业能力也罢，也是在做事中体现的，是解决问题的工具。

假如你是一个单位、一个企业、一个部门的领导，你一定会感慨人才的匮乏。那么，请问我们在说到人才匮乏的时候，指的都是高精尖人才吗？不是。大多数时候，我们指的是能把一件事很好地解决的应用型人才。换句话说，大多数单位都缺做事的能手，你遇到的80%以上的人，成本高，效率低，不靠谱，情绪化，还容易说是非。最后没办法，只能用绩效考核，用打卡这些办法来管理人。很多时候，一个合适的门卫、司机都不好找。

是这些平庸的职场人缺乏意愿吗？与其说缺乏意愿，不如说缺乏能力。因为缺乏能力，自然就缺乏相应的意愿。因为缺乏相应的意愿，能力也就得不到相应的发展。而这种能力从何而来？就来自从小的有意识培养和锻炼。

自我管理能力的核心，是责任感。责任感包括两方面的含义：一方面，是指“自我决定的责任”；另一方面，是指“掌控全局完成任务的责任”。举个例子，如果家里的垃圾袋已经满了，孩子看到了做了两件事，就意味着有责任感：第一件事，他意识到他作为家庭中的成员，有义务为家庭做贡献，所以，他在大人没有提出要求的情况下，决定要把垃圾倒掉，他觉得这也是自己的责任，是每一个家庭成员的责任，这就是“自我决定的责任”；第二件事，他不只是倒掉垃圾，同时把放垃圾袋的地方的地面也一并清理干净，一件事情善始善终，这就是“掌控全局完成任务的责任”。

这样的孩子多见吗？很少见。这样的孩子将来会没有出息吗？不可能。那么，为什么我们不培养这样的孩子呢？或者说为什么不培养孩子的自我管理能力呢？原因有这么几条。第一，家长觉得孩子最重要的任务，那肯定是学习，家务家长就承包了。久而久之，孩子不但不会做家务，而且觉得那根本就不是他的事儿，他觉得父母做家务天经地义，根本没想过自己也是家庭中的一员，有责任分担。第二，是家长太爱孩子了，舍不得让孩子出力气。放学回个家，书包都要替孩子背着，怎么肯让孩子做家务呢？

这种爱的泛滥，究竟是爱孩子，还是耽误孩子？或许爱孩子只是名义，实际上我们以此来表明自己对孩子的重要性。这都不好说。有的家长，压根就不希望孩子离开他们，而教育本质上就是一个让孩子离开我们的过程。第三，是家长嫌麻烦，让孩子倒个垃圾，得跟他讲老半天，有这时间，自己随手就做了，还免掉了家庭矛盾。我觉得这第三条可能才是主要原因。

比这三条原因更重要的是，家长没有意识到训练孩子自我管理能力是一项非常重要的家庭教育任务。换句话说，今天的家庭教育，没有经过深思熟虑，没有经过顶层设计，基本上是被潮流推着走，甚至被焦虑推着走。人家娃上课外班，咱娃也上，至于为什么上，没有认真考虑过。

我举做家务的例子，做家务是小事吗？当然不是。这些所谓的小事，反映出来的是一个人以终为始全局性地把握一件事，并确保成功的能力。你必须从目的出发，从结果出发，充分考虑完成这件事的诸要素，并为不可控制的或未知的因素留出弹性的空间，无论是时间，还是空间，或者财物，都是如此。这种全局性的谋划能力，同时也是智力的体现。这是一个连续不断的过程——

1. 确立目标。2. 分解要素，并为不可控的要素留出空间。3. 为行为编程，有步骤有秩序地落实。4. 达成目标。5. 无论目标是否达成，对整个流程进行反思和优化，以便增强下次做事的能力，这就是所谓的元认知能力。

缺乏训练的孩子会顾此失彼，没有办法周密思考所有因素，并把这些因素以合适的结构或程序连接起来。一旦任务没有达成，不但不会反思，反而会非常情绪化，归咎于外部因素而不是自己。这看起来让人生气，但实际上，当孩子因为事情没做好归咎于外部因素的时候，他内心里充满了失败感。换句话，他也是低自尊的。为什么说，这是智力的反映呢？因为智力的本质，是内化了的动作，或者说运算。智力是一种心理操作。比如，你要做一件事，你先在心理上做一遍，然后付诸行动。在心理上做一遍，就是智力，是思考与谋划。

一件事不能考虑到所有要素，并且不能有秩序地高效率地完成，首先是因为心理运算能力的缺乏。这种心理运算能力，我们也叫形式运算水平。形式运算水平是智力的体现，这意味着形式运算水平具有一般性。在一件事情上的形式运算水平低，意味着做其他的事情，形式运算水平也低。一句话，不是一件事做不好，而是件件做不好，做不好正常，做好了算例外，或者说就是做事能力差。不只如此，这还可以反映在学习上。大部分孩子在学习的问题上和在做家务的问题上是一致的，即你让我做什么，我就做什么，而不是考虑你交给我一个任务，我要高品质地完成。

举个例子，我上课也在认真听讲，你布置的作业我也按时完成了，好像没什么不对。问题在于，听课的目的是什么？写作业的目的是什么？多数孩子不去考虑，他没有努力地去把握全局，把掌握一节课、一个单元、一门学科当成自己的根本任务。如果作业出现了错误，如果单元测试有些题目不会做或做错了，他再听老师讲讲，改过来就是了；甚至，老师让用错题本他也用，但是，他并没有把错题当成线索，来排查自己在知识上的漏洞。他把每一道错题都看成是一个孤立的事件，而没有看成是知识体系不完备的征兆。

本来他应该这样考虑：

1. 这一单元，我的学习目标是什么？

2. 如何将学习目标，分解为要素，即核心概念和知识清单？

3. 如何配合老师，以合理的程序推进学习，确保学习的全面与深入？

4. 如果作业出现问题，测评没拿到满分，那么，究竟什么地方出现问题了？要做哪些排查？根据排查的结果，如何进行补充学习？如何调整学习策略？

这是一个不断地从全局把握学习任务、分解要素，对学习行为进行编程，并根据结果不断调整优化的过程。有些孩子能够脱颖而出，往往就是因为形成了良性循环。一般来讲，至少到小学高段，孩子应该具有这个意识，初中阶段要全力养成这种习惯。否则，徒然地努力，漏洞仍然很多。一旦错误多了，就会放弃努力，进而觉得自己不行。所以，训练孩子的自我管理能力，本质上是训练孩子的智力。许多孩子缺乏这种智力，或者可以说，缺乏正确地做一件事的思维形式。就是通过预测和设计，掌控做一件事的全过程，并不断改进的能力。

比如，你对孩子说，从厨房给妈妈把饭端来。他就把饭给你端来了，但是没拿筷子。为什么？因为他是在做一个动作，而不是完成一件事。做动作，就是反正我做了，我不管这件事的目的。完成一件事，是要有目的意识，有闭环意识。当他在端饭的时候，想到妈妈是要吃饭，就会对其他要素保持敏感，比如筷子的问题。如果妈妈平时就喜欢吃辣椒，也要一并考虑在内。

你让他洗碗，他就把碗洗了。然而，水池里的残渣没有清理，地面没有清扫，台面没有抹，甚至碗都没有摆进橱柜里。他只完成洗碗这个动作。有时候，甚至一个简单的开门关门的小事，都未必能做好。上了大学，有些孩子借网贷，请问，考虑过怎么还款没有？算过利率没有？令人吃惊的是，有些孩子不考虑这些。

此外，自我管理能力是一种综合的关于做事的训练，还必然涉及另外三项重要的能力：情绪管理能力、沟通能力，以及寻找生活乃至于生命意义的能力。把这些结合起来，我们本质上是在教孩子如何生活。

四、家庭教育最重要的方式是镜像传递

父母们都希望自己的孩子优秀。为此，不仅耗费了大量的金钱与时间，而且也投入了大量的学习，比如，看书、听讲座，等等。尽管如此，父母仍然会犯很多错误。因为做父母门槛很低，但是要成为出色的父母却非常困难。而且，在大多情况下，成为出色的父母，是以成为出色的人为前提的。如果你自己都没上过好大学，甚至事业无成，你有什么信心说，你能教育出一个杰出的孩子呢？尤其是一些陪读妈妈，甚至连自己的事业都没有，你怎么知道自己对孩子的教导就是正确的呢？哪怕你读了不少书，听了不少讲座，请问，如果做父母是一门学问的话，哪门学科，靠读几本书，听一些讲座，就能够深刻地掌握呢？

不仅天赋可以遗传，教养也是可以遗传的，教养或者说一套高品质的行为模式的遗传，是通过朝夕相处、耳濡目染的方式实现的。换句话说，是通过环境进行传递的。这种遗传或者说传递，我们可以说，是一种"镜像传递"。"镜像传递"是迄今为止效率最高，也是成效最显著的教育模式。与之相类似，"问题解决"是迄今为止效率最高，也是成效最显著的教学模式。

有的父母本身很优秀，自身就可以成为孩子的榜样，以合宜的方式完

成镜像传递。最终，“长大以后，我就成了你”。但在绝大多数情况下，父母本身不足以成为孩子的榜样，或者说，父母希望孩子远远超越父母，在这种情况下，就要帮助孩子寻找到合适的镜像人物。这种镜像人物，可能是虚构的，可能是真实的，可能是一个，可能是多个，可能一直不变，可能处在变化中。

总之，孩子需要榜样来形成自我镜像。从榜样到自我镜像的形成过程，就是镜像传递的过程。当具备强烈的脱颖而出的动机时，孩子就有了学习的动力。遇到问题时，他如果以华盛顿为榜样，就想华盛顿会怎么做。这种想象性替代，使得孩子从有意识和无意识两个层面模仿，这就是一种高效率的行为学习。因为欣赏华盛顿，孩子会对其展开专题式学习，在学习中不断深入，不断模仿。孩子不可能成为华盛顿，但有可能成为有领导力的人。

如果没有良好的自我镜像，很大概率上孩子就会缺乏自主性，生活、学习处处被动而缺乏意义。优秀的老师会让一个班的孩子整体变得优秀。根本原因并不是这个优秀的老师拥有多么高超的技巧，而是他在无形中成了孩子们的榜样——孩子们不想惹他生气，并且希望成为他那样的人。作为家长，要么成为榜样，要么成为桥梁。榜样是为孩子做示范，桥梁是把孩子带到更好的榜样面前。